À propos de l'auteur

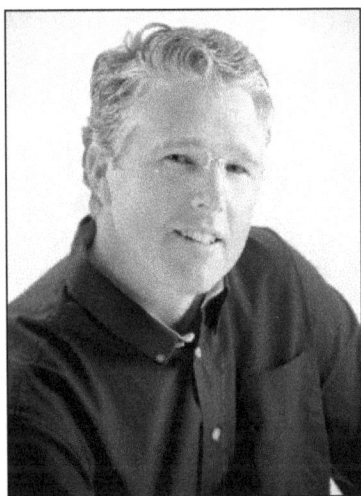

Brady G. Wilson est le cofondateur de Juice Inc., un fournisseur de solutions pour les leaders voulant accroître leurs niveaux d'énergie organisationnelle ainsi que l'engagement de leurs employés. Il a obtenu des résultats profitables pour des dirigeants, directeurs, et professionnels de la vente dans de nombreuses sociétés Fortune 500 en Amérique du Nord. Sa passion pour créer des percées pour les entreprises a donné naissance à des outils et programmes novateurs tels que *Pull Conversations*™, *The Five Drivers of Engagement*™, et *The Juice Check*™. Il vit à Guelph, en Ontario.

Le *Pouvoir* de la conversation

Le Secret pour faire ressortir le génie de vos collaborateurs et développer votre influence en tant que leader

BRADY G. WILSON

AVANT-PROPOS PAR JOHN WRIGHT

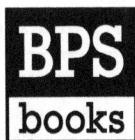

BPS books

TORONTO ET NEW YORK

Publié en Anglais en 2011 par
BPS Books
Toronto, Canada
www.bpsbooks.com
Une division de Bastian Publishing Services Ltd.

Édition revue et corrigée publié en Anglais en 2009 par BPS Books; première édition publié en Anglais en 2006 par Bastian Books

ISBN 978-1-926645-54-4

Informations de catalogue dans les données de publication disponibles auprès de la Library and Archives Canada.

Note : Dans les histoires qui suivent, le plus grand soin a été pris afin de protéger l'identité des personnes. Lorsque les vrais noms ont été utilisés, comme indiqué entre parenthèses, nous avons obtenu la permission de le faire. Tous les efforts ont été pris pour identifier, obtenir la permission, et créditer toutes les sources. L'éditeur apprécierait cependant être informé des éventuelles omissions ou erreurs afin qu'elles puissent être corrigées. Chapitre 2, extrait de *Communication World*, juillet-août 2004, avec la gracieuse permission d'International Association of Business Communicators. Chapitre 5, extrait de *The Language of Love* extrait et adapté à partir de *The Language of Love* par Gary Smalley et John Trent, Ph.D., un livre de la série d'ouvrages *Focus on the Family*, publié par Tyndale House Publishers. Droit d'auteur © 1988, 1991, 2006 par Gary Smalley et John Trent, Ph.D. Tous droits réservés. Droit d'auteur international protégé. Utilisé avec permission. Chapitre 7, extrait de *"Tell Me More : On the Art of Listening"* par Brenda Ueland de *Strength to Your Sword Arm: Selected Writings by Brenda Ueland* (Holy Cow! Press, 1993). Utilisé avec la permission de Brenda Ueland et ses représentants ainsi que de Holy Cow! Press. Tous droits réservés.

Couverture, présentation intérieure et mise en page :
Daniel Crack, Kinetics Design www.kdbooks.ca

Impression : Lightning Source, Tennessee

À la mémoire de J.C. Wilson,
mon père,
un homme qui a tiré plus de rires
de la vie que toute personne que j'ai connue

Table des matières

Avant-propos

*A*PRÈS avoir travaillé pendant vingt-cinq années dans le domaine des communications et des affaires publiques, et après avoir passé les vingt dernières années à examiner absolument chaque dimension de l'opinion publique imaginable, à la fois par curiosité ainsi qu'au nom de nombreux clients, j'ai appris une vérité qui transcende toutes les autres vérités que j'ai apprises, c'est celle-ci : les choses les plus simples sont les plus profondes et les plus susceptibles de créer une différence dans ce que nous tentons d'accomplir.

Brady Wilson et son associé, Alex Somos, ont trouvé, et mis en œuvre, quelques vérités simples et centrales concernant le lieu de travail. Ce fut évident pour moi dès ma première rencontre avec eux et ça l'est encore plus aujourd'hui depuis que j'ai lu cet ouvrage.

J'étais très excité lorsque, il y a quelques années, ils m'ont demandé d'effectuer des recherches d'opinion publique concernant les employés en milieu de travail. Faute d'une meilleure métaphore, j'ai été « *juicé* » par leur mandat. J'ai immédiatement compris, selon leur esprit et leurs questions, la simplicité et la profondeur de leur approche en ce qui concerne le travail ainsi que la vie.

Dans mon monde, vous pouvez poser 100 questions, pour ensuite vous asseoir et consulter des tableaux de données d'au moins 300 pages et ne pas être plus avancé qu'au départ. À moins que vous sachiez trois choses : l'histoire derrière les données, que ce soit de la romance et de l'aventure, un défi et une inspiration, ou autre ; le contexte, sans lequel les données n'auraient pas de sens ; et des exemples concrets qui soutiennent et illustrent les conclusions.

Brady et Alex m'ont fourni ces trois éléments essentiels. Ils m'ont démontré que, dans un monde d'information en forme de bits et d'octets, de compression et de zapping, de courriels, de vidéoconférences, de podcasting et de Web streaming, l'élément le plus important dans le milieu du travail et au-delà avait été perdu : les conversations entre êtres humains.

Et si l'on prend une minute pour y réfléchir, nous reconnaîtrons tous que l'empathie des relations humaines et la capacité de motiver les gens ont été aspirées hors de presque chaque aspect du lieu de travail puisque la technologie a rendu plus facile et plus rapide pour nous de communiquer nos pensées et nos informations.

Toute personne évoluant dans le milieu de travail aujourd'hui pourra apprécier ceci. Les leaders et les personnes travaillants directement avec les clients dans les services de relations clientèle peuvent, s'ils le souhaitent, se cacher derrière leurs écrans d'ordinateur, et échapper au bureau avec leur BlackBerry, presque toute la journée (et la nuit). Ils peuvent communiquer sans jamais être entendus ou rencontrés – ou compris. Notre monde est devenu un monde automatisé, dans lequel les ordres et les idées sont éjectés et imposés sur les gens. Le contact humain a tellement diminué, que les employés et d'autres personnes se disputent si la phraséologie d'un courriel peut inclure une touche personnelle ou non.

Les pages suivantes sont profondes et incroyablement énergisantes, car elles indiquent aux directeurs ainsi qu'aux employés que dans le milieu professionnel, l'engagement avec d'autres de manière très simple, contextuelle, et *humaine* peut apporter des résultats extraordinaires. Ce livre s'appuie sur de nombreux exemples et est rédigé de telle sorte que lorsque vous commencez à le lire, vous ne le déposerez pas avant la fin. À travers ce livre, Brady Wilson fournit la façon de naviguer, de nourrir, et de nécessiter des relations les plus productives possible.

Si la maxime de Tom Peters, « gestion en errance », a permis un meilleur environnement de travail que les vues de Peter Drucker sur les travailleurs et la motivation, alors ce livre marque la prochaine étape de la productivité des ressources humaines, dans un monde qui a changé inextricablement avec l'avènement de l'Internet et l'explosion de la technologie.

Brady Wilson vous ramène à la base essentielle du comportement à avoir avec vos employés, il donne ce processus un contexte et une signification dans le monde nanoseconde d'aujourd'hui, et démontre comment cela peut se produire dans n'importe quel environnement de travail.

Je n'ai aucun doute que cet ouvrage vous « *juicera* » pour obtenir une meilleure compréhension, créativité et énergie intelligente. Regardez ce qui se produit la prochaine fois que vous arriverez sur votre lieu de travail.

JOHN WRIGHT
Premier vice-président,
Ipsos Reid

... ...

Préface

J'AI la chance de travailler avec un groupe de personnes passionnées. Notre société, Juice Inc., existe dans un seul et simple but : co-créer des cultures avec lesquelles il est agréable de travailler et où il est plus facile d'obtenir des résultats. Ceci est la raison d'être de ce livre. Après avoir vu nos méthodes améliorer le plaisir et les accomplissements de nos participants, nous avons estimé que ce matériel devait être disponible à un large public. En vous engageant avec moi à travers ce livre, mon espoir est que *vous* ressentirez ce dynamique changement.

J'ai également la chance d'avoir eu le privilège de travailler avec des leaders et directeurs en affaires à travers l'Amérique du Nord. Je vous présenterai beaucoup d'entre eux tout au long du livre, en reconnaissant la façon dont ils ont fait ressortir de l'énergie intelligente dans leur milieu de travail.

Je suis profondément reconnaissant à mon associé, Alex Somos, qui a soutenu la rédaction de ce livre, aussi bien l'édition originale que l'édition révisée, avec un engagement sans faille du début à la fin. Les idées créatives d'Alex, son sens pratique des affaires et ses sages conseils ont façonné une grande partie de ce livre. Je n'ai jamais rencontré un homme plus réfléchi et plus loyal que lui.

Je suis également reconnaissant à mon amie et collègue Crista Renner. Elle est *Pull Conversation* personnifié. Ses idées et ses questions pertinentes ont apporté de l'énergie intelligente à la table afin de renforcer la cohérence de l'ouvrage. Crista est également un fin limier. À plusieurs reprises et aux moments les plus opportuns de la rédaction, elle a présenté des éléments de recherche saillants.

Loretta Rose a joué un rôle clé dans la création de ce livre. Elle a recueilli une grande partie de notre matériel initial enregistré et sous forme d'entrevue, en canalisant mes pensées et en faisant un travail de Titan pour créer le premier brouillon. Plusieurs révisions ont vu le jour, et l'ouvrage s'est transformé en une forme différente, mais des histoires retranscrites par Loretta de la forme orale à la forme écrite sont présentées tout au long de l'œuvre. Son intelligence, sa passion, sa créativité et son talent de conteuse ont enrichi *Juice* d'une multitude de façons.

À travers sa prouesse dans l'édition et la publication, Donald G. Bastian de BPS Books a apporté une valeur immense à ce livre. Je suis reconnaissant de l'avoir un jour rencontré.

Mes remerciements également à Sue Krautkramer, Christy Pettit, Rick Boersma, et Dave Loney pour avoir aidé, lors de sa conception, son élaboration et sa parution, à façonner ce livre avec leurs pensées sincères et précieuses.

Je suis extrêmement reconnaissant à ma femme, qui m'a avec plaisir donné l'espace et le temps dont j'avais besoin pour réaliser ce travail. Peut-être que le prochain ne prendra pas trois ans, Theresa. Merci également à Tyler, Katelyn, Mike, Rachel, Adrian, et Alison pour leur intérêt constant dans la progression du projet de livre sans fin de papa.

Beaucoup d'entre nous découvrent l'impact de la spiritualité sur notre travail. Tout au long de ce processus, je suis devenu entièrement conscient que je n'aurais jamais pu achever cette tâche sans la créativité, l'énergie, et la sagesse venant de ma relation avec Dieu. Quand j'ajoute cela à tous les amis et à la famille que j'ai remerciés, je me rends compte de l'immense chance que j'ai.

Mon voyage vers les Pull Conversations

RAPPELEZ-vous les réalisations d'une journée incroyablement productive. Vos talents n'ont pas changé d'un jour à l'autre. Votre éducation, vos compétences et votre expérience se sont peut-être accrues, mais seulement par étape. Alors, qu'est-ce qui a fait une telle différence radicale?

La réponse est simple : *votre niveau d'énergie personnelle.* Pas de l'énergie brute, mais ce que j'appelle le *juice* : l'énergie intelligente, la source de la concentration, la fluidité, la passion, et le but qui produisent des résultats étonnants.

Prenez un instant pour réfléchir à votre niveau d'énergie. Lorsque vous le rajoutez aux niveaux d'énergie des personnes avec lesquelles vous travaillez, cela produit de l'énergie organisation-nelle. Les cultures bondées de ce buzz cinétique de l'énergie intelligente créent des comportements intelligents : les gens anticipent les besoins des uns et des autres, partagent les informa-tions et les ressources et exercent une influence sur les efforts des uns et des autres. Des résultats durables sont un effet secondaire naturel.

Si vous êtes un leader, votre travail consiste à stimuler et à protéger le niveau d'énergie de votre organisation. Assis aux commandes de votre entreprise, vous devriez vérifier constamment la jauge d'énergie organisationnelle. Elle est encore plus importante que les jauges du dévouement et de la rétention. Pourquoi ? Parce qu'un employé peut être entièrement dévoué, mais peut être à court d'énergie si ses besoins affectifs fondamentaux ne sont pas comblés. Prenez soin de leurs points d'énergie et vous vous garantirez de bons résultats de dévouement ainsi que de rétention. Cependant, l'inverse n'est pas nécessairement vrai. La question est donc : Comment pouvons-nous libérer de l'énergie chez les gens ?

Imaginez ma surprise lorsque je me suis finalement rendu compte que la « nouvelle » façon de libérer de l'énergie est une vieille méthode. En fait, j'en suis venu à soupçonner que c'est l'unique façon dont l'énergie intelligente a jamais été libérée : à travers des conversations fortes – ce que j'appelle des *Pull Conversations*.

Un Voyage de découverte et de redécouverte

De l'écoute à la compréhension

En 1993, j'ai commencé à travailler pour l'entreprise de formation Eagle's Flight. Je me suis consacré à aider des organisations à travers l'Amérique du Nord à devenir efficaces sur un point que je pensais était essentiel au succès dans les affaires : l'écoute. Cependant, je me suis vite rendu compte que même si l'écoute était importante, ce n'était pas le primordial; ce n'était qu'un mécanisme qui contribuait à obtenir la réussite : la compréhension. Me voilà lancé dans mon voyage de découverte.

De la Compréhension vers le dialogue

Durant les années suivantes, j'ai aidé des groupes de personnes à surmonter des problèmes difficiles pour parvenir à la compréhension. Ma quête m'a introduit dans le monde du dialogue.

J'ai étudié de près le travail de dialogue de William Isaacs, Peter Senge, et David Bohm. J'ai voyagé afin d'assister à des séminaires du Global Dialogue Institute à Philadelphie afin d'étudier leur approche. J'ai eu comme mentor un expert dans ce domaine, le Dr William Stockton de Mobius. Mobius prépare les leaders d'entreprise à l'art du dialogue.

J'ai recueilli le meilleur de ce que ces experts du dialogue avaient à offrir et j'ai commencé à appliquer leurs principes, aidant des organisations à dialoguer à travers les défis les plus épineux. J'ai moi-même acquis une plus grande habileté pour aider les gens à relever les conversations difficiles de manière à ce qu'ils arrivent systématiquement à réaliser des résultats productifs.

Je suis béni (et parfois maudit) par une volonté innée de comprendre les éléments irréductibles de comment et pourquoi une chose fonctionne. Je me suis interrogé, quel est le principe sous-jacent unique que chacune de ces écoles du dialogue a en commun ? Quelle est cette seule chose qui fasse qu'elles y parviennent ?

J'ai trouvé que, dans toute situation professionnelle, cette chose est l'importance d'adopter le comportement de *tirer en premier* – d'extraire la réalité de l'autre personne plutôt que de forcer sa propre réalité sur l'autre. (Comme nous le verrons, la majorité des gens, que ce soit dans le milieu professionnel ou autre, ont, avant tout, tendance à forcer leur réalité sur les autres.) Comme une pompe ou un aspirateur, extraire en premier attire énormément la compréhension. Ce processus va bien au-delà de poser des questions : il demande de la réflexion, le maintien intense d'une attention indivisée, d'éliminer l'ambiguïté, et de revenir avec le trophée – l'essence de ce que la personne essaye vraiment d'exprimer. Mais plus encore, extraire en premier permet à une personne d'inviter l'autre dans sa propre réalité, dans laquelle l'autre remporte également le trophée de la compréhension de la réalité d'un autre.

J'ai commencé à voir comment les conversations qui révèlent la réalité des causeurs transportent en fait les deux parties à une sphère beaucoup plus passionnante et puissante : la Plus Grande Réalité qui existe entre et au-delà d'eux. En présence de la Plus

Grande Réalité, les esprits se rencontrent, l'énergie créatrice est libérée, le conflit et les malentendus sont résolus, et les organisations entières cheminent vers des voies plus productives.

J'étais heureux que le type de conversations que j'explorais ait plus en commun avec le dialogue qu'avec le débat et la discussion. Ces dernières formes de communication ne produisent pas beaucoup la réalité. Pourquoi ? Parce que *débat* signifie confrontation et *discussion* sous-entend *séparer en agitant*. Aussi populaires que ces dernières formes de communications puissent être, elles ne sont pas bien adaptées pour découvrir la réalité. Le dialogue, en revanche, est une façon d'avoir une conversation qui fait couler la réalité. C'est justement ce que le mot signifie : *la réalité qui coule à travers*.

Le Problème avec le dialogue

Je n'y étais toujours pas, cependant. Un aspect récurrent des dialogues court-circuite ces percées pour certains leaders : le fait que les gens qui ont le plus besoin d'apprendre le dialogue pensent en avoir le moins besoin. Quand ils entendent le mot *dialogue*, cela leur évoque l'image de personnes assises en rond, jambes croisées, communiquant avec la voûte céleste. Ils n'ont pas d'utilité pour une telle activité. Et c'est cela qui est devenu mon défi : comment faire participer des gens à un processus dont ils ont besoin, mais pour lequel ils n'ont pas d'utilité.

Du Dialogue vers les Pull Conversations

Pendant que je me débattais avec ce dilemme, un de mes amis a dit quelque chose qui m'a fait avancer à l'étape suivante : "La qualité d'une organisation est aussi bonne que la qualité des conversations de ses membres".

Ceci était logique pour moi. Il était évident pour moi que la capacité des gens à dialoguer déterminait la qualité de leurs organisations. L'expérience de première main m'avait montré que la seule façon dont une organisation puisse atteindre et maintenir ses meilleurs résultats était de couper à travers les perceptions et les idées reçues et de découvrir la réalité ensemble à travers le dialogue.

Mais dans mon étude du dialogue, j'avais complètement sauté la simple notion de la conversation. Je me suis tourné vers mon dictionnaire et j'ai découvert une chose de très intéressante : que le mot *conversation* veut dire *rassembler*. Cette notion capture l'essence de l'objectif des *Pull Conversations* : deux personnes ou groupes se tournant l'un vers l'autre, et utilisant l'enquête et la franchise pour extraire la réalité de l'un et de l'autre, en avançant vers un terrain d'entente.

C'est à cette époque, en 2003, que mon entreprise, Juice Inc., a été fondée. J'ai commencé à changer mon approche, à parler aux gens de ce type de conversation. Les personnes qui n'arrivaient pas à comprendre la notion idéologique du dialogue arrivaient facilement à saisir les *Pull Conversations*. Lorsque nous nous sommes adressés à la communauté d'entreprise en présentant notre concept et processus, nous avons commencé à connaître des percées très passionnantes.

≈

Dans les chapitres qui suivent, vous verrez les résultats remarquables produits par l'énergie intelligente libérée par les *Pull Conversations*. Vous constaterez également qu'il y une personne qui dispose de plus de capacité que les autres à créer des cultures remplies d'énergie. Cette personne est le leader. Le leader émet une onde sur laquelle les autres résonnent, consciemment ou non. Les leaders agissant comme des architectes culturels créent des environnements infus d'énergie et finissent par renforcer leur influence de direction. Cela leur donne le *juice* (l'influence) dont ils ont besoin pour amener les personnes à agir.

Le chapitre 2 illustre la façon dont les conversations libèrent de l'énergie. Le chapitre 3 définit les *Pull Conversations* et montre que, si la tendance à pousser vous rompt de leur réalité, les *Pull Conversations* vous permettent d'extraire la réalité des autres. Le chapitre 4 décrit comment y arriver et vous donne du contexte : la capacité à percevoir comme un ensemble sensé, ce que d'autres voient comme des parties déconnectées.

De là, le chapitre 5 vous indique comment vous faire comprendre rapidement en attirant les autres dans votre réalité. Cela conduit à un phénomène étonnant, évoqué dans le chapitre 6 : comment deux personnes ou de nombreuses personnes dans des groupes peuvent travailler ensemble pour découvrir la Plus Grande Réalité.

Bien que les chapitres susmentionnés de ce livre soient eux-mêmes riches en illustrations de la vie professionnelle réelle, le reste du livre, du chapitre 6 au 10, est encore plus précis sur les résultats pratiques des *Pull Conversations*. Ces chapitres démontrent comment ce type de conversation libère de l'énergie dans les organisations, augmentant ainsi la productivité des employés tout en renforçant leurs relations, internes et externes. Le livre conclut en vous dévoilant seize moyens pratiques pour libérer de l'énergie intelligente dans votre entreprise au moyen des *Pull Conversations*.

En prime, chaque chapitre qui suit, sauf le dernier, se termine par une rubrique intitulée « *Juice à la Maison* », illustrant les thèmes du livre dans un cadre non commercial. Nous avons inclus ces histoires personnelles dans un ouvrage destiné aux entreprises, car l'utilisation à la maison des habiletés à créer des *Pull Conversations* est une mise à l'épreuve de la théorie. En fait, cela est en général le plus grand défi. Dans tous les cas, pour que ces compétences s'établissent définitivement dans notre comportement au travail, elles doivent être pratiquées à la maison.

Les Conversations libèrent de l'énergie

2

Accéder au pouvoir des Pull Conversations

*U*NE grande entreprise de télécommunications australienne a embauché une consultante jeune et dynamique chargée de travailler la planification stratégique, la cartographie sociale et d'autres processus avec l'unité B de l'entreprise.

Amanda, une femme d'une trentaine d'années, organisait une réunion avec l'équipe une fois par mois dans la salle rouge à l'étage d'un restaurant branché du centre-ville, toute personne de l'entreprise étant intéressée disposait d'une invitation permanente.

Cette réunion, qu'ils avaient nommée La salle rouge, était une oasis pour la conversation – uniquement de la conversation. Parfois, Amanda débutait la réunion par l'introduction de nouveaux outils ou des idées qu'elle trouvait passionnants, puis elle laissait les choses se dérouler à partir de ce point. Mais, l'objectif principal de la salle rouge était de mettre les gens face à face dans un lieu de confiance et d'exploration honnête, où ils pouvaient dire ce qu'ils avaient vraiment envie de dire. Les personnes ne parlaient pas nécessairement du travail, mais plutôt de ce qui était important pour elles. Elles passaient des après-midi entières en conversation (qu'ils continuaient souvent ensuite ailleurs, jusque tard dans la nuit).

Une après-midi, Amanda a présenté un exercice intitulé la Salle des Marchés de l'Équipe, créé par Loretta Rose (coracle@bserv.com). Elle a demandé aux membres de l'équipe de participer à une session de remue-méninges sur les services dont ils avaient besoin les uns des autres et ceux qu'ils pouvaient eux-mêmes fournir (liés au travail, au relationnel, à la famille ... peu importe). Ensuite, ils ont négocié entre eux.

L'équipe a tellement aimé l'idée, qu'ils l'ont essayée une fois de retour au bureau. Un membre avait écrit qu'il voulait apprendre à danser la salsa. À sa grande surprise, « Je peux enseigner la danse salsa » était sur la liste d'un de ses collègues. Il a signé un accord avec elle pour des leçons, en offrant en retour de l'aider avec ses budgets départementaux.

Deux semaines plus tard, Amanda a reçu un appel de l'un des vice-présidents.

« Je veux venir à la salle rouge », dit-il.

« Bien sûr! » dit Amanda. « Elle est ouverte à tous. Vous y êtes le bienvenu ».

« C'est juste que je n'y avais jamais trop pensé avant, mais maintenant j'aimerais venir voir ».

« Qu'est-ce qui vous a fait changer d'avis ? »

« Je ne comprends pas », a déclaré l'expert-comptable après une longue pause. « Qu'est-ce que vous faites là-haut ? »

« Nous parlons, c'est tout ».

« Je ne comprends pas », répétait-il, en hochant la tête. « La semaine passée, j'ai visité l'unité B. En traversant la cafétéria, j'ai vu deux personnes en train de danser la salsa. Et le revenu de cette unité a *doublé* au cours des six derniers mois! Quand je leur demande comment ils ont atteint ce résultat, ils ne me parlent que de la salle rouge. Que leur *faites-vous* dans cette salle ? »

Les Conversations et l'énergie

Ce qu'elle faisait, ou plutôt, ce que tout le monde dans la salle rouge faisait, était de libérer de l'énergie à travers la conversation. L'énergie a coulé de façon naturelle, voire de façon idiosyncrasique, et c'est cela qui troublait le vice-président. Mais elle coulait également jusque dans les activités quotidiennes de l'entreprise, créant ainsi de meilleurs résultats – et c'est cela qui a *vraiment* attiré son attention.

Les Conversations sont de nature atomique

Un atome est une petite chose, mais selon la façon dont il est séparé, il peut de façon productive éclairer la ville de Toronto (lire : l'énergie nucléaire) ou au contraire, de façon destructive réduire à néant la ville d'Hiroshima (lire : la bombe atomique).

C'est identique pour une conversation. Selon la façon dont elle est menée, elle peut créer des résultats productifs à grande échelle, ou des résultats négatifs à grande échelle. Chaque conversation est une opportunité de libérer de l'énergie, positive ou négative. De simples évaluations de performances peuvent créer des employés super motivés et prêts à se dédier à nouveau dans leur travail, ou bien, des employés démotivés et prêts à jeter l'éponge. Chaque interaction que vous avez avec quelqu'un est une opportunité de libérer de l'énergie à l'intérieur de cette personne. Et l'énergie est très importante quand il s'agit de faire avancer les choses.

Ressentir l'énergie

Il y a plusieurs années, je faisais du coaching en leadership au sein du Centre d'opération Purolator Courier de Toronto. J'observais les superviseurs dans leur travail afin de comprendre plus précisément leur monde.

J'ai été impressionné la première fois que j'ai vu le fonctionnement des opérations, vingt-quatre camions étaient simultanément déchargés de milliers de paquets qui ensuite étaient disposés sur une série de transporteurs à bande, avec vingt-quatre courroies convergentes sur une zone de tri immense située en hauteur, dans ce bâtiment chaud et étouffant. Ceci était le transporteur à bande primaire où les paquets étaient triés vers des bandes secondaires et redirigés vers les nombreux quais de chargement dont disposait l'usine.

Lorsque je me suis rapproché de la rampe principale d'acheminement, j'ai entendu un bruit qui a affolé mon cœur. C'était un chant, grave et profond, aux intonations montantes et descendantes qui retentissait malgré le vacarme assourdissant des transporteurs à bandes : O-O-O-H – o-o-o-h – O-O-O-H, O-O-O-H – o-o-o-h – O-O-O-H, O-O-O-H – o-o-o-h.

En montant les escaliers, j'ai vu un groupe d'hommes qui chantaient tout en travaillant en équipe, comme une machine de muscles massifs. Ils hissaient des cartons situés sur une rampe en acier sans fin, pour les déposer sur des transporteurs à bandes à diverses hauteurs.

Chaque travailleur hissait des cartons de vingt-cinq à trente kilos à un intervalle de quelques secondes entre chaque. Le rythme était incessant. Peu importe la quantité de cartons qu'ils enlevaient, la rampe était toujours chargée. L'usine traite jusqu'à 150 000 paquets en 24 heures.

Ensuite, j'ai remarqué un homme en cravate et chemise blanche qui allait d'un travailleur à l'autre. J'ai appris qu'il s'appelait Dino. Il maintenait le niveau d'énergie en discutant avec ses hommes, leur demandant comment ça allait, en y mettant du sien et débloquant ci et là un goulot d'étranglement.

J'ai appris plus tard que l'absentéisme était un problème important pour les superviseurs de cette usine de 600 employés. Mais pas pour Dino. Ses hommes se présentaient régulièrement et leur niveau de productivité était exceptionnel. Il avait découvert le secret de libérer de l'énergie parmi ses employés et cette énergie leur permettait de progresser, chaque nuit, de part en part une montagne de travail.

A travers mon observation et mes entrevues avec Dino, j'ai découvert son secret : il montrait du respect pour ses hommes en ayant fréquemment des conversations en tête à tête. Il déployait ce qu'Edward Hallowell qualifie "Le Moment Humain au Travail" (*Harvard Business Review* janvier-février 1999).

Le moment humain a deux conditions : la présence physique des gens et leur attention émotionnelle et intellectuelle ... Pour que le moment humain fonctionne au travail, vous devez mettre de côté ce que vous êtes en train de faire, déposez la note que vous lisiez, mettre de côté votre ordinateur portable, cesser vos rêveries et vous concentrer sur la personne en face de vous. Habituellement, lorsque vous faites cela, l'autre personne *ressentira l'énergie et rendra la pareille.* Ensemble, vous créerez rapidement un *champ de force d'une puissance exceptionnelle.* [soulignement rajouté par moi]

L'Énergie libère l'effort

Il y a plusieurs années, j'ai été intrigué par un projet de recherche dans lequel une question à été posée à des employés : « Si vous mettiez 15 % d'effort en plus, pensez-vous que votre directeur le remarquerait ? » La réponse générale du personnel a été : « Non, mon directeur n'est pas assez à l'écoute de ma réalité quotidienne pour pouvoir remarquer quelque chose comme ça ».

Ensuite, les analystes ont demandé aux employés : « Si vous mettiez 15 % d'effort en moins, pensez-vous que votre directeur le remarquerait ? » La réponse des employés était là encore négative.

Si cette dynamique est vraie, cela signifie que certains employés ont jusqu'à 30 % d'effort en réserve de plus à offrir, mais ne se sentent pas assez énergisés pour ce faire. À votre avis, quel est le pourcentage d'employés qui pourrait offrir plus ? Des études d'engagement démontrent que seulement 20 % de la population active en Amérique du Nord sont fortement engagés. Parmi les 80 % restants, 60 % sont modérément engagés et 20 % sont désengagés.

Lorsque les employés sont énergisés ...

Et si vous pouviez permettre à 10 % de vos employés désengagés de devenir modérément engagés ? Comment cela changerait-il votre réalité ? Et si vous pouviez permettre à 10 % de vos employés modérément engagés à devenir fortement engagés ? Et enfin, si vous pouviez libérer 10 % de vos employés désengagés pour poursuivre une carrière chez votre concurrent principal ? Lorsque des employés sont énergisés,

---

> ils offrent leur effort discrétionnaire, et cela change votre
> réalité en tant que leader. Il y a moins de rotation de per-
> sonnel, une plus grande productivité, des revenus plus
> élevés, une diminution des coûts et une plus grande
> rentabilité.

De l'Énergie intelligente – non pas brute

Mais la haute performance ne vient pas de l'énergie brute. Elle provient de *l'énergie intelligente*, dans le sens de :

- Concentration
- Fluidité
- Passion
- But
- Motivation

Je ne parle pas de rallier les troupes avec des futilités motivation-nelles. Je parle d'engager votre effectif avec un genre de conversation qui produit une énergie intelligente, cohérente, et fortement alignée. Les *Pull Conversations*, le concept central de ce livre, est un type particulier de conversation qui permet le mieux de libérer ce type d'énergie, une conversation dans laquelle un leader réalise le travail difficile d'extraire la réalité de ses employés. L'histoire suiv-ante illustre la façon dont ce genre de conversation fonctionne. Elle présente également le type d'énergie et les résultats libérés lorsque les leaders tirent plutôt que de pousser.

Les Pull Conversations en action

Énergiser un redressement

David était le vice-président du marketing d'une entreprise alimen-taire internationale. Un Canadien de naissance, il avait plus que fait ses preuves au cours de son mandat au Canada et aux États-Unis. Mais, il s'est retrouvé dans une situation sérieusement difficile à surmonter. Il avait été muté dans une branche peu performante du Royaume-Uni avec un mandat clair du siège international de l'entreprise : « Redresser cette division et nous obtenir des résultats ». Il avait besoin d'une percée – un grave besoin.

Que ce soit en raison de la culture au Royaume-Uni, des personnalités, de l'histoire de l'organisation, ou une autre raison, la branche de David ne faisait tout simplement pas ses chiffres. Il avait poussé fort pendant deux ans, mais il semblait que son équipe de leadership en marketing (ELM) n'était pas prête à se donner pour obtenir des résultats. Lorsqu'il partait en voyage d'affaires, ils ne prenaient que très peu l'initiative, allant même jusqu'à repousser leurs réunions de leadership. Les mécontentements du siège social devenaient de plus en plus inquiétants.

David s'est fait aider par Mitch Fairrais, un de mes collègues de On the Mark, une société de formation basée à Toronto, et Mitch, à son tour, a fait appel à moi. On the Mark et Juice ont formé une équipe afin de résoudre les problèmes et aider David à obtenir sa percée.

Après une journée de formation de l'équipe marketing sur la façon d'extraire (de comprendre) les réalités des uns et des autres dans la conversation, nous sommes arrivés au deuxième jour : utiliser les *Pull Conversations* pour résoudre les problèmes de confiance et les questions d'engagement entre David et son ELM.

Mitch et moi pensions que si David et son équipe apprenaient à extraire la compréhension les uns des autres, plutôt que d'essayer de pousser leur compréhension l'un sur l'autre, ils arriveraient à résoudre la situation. Pour ce faire, David devait d'abord l'extraire de son équipe.

Nous avons promis à David, sur la base de notre expérience des situations comme la sienne, que s'il entrait dans le monde de son équipe de leadership et faisait en sorte d'extraire leur réalité, ils rendraient la pareille, en cherchant à comprendre la sienne.

La Réalité de l'ELM

Au cours de la première journée de formation, nous avons utilisé une série d'expériences pour enseigner l'équipe marketing entière en l'art des *Pull Conversations*. Nous nous sommes concentrés sur l'enquête : la capacité à entrer dans le monde d'un autre, afin de voir leur réalité de la façon dont eux la voient.

Maintenant, le deuxième jour, David avait la dure tâche d'extraire la réalité de son équipe. Ceci s'avérait extrêmement difficile pour lui. Il a presque abandonné le processus, mais tout à son crédit, il a continué malgré tout. Il a pénétré dans les mondes des membres de l'équipe et a extrait leurs pensées, leurs sentiments, et leurs hypothèses.

En ce faisant, il a fait la découverte alarmante que son ELM le voyait comme un mercenaire qui voulait des résultats sans se préoccuper des coûts humains.

David a retenu son désir instinctif de se défendre et de forcer son monde sur eux. Il avalait dur lorsqu'ils partageaient leur perception de lui comme quelqu'un qui ne respectait pas leur culture britannique, quelqu'un qui était là seulement à court-terme, un directeur qui adoptait l'approche nord-américaine de pendre une carotte devant eux pour les amener à exécuter.

Avec de l'aide, David a résisté à la tentation de se justifier, et a cherché à plusieurs reprises à entrer dans leurs mondes et à refléter, dans ses propres mots, ce qu'ils disaient.

Lentement, presque imperceptiblement, le groupe a commencé à se sentir compris. Leur capacité à écouter son point de vue a augmenté. Enfin, juste avant la fin de la deuxième journée, un changement s'est produit dans la salle.

Un des leaders de David a demandé : « Quand vous ne pouvez pas être ici, nous devrions quand même nous réunir et faire avancer les choses ».

Quelqu'un d'autre a dit : « Peut-être que nous pourrions trouver des méthodes afin de s'assurer que les gens se sentent reconnus et récompensés ».

Puis d'autres ont rajouté, « Oui, et comment pouvons-nous nous aligner avec vous et vous donner l'engagement dont vous avez besoin ? »

Un sentiment d'électricité a surgi à travers la salle. Mitch et moi étions optimistes en voyant le résultat de l'approche d'extraction de David : la libération de l'énergie intelligente dans le groupe. Les membres de l'équipe se tournaient maintenant vers David, lui posant des questions à son propos, commençant à extraire sa réalité.

La Réalité de David

David et sa famille avaient fait de grands sacrifices lorsque David avait accepté ce poste, et il était loin d'être sûr que ça valait le coup. Il n'avait jamais parlé à son équipe de ces coûts personnels. Sa pensée était qu'il avait fait des choix, et que ces choix lui étaient propres. Il estimait qu'il serait lâche d'essayer de faire comprendre à son personnel ce qu'il vivait.

Mais il se rendait compte maintenant qu'en tirant la réalité de son équipe, il avait créé la capacité en eux de faire la même chose pour lui. Il avait gagné le droit de parler et ils étaient prêts à écouter.

David à raconté au groupe l'histoire où un jour il était pressé de partir pour chercher son jeune fils Matthew à l'école. En fermant la porte de son bureau, une employée l'a arrêté pour lui poser quelques questions et lui parler de ses préoccupations. David a répondu aussi brièvement que possible, puis a dit qu'il devait partir, car son fils de cinq ans l'attendait. L'employée l'a suivi jusque dans l'ascenseur, poursuivant la discussion durant la descente de plusieurs étages puis au stationnement, et ce, jusqu'à sa voiture.

Conscient qu'il était en retard, David a tenté de monter dans sa voiture, mais l'employée ne cessait de lui parler. David devenait de plus en plus anxieux, mais a estimé qu'en tant que leader de l'entreprise, il devait écouter cette employée, qui évidemment estimait que ses demandes devaient obtenir une réponse immédiate. Une fois qu'il a finalement pu se libérer, il a conduit jusqu'à l'école de son fils en excédant de deux fois la limite de vitesse, l'estomac noué à cause de l'anxiété, mettant sa vie en danger en roulant à vive allure à travers le trafic. Il *devait* chercher Matthew, mais il *devait* aussi être là pour son personnel. C'était une situation sans issue.

Il a aussi partagé que lui et sa famille s'étaient installés dans ce nouveau pays, sans amis ou famille ou réseau social pour les soutenir. Les membres de son équipe n'avaient fait aucun effort pour que sa femme et lui se sentent inclus, a-t-il dit. Ils ne les avaient invités ni chez eux ni à quelconques événements sociaux que ce soit.

David était très direct en décrivant sa réalité à son personnel. Il voyait qu'ils ne l'avaient pas perçu comme une personne aux multiples facettes avec une famille et des problèmes personnels, mais simplement comme un leader qui était censé répondre à leurs besoins. Il y avait une grande gêne dans la salle alors qu'il parlait, mais cela faisait partie de sa réalité et par conséquent partie de la réalité de l'ensemble du groupe. Leur réalité en tant que groupe avait besoin d'être agrandie. Ils avaient besoin de comprendre les contextes des uns et des autres.

En tant que leader, David utilisait une combinaison d'extraire la réalité de son équipe et de les attirer dans sa propre réalité. Mais il était important qu'il effectue ces actions. Les *Pull Conversations* sont basées sur l'hypothèse simple que si vous faites un travail efficace en retirant la réalité d'une personne et en la faisant se sentir profondément comprise, elle rendra la pareille en essayant d'extraire votre réalité. Cette volonté de rendre la pareille ne se limite pas à la compréhension. Quand on se sent respecté par une personne, il est plus facile pour nous de la respecter. Et quand nous ressentons que quelqu'un nous fait confiance, il est plus facile pour nous de lui faire confiance. C'est ce que l'on appelle la Loi de la Réciprocité Psychologique. Robert K. Greenleaf, dans *The Leader as Servant*, le définit en ces termes : « Les gens sont incités à vous rendre les sentiments que vous créez en eux ».

Le Saint de la réciprocité

La fameuse prière de Saint François d'Assise nous encourage à aligner nos comportements avec la loi de réciprocité :

Faites que nous ne cherchons pas
Tant à être consolés que de consoler;
D'être compris que de comprendre;
D'être aimés que d'aimer.

Se sentir compris est l'un de nos besoins primitifs en tant qu'êtres humains. Répondez à ce besoin crucial pour les autres et ils vous rendront la pareille, en répondant à vos propres besoins. Oui, il y a des exceptions. Néanmoins, après avoir accompagné des centaines de leaders, de directeurs et d'employés à surmonter des situations épineuses pour obtenir des résultats productifs, je peux dire avec confiance que la plupart des personnes essayeront de vous comprendre si vous cherchez à les comprendre en premier.

Trouver un terrain d'entente

Maintenant que David a fait le travail d'extraire la réalité de son équipe de dirigeants et les a tirés dans sa réalité, il a pu progresser pour découvrir la Plus Grande Réalité qui était cachée à tout le monde.

Pour ce faire, il était nécessaire de trouver le terrain d'entente qui existait entre leurs points de vue apparemment si polarisés. Une question que j'ai trouvée utile pour identifier le terrain d'entente est, « Qu'est-ce que nous voulons tous les deux qui nous permettrait d'aller de l'avant ? » C'est là que David et son équipe ont commencé à appliquer leur attention. Ensemble, ils ont découvert qu'ils voulaient tous les deux obtenir des résultats excellents. Tous deux voulaient conserver les éléments distinctifs de la culture britannique. Tous deux tenaient l'importance de la famille au-dessus du travail. Il y avait suffisamment de terrains communs à partir desquels une Plus Grande Réalité pourrait voir le jour.

Des Découvertes en cherchant un terrain d'entente

- David s'est rendu compte, « Cette équipe en veut vraiment pour produire d'excellents résultats ».
- L'équipe s'est rendue compte, « David n'est pas ici pour détruire notre culture – et il n'est pas là à court terme juste pour renforcer son CV ».
- L'équipe s'est également rendu compte, « Nous avons été coupables de faire à David exactement ce que nous l'avons accusé de vouloir nous faire. Nous avons mis en péril sa vie de famille pour que nos besoins au travail soient satisfaits ».

Ces découvertes ont créé une véritable percée pour David et son équipe. Dès lors qu'ils comprenaient les motifs des uns et des autres, comment répondre aux besoins émotionnels uniques des uns et des autres, comment devenir une seule unité, et, par conséquent, comment aller de l'avant. Ces découvertes ont été instrumentales pour découvrir la Plus Grande Réalité. Lorsqu'ils avaient accompli ceci, travailler ensemble et atteindre leurs objectifs est devenu simple.

La Plus Grande Réalité apparaît

Qu'était-ce que la Plus Grande Réalité ? C'était une croyance solide, une conclusion ferme, ancrées dans une atmosphère de possibilité : « Nous pouvons y arriver. Nous pouvons obtenir d'excellents résultats sans avoir à travailler des horaires impossibles et sans détruire notre culture. Nous pouvons travailler ensemble d'une autre façon – une façon radicalement différente. Que pourrions-nous réaliser si nous laissions de côté le soupçon et la résistance en les remplaçant par la concentration et la collaboration ? »

On pourrait répondre : « Quelle sorte de Plus Grande Réalité est-ce ? Cela ne semble pas magique du tout ». Peut-être, mais prenez en considération que lorsque cette équipe nageait dans la suspicion et la méfiance, l'état d'esprit qui prévalait était, « Soit nous adoptons l'éthique du travail insensé de l'Amérique du Nord et disons adieu à notre culture, ou nous ne parvenons pas à atteindre nos chiffres et disons adieu à nos emplois ». Généralement, ce genre de mentalité ne produit pas de l'énergie intelligente.

Le fait d'avoir compris cette Plus Grande Réalité, à la fois simple et puissante, a eu un effet immédiat sur David et son équipe. L'énergie intelligente a commencé à couler et des comportements de haute performance ont commencé à émerger. Les membres de l'équipe de David se sont mis au travail pour obtenir des résultats. Ils ont commencé à collaborer naturellement, à partager des ressources et à tirer parti des efforts les uns des autres.

Vous pourriez très bien penser, « Ma journée est bien trop chargée pour pouvoir faire ce truc de *Pull Conversation*. Ça prend trop de temps. Je n'ai pas d'autre choix que de pousser ! » Mais réfléchissez à ceci : en tirant, *David a pu réaliser en l'espace de deux courtes journées ce qu'il avait été incapable d'accomplir en deux ans à pousser avec ténacité.* Comme la Plus Grande Réalité produit un effet magique 1+1 = 5, cela vaut la peine d'y mettre quelques efforts dont vous disposez afin d'extraire.

Et le point fort de cette percée, c'est qu'il ne s'agissait pas d'un évènement unique. L'expérience avait changé l'équipe. Nous avons pris contact avec David à plusieurs reprises au cours des mois et années suivantes. Son équipe a commencé à réaliser des résultats financiers sans précédent. En fait, ils ont doublé leur croissance en l'espace d'un an. De plus, David a pu enfin se permettre de prendre des vacances longuement attendues et bien méritées. Pourquoi ? Car il avait une confiance totale en son équipe durant son absence.

Une conversation, menée correctement, libère de l'énergie intelligente ; l'énergie intelligente produit des comportements intelligents ; et les comportements intelligents produisent des résultats durables. C'est à vous de choisir : pousser continuellement, sans aucun résultat, ou bien une série de brèves conversations qui génèrent de l'énergie pour donner des résultats durables. Comme le montre ce livre, le chemin le plus rapide pour arriver à des résultats durables est d'extraire la Plus Grande Réalité. Aussi gonflé que cela puisse paraître, nous avons vu de nos propres yeux que le fait de tirer donne vraiment l'équation $1 + 1 = 5$.

Les Pull Conversations : le modèle

Cela nous amène à une description plus complète du Modèle des *Pull Conversations*, qui est l'essence de tous les chapitres qui suivent. Ce modèle fonctionne dans toutes les situations, qu'elles soient personnelles ou professionnelles, mais dans ce livre nous emploierons principalement la langue des affaires. Le modèle est particulièrement utile pour les directeurs et les leaders travaillant avec une équipe.

Certaines parties du modèle apparaîtront dans les chapitres suivants où nous nous focaliserons sur les diverses étapes du modèle. Des descriptions plus détaillées des étapes suivront chaque itération du modèle.

1 Extraire leur réalité

A Entrez dans leur monde : Mettre temporairement de côté vos jugements et vos peurs et renseignez-vous en profondeur sur la façon dont ils voient les choses.

Modèle Pull Conversation™

6 *Des Résultats durables*
- Chiffre d'affaires
- Qualité
- Loyauté
- Innovation
- Vitesse
- Sécurité
- Maintien
- Profit

Résultats visés

5 *Les Comportements hautement performants*
- Anticiper les besoins de chacun.
- Partager des ressources et des informations.
- Optimiser les efforts des uns et des autres.
- Collaborer et synergiser.
- Couvrir le dos de l'autre.

Actions alignés

4 *L'Énergie Intelligente*
- Focalisation.
- Fluidité.
- Passion.
- Objectif.
- Motivation.

Décisions intelligentes

3 *Extraire la Plus Grande Réalité*
- Mettre vos deux mondes ensemble pour trouver le terrain d'entente.
- Surveiller l'émergence d'une Plus Grande Réalité – une solution qui fonctionne pour tous les deux.
- Le résumer en vos propres mots.

Terrain d'entente La Plus Grande Réalité

2 *Les Tirer dans votre réalité*
- Invitez-les à entrer dans votre monde.
- Aidez-les à voir votre réalité.
- Demandez-leur de refléter en retour ce qu'ils ont compris.

Votre réalité

1 *Extraire leur réalité*
- Entrez dans leur monde.
- Voir et ressentir leur réalité.
- La refléter dans vos propres mots.

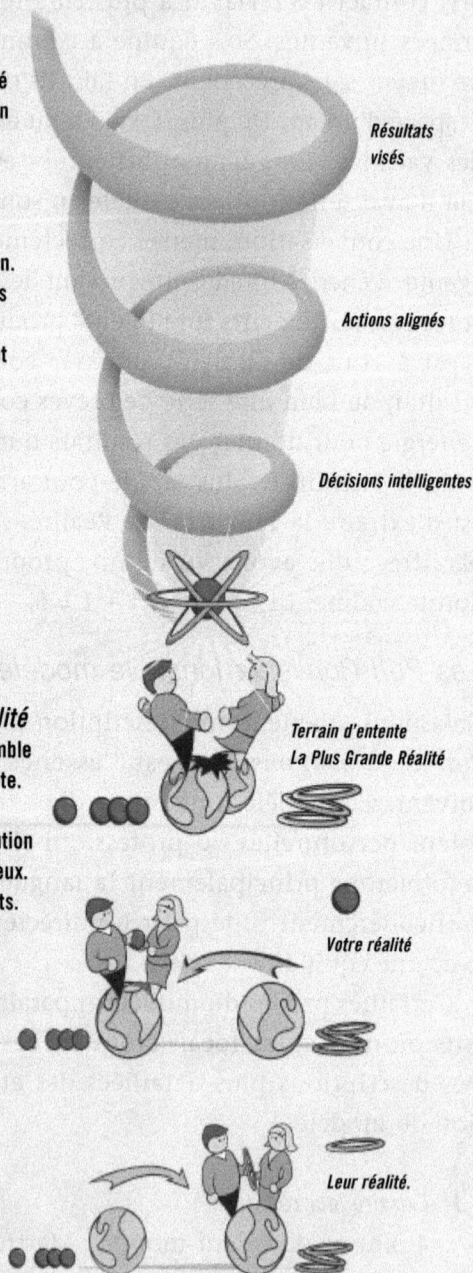

Leur réalité.

B Voir leur réalité : À travers le pouvoir de votre imagination, voir comment c'est d'être eux dans cette situation. Extraire les hypothèses à partir desquelles ils opèrent.

C Leur refléter en retour, selon vos propres mots, ce que vous avez compris afin de vous assurer qu'ils se sentent compris.

2 *Tirez-les dans votre réalité*

A Invitez-les à entrer dans votre monde : Incitez leur curiosité en utilisant le pouvoir des contes, en trouvant un langage qui les aide à vous comprendre.

B Aidez-les à voir votre réalité : exprimez avec productivité votre vérité et faites ressortir les hypothèses à partir desquelles vous opérez.

C Demandez-leur de refléter en retour ce qu'ils ont compris.

3 *Extraire la Plus Grande Réalité*

A Mettez vos deux mondes ensemble afin de trouver le terrain d'entente. Pour ce faire, posez-vous la question, « Qu'est-ce que nous voulons, tous les deux ? »

B Observez afin de percevoir l'apparition d'une Plus Grande Réalité. Posez-vous la question, « Y a-t'il ici une Plus Grande Réalité qui nous permettrait d'aller de l'avant ? »

C Résumez-la selon vos propres mots.

4 *L'Énergie intelligente*

Trouver la Plus Grande Réalité libère de l'énergie intelligente. L'attention des gens devient plus concentrée. Ils entrent dans un état de fluidité dans lequel ils sont complètement absorbés dans leur travail. Il y a un sentiment intense de passion lorsqu'ils font ce qu'ils sont « *juicés* » à faire. Ils sont profondément alignés avec le but de leur travail. Cela crée un puissant sentiment de motivation qui encourage des comportements de haute performance.

5 *Les Comportements de haute performance*

L'énergie intelligente alimente le genre de comportements dont vous rêvez en tant que leader. Les employés commencent à comprendre et à anticiper les besoins des uns et des autres.

Ils partagent librement ressources et informations. Ils tirent parti des efforts les uns et des autres, en investissant quelques instants d'effort qui économisent des heures à leurs collègues. Ils collaborent et ils synergisent. Ils se soutiennent.

6 Des Résultats durables

Les comportements de haute performance produisent des résultats durables tels que des revenus accrus, une meilleure qualité, fidélité des clients, d'innovations brillantes et plus de rapidité à entrer sur le marché *ainsi qu'*une amélioration de la sécurité, de la rétention, et des bénéfices nets.

Comment extraire leur réalité

Afin d'atteindre les résultats impressionnants de ce modèle, vous allez devoir faire tout votre possible pour enquêter sur la réalité de l'autre personne ou du groupe. Vous allez devoir sortir de votre monde et mettre de côté vos hypothèses, vos jugements, vos craintes, et rester attentivement à l'écoute un long moment afin de pouvoir entrer dans leur monde à eux. Vous allez devoir employer le pouvoir de votre imagination afin de voir leur réalité – un aperçu de ce que c'est d'être eux dans cette situation. Puis vous devrez leur refléter, selon vos propres mots, ce qu'ils disent, afin de démontrer que vous les avez vraiment compris.

Comment leur tirer dans votre réalité

Lorsque vous extrayez la réalité de l'autre personne, vous renforcerez sa capacité et son désir de comprendre et de se soucier de ce que vous avez à dire. C'est à ce moment que vous les tirez dans votre réalité, en partageant une histoire, comme dans l'exemple de David. Utilisez des histoires pour l'inviter à entrer dans votre monde. L'image graphique de David en train de se faufiler à des vitesses vertigineuses à travers la circulation pour rejoindre son fils a eu un impact durable sur son équipe.

Exprimez votre vérité avec productivité, de manière très directe et respectueuse. Ceci permettra à votre audience de voir et de ressentir votre réalité. Une fois terminé, aidez-les à la refléter, jusqu'à ce qu' :

- Ils comprennent vraiment ce que vous essayez de dire.
- Ils ne s'en vont pas ayant compris autre chose que ce que vous essayez de dire.

La Conversation : Un système d'exploitation organisationnel

La conversation est le système d'exploitation de votre organisation. Qu'est-ce qu'un système d'exploitation ? Disons que vous voulez créer une présentation PowerPoint. Vous ne pouvez pas communiquer avec l'application PowerPoint de votre ordinateur sans un traducteur. Pour de nombreux ordinateurs, ce traducteur est Windows. Windows est tout simplement un système d'exploitation qui permet à une application comme PowerPoint de s'installer et de se manifester par le biais de votre matériel informatique.

De la même manière, les besoins de votre organisation et les applications qui répondront à ces besoins nécessitent un système d'exploitation afin de les relier et faciliter leur opération. La conversation est ce système d'exploitation. Par exemple, votre organisation a besoin de recevoir des commandes de vos clients. « L'application » qui produira ce travail est un processus de saisie des commandes. Le système d'exploitation qui relie la commande du client à ce processus est une conversation entre le preneur d'appel et le client. La qualité de cette conversation dicte la qualité du service que vous fournissez à vos clients.

En fin de compte, chaque facette de votre organisation s'exécute à partir de ce système d'exploitation de conversation ; le recrutement est exécuté sur la base des conversations d'embauche; la performance est exécutée à partir de conversations de formation; les recettes sont un résultat de conversations de vente. La conversation traduit les compétences des employés aux besoins de l'organisation.

Quel pourcentage de votre journée consacrez-vous à la conversation ? Edward Shaw, un expert en formation d'entreprises, propose quelques observations intéressantes dans son livre *The Six Pillars of Reality-Based Training*. Selon Shaw, les études montrent que les employés de bureau occupent leur temps en quatre activités principales :

Converser 60-95 %
Lire 20-50 %
Écrire 10-45 %
Réfléchir / planifier 0-15 %.

Si la conversation est l'activité à laquelle vous passez jusqu'à 95 % du temps de votre journée, alors chaque minute ou chaque dollar que vous dépensez à affiner ce système d'exploitation contribuera considérablement à l'effet de levier pour vous et votre organisation. En revanche, comme les histoires qui suivent illustreront, une sous-évaluation ou une sous-utilisation du système d'exploitation de la conversation résultera en un affaiblissement de tous vos autres systèmes.

Manque de communication: Retirer son soutien

En 2001, un géant de l'épicerie a stoppé à l'installation d'IT d'une valeur de 49 millions de dollars. C'est stupéfiant. Imaginez-vous tournant le dos à un investissement de cette ampleur simplement pour arrêter les pertes. Et cette entreprise est loin d'être seule dans sa démarche. On pourrait citer à la pelle des milliers d'autres exemples de pertes et de déceptions IT de ce genre, si l'on en avait le temps et l'estomac. Des milliers ? Oui, dans leur *Chaos Report*, 1994, le Standish Group a estimé que 81 milliards de dollars seraient gaspillés sur des projets de logiciels annulés l'année suivante. Dans leur *Extreme Chaos Report* de 2001, ils ont signalé que l'année précédente, 23 % des 30 000 installations axées sur la technologie avaient complètement échoué et encore 49 % étaient « *remises en question* – un terme englobant les dépassements en coûts et en temps ainsi que les fonctionnalités manquantes ».

Quelle est une des principales raisons pour laquelle les installations IT échouent ? Le même rapport a attribué les échecs à un manque de compétences en communication du leader du projet et des principaux utilisateurs.

Je pourrais citer des dizaines d'exemples similaires. J'ai personnellement été témoin d'organisations qui investissent plusieurs milliers de dollars dans des tableaux de bord prospectifs, des enquêtes leadership de 360°, et des systèmes de gestion de performances qui ont assuré qu'une fraction de ce qu'ils promettaient. Le manque de conversations habiles en face à face a été le dénominateur commun de l'inefficacité de chacun de ces programmes. Par exemple :

- Un leader reçoit une évaluation à 360°, indiquant qu'il ne fait pas preuve de leadership inspirant. Au lieu d'en parler face à face avec ses employés pour extraire de chacun d'entre eux les réglages spécifiques qu'il pourrait effectuer afin de répondre à leurs besoins en ce qui concerne l'inspiration, il fait ses propres déductions. Ses comportements modifiés après le processus de 360° sont en danger d'être inappropriés et préjudiciables.
- Un système de gestion de performances élaboré est mis en œuvre, exigeant aux directeurs de remplir de multiples écrans de données sur la performance. En fait, personne ne songe à converser sur les obstacles potentiels à la performance.
- Un programme de bien-être a été lancé dans votre organisation. Comme il n'y a pas de flexibilité en ce qui concerne les résultats que les employés doivent atteindre dans leur travail, la seule façon de réduire les débordements entre le travail et la maison est d'octroyer plus de contrôle aux employés quant à leur travail et leurs horaires flexibles. Ce système ouvre la porte au chaos. Les employés qui ne peuvent travailler depuis la maison commencent à envier ceux qui le peuvent, et les employés qui doivent être au travail à des heures de pointe se comparent avec ceux qui arrivent à tirer un meilleur parti des horaires flexibles. Si, par le biais de quelques conversations franches, les directeurs ne sont pas en mesure de gérer ce chaos, le programme de bien-être va être quelque peu maladif.

La Conversation et la clarté des objectifs

Les leaders intelligents trouvent des façons novatrices d'utiliser le système d'exploitation de la conversation afin de dynamiser les applications les plus importantes de leur activité. Ci-après, un extrait de *Communication World,* juillet-août 2004 ; l'histoire unique d'une société de scooters qui commence chaque journée par des conversations visant à concentrer toute l'entreprise sur les objectifs qui feront progresser l'entreprise.

Les regroupements ont lieu tous les jours à 08h30. En l'espace d'une heure, chaque employé aura communiqué vers le haut, vers le bas et à travers toute l'entreprise.

Pendant 15 minutes, les employés de première ligne s'entretiennent en tant que département avec leurs directeurs. Ensuite, les directeurs partent pour un deuxième regroupement de 15 minutes avec leurs directeurs. Puis, les directeurs rencontrent les vice-présidents.

Finalement, les vice-présidents se regroupent avec le président, pour finir vers 09h30. D'autres personnes sur le terrain participent par téléphone. Le temps maximal qu'une seule personne puisse consacrer au processus est de 30 minutes, de plus, ce processus donne à chacun une liaison quotidienne avec le président.

Ils parlent des priorités de la journée pour l'entreprise, anticipent les problèmes et clarifient d'éventuelles rumeurs. Chaque département a des objectifs trimestriels, et à chaque regroupement, chacun des employés indique ce qu'il ou elle fera ce jour-là en vue de la réalisation des objectifs.

« On fait le tour du groupe, qui peut compter jusqu'à 10 personnes, afin que chacun indique son objectif prioritaire pour la journée, compte tenu de l'orientation trimestrielle très précise », explique Jeff Austin, vice-président des ressources humaines. « C'est une opportunité de parler de tout goulot d'étranglement que vous pensez peut-être rencontrer ». Les directeurs s'adressent dès lors, aux secteurs des goulots d'étranglement concernés ou au prochain regroupement. Les directeurs demandent aussi à chaque participant s'il ou elle a accompli son objectif prioritaire de la journée précédente.

En identifiant ce qu'un employé peut accomplir le jour même et ce qu'un employé a accompli le jour précédent, on peut diviser les objectifs trimestriels en tranches plus atteignables. « C'est un super moment d'échange et partage d'informations. Parfois, les personnes divergent vers une sous-discussion qui se révèle être critique », dit Debbie Featherston, vice-présidente de PeopleWerks – Celebrations and Communications.

- C'est la libération de l'énergie intelligente qui donne des résultats pour votre organisation.
- En tirant en premier, il est possible d'atteindre en l'espace de deux jours ce que vous n'arriviez pas à atteindre en poussant pendant deux ans.
- La conversation est le système d'exploitation qui dynamise et exécute tous vos autres systèmes.
- Lorsque vous tentez de convaincre des personnes, investissez du temps et extrayez leur réalité avant de les tirer dans la vôtre.

Voulez-vous le faire ?

- Créez une *salle rouge* pour votre entreprise.
- Demandez à vos superviseurs de créer plus de *moments humains* avec leurs employés.
- Demandez de vos leaders de tirer les réalités de leurs équipes de dirigeants afin de les aider à *s'accrocher* pour obtenir des résultats.
- S'assurer que les *Pull Conversations* en face à face soient intégrées avec les systèmes dans lesquels vous avez déjà investis (Tableau de bord prospectif, Mesure 360°, l'Examen du Rendement, Program de bien-être).
- Mettre en place des relais de regroupements de quinze minutes.

Juice à la maison

Marqué à vie

Mon père a contracté le cancer des os lorsque j'avais trente-neuf ans.

Allongé sur ce qui a fini par être son lit de mort, il s'est tourné vers moi et a parlé de sa proximité avec la mort.

Pour toutes sortes de raisons qui prendraient bien trop de place et de temps à vous décrire, je n'ai jamais senti l'amour ou la fierté de mon père envers moi. Il avait de la peine à exprimer ses sentiments et j'avais du mal à croire que j'étais aimable ou digne de son orgueil. J'ai passé de nombreuses années frustrantes à tenter de gagner son approbation ; j'ai même fini par suivre ses pas dans l'industrie optique (il était optométriste).

Je n'avais jamais investi de l'énergie intelligente afin de comprendre la réalité de mon père. Mais, assis à ses côtés dans ces moments-là, il y avait quelque chose en moi qui voulait extraire toute la compréhension que je pouvais. J'étais un aspirateur de trente-neuf ans qui avait énormément besoin de me remplir.

J'ai commencé à extraire sa réalité. Je lui ai demandé comment était la douleur. Je lui ai demandé comment c'était, d'être si proche de la mort. Je lui ai demandé s'il avait peur. Ses lèvres ont tremblé et il a hoché la tête, en disant, « Qui de sensé estimerait qu'il soit assez bon pour rentrer au paradis ? ». Après une pause, il a ajouté : « Mais j'ai la foi ». Il m'a regardé et a dit : « Il faut avoir la foi ».

Ce n'est pas ces mots-là qui ont marqué ma vie. Je savais que la foi en Dieu était cruciale. Ce sont les paroles qui sont ensuite venues. « Je t'aime et je suis fier de toi », dit-il.

Ces mots de poids ont atterri sur un cœur sensible et ont créé une empreinte profonde. En un instant de clarté immédiat, j'ai été voûté de perceptions tordues vers la réalité, de l'incompréhension vers la compréhension, du doute de soi vers la confiance, et de « Je me sens comme un échec » vers « Peut-être que je peux réussir ».

Comment ce moment est arrivé ? La dynamique de mon besoin de comprendre et de son besoin d'être compris nous a amenés à se tourner l'un vers l'autre. Moi, je me suis tourné vers mon père et ai tiré sa réalité. Lui, à son tour, s'est tourné vers moi et a poussé sa réalité vers moi. Le fait de nous être tourné l'un vers l'autre a créé une conversation qui a profondément changé. (Curieusement, le mot *conversation* signifie justement cela : *se tourner l'un vers l'autre*.)

Mais nous sommes allés au-delà de simplement se tourner l'un vers l'autre. Dans ce bref instant, nous sommes entrés chacun dans la réalité de l'autre. Quand je suis entré dans le monde de mon père, je ressentais la même chose que lui: « C'est ma dernière chance de faire savoir à mon fils que je l'aime et que je suis fier de lui ». Quant à moi, ressentir pour la première fois cette réalité a recalibré mes convictions : Mes fausses croyances ont été remplacées par des fiables. En entrant dans mon monde à moi, papa pouvait voir que j'étais en train de recevoir ce qu'il avait toujours voulu me donner – un sens de son amour et de sa bénédiction. Le fait de visualiser les réalités l'un de l'autre a créé de la place pour qu'une Plus Grande Réalité puisse émerger.

L'unité est l'un des objectifs principaux de la communication. Si vous séparez le mot *communication* et le reconstituez à l'envers, vous vous trouverez avec la définition suivante : la communication est *l'action de devenir avec une unité*. Si cette définition est exacte, il est facile de voir pourquoi la conversation est si vitale pour la communication. C'est seulement en se tournant l'un vers l'autre que nous pouvons harmoniser nos pensées avec une autre personne. Dans ces moments de communication profonde, je me suis enfin ressenti comme étant en unité avec mon père.

Cette conversation essentielle a libéré du *juice* à l'intérieur de moi : une énergie intelligente générée par le fait que certains de mes besoins les plus profonds avaient était comblés. Une énergie qui venait de la conviction que je pouvais enfin réussir – que j'étais digne de la fierté de mon père. Cette énergie continue à me dynamiser et à me « *juicer* » aujourd'hui, presque une décennie plus tard.

**Faites votre Évaluation de Conversation
gratuite – aller sur www.juiceinc.com et cliquez sur
« Évaluation de Conversation ».**

3

La Logique des Pull Conversations

Créer de la capacité chez vos auditeurs

*N*OUS venons de voir comment la conversation libère de l'énergie. Mais seul un certain type de conversation y parvient : les *Pull Conversations*. Nous avons vu comment ces conversations ont produit un changement spectaculaire dans l'équipe du marketing de David au Royaume-Uni. Maintenant, il est temps de révéler comment et pourquoi les *Pull Conversations* fonctionnent. Jetons un coup d'œil sur la logique de tirer.

Pousser ou tirer ?

Chaque année au mois de juillet je retourne à l'île Manitoulin sur le lac Huron, dans la maison de campagne où j'ai passé les étés de mon enfance. Mais, ce n'est pas toujours une partie de plaisir dans le Nord. L'année passée, nous avons dû remplacer le câblage entre deux des maisons de campagne. Comme le nouveau fil allait être enterré, le travail consistait à faire passer un fil électrique épais à travers un tuyau en plastique qui protégerait le câble disposé sous terre.

Comment faire passer 40 mètres de fil à travers 40 mètres de tuyau en plastique – cela était notre défi. Mike, le quincaillier, avait donné quelques conseils, mais cela semblait farfelu et demandait beaucoup trop de temps. Mon frère Tim et moi avions décidé d'essayer ce que nous pensions être une méthode à la fois plus rapide et plus facile.

Tout d'abord, nous avons déroulé le fil et l'avons étendu en ligne droite le long de la plage. Ensuite, nous avons essayé de pousser le fil à travers le tuyau. Ce que nous pensions être un processus relativement simple s'est avéré sans succès. Bien que le fil était raide, il y avait trop de frottement et donc au bout d'un moment, nous n'arrivions plus du tout à pousser le fil.

Que faire ensuite ? Nous avons eu l'idée de prendre le fil et le tuyau et de les accrocher par-dessus le bord de la falaise d'East Bluff, qui se situe dans les environs. Peut-être que la gravité permettrait de surmonter le frottement, et que le fil descendrait lentement à travers le tuyau. Mais il nécessiterait beaucoup de travail pour enrouler le fil et le tuyau, les amener en voiture jusqu'à la falaise, les dérouler par-dessus le bord, faire glisser le fil à travers le tuyau (un processus dont nous n'étions pas sûrs qu'il fonctionne), enrouler à nouveau le tuyau, et le ramener en voiture jusqu'au lac.

La méthode de Mike, le quincaillier, commençait à nous paraître la meilleure, même si elle représentait un travail considérable.

Tim prit un petit morceau de sac plastique et y attacha une bobine de fil de pêche. J'ai mis le morceau de plastique dans l'une des extrémités du tuyau, Tim est allé à l'autre extrémité et l'a couverte avec un aspirateur. Il a allumé l'aspirateur qui, à une vitesse impressionnante, a tiré le fil de pêche d'une extrémité à l'autre.

Nous avons ensuite utilisé cette ligne de pêche pour tirer une solide ficelle à travers le tuyau. Une fois la ficelle passée, nous l'avons attachée au fil électrique. Nous étions tous stupéfaits lorsque je marchais le long de la plage, en tirant le fil épais à travers le tuyau, à la fois rapidement et avec facilité.

La leçon nous était honteusement claire : quand il s'agit de faire passer quelque chose de flexible à travers un conduit, l'action de tirer fonctionne beaucoup mieux que celle de pousser. Tirer réduit les frottements inutiles et vous permet de faire passer quelque chose plus rapidement, avec moins de stress.

Nous avions opté par défaut pour une approche « pousser-en-premier » parce que nous avions cru que cela prendrait trop de temps si l'on tirait. Nous avons fini par perdre tout le temps que nous avons passé à pousser, car en fin de compte nous avons tout de même dû investir du temps pour l'approche de « tirer ».

Est-ce que vous poussez en premier ?

Quand je travaillais chez Eagle's Flight, une des plus importantes sociétés de formation de l'Amérique du Nord, j'ai mené des recherches pratiques dans mes séances avec des personnes provenant d'organisations à travers l'Amérique du Nord. Les statistiques qui en résultaient ont démontré une chose très intéressante en ce qui concerne les diverses simulations que nous avons menées avec les personnes que nous formions. Nous avons découvert que *les deux tiers* d'entre eux ont adopté l'approche de *pousser* lorsqu'ils voulaient se faire comprendre.

Je procède souvent à un exercice utilisant une histoire relative au secteur immobilier afin d'illustrer ce phénomène de « pousser en premier ». Voyez si vous arrivez à le déchiffrer.

> Un couple a acheté une maison dans une ville, pour la somme de 36 0000 dollars. La femme s'est vue promue par son employeur, ce qui impliquait qu'elle devrait travailler au siège social, situé à 100 kilomètres. Le couple adorait leur nouvelle maison et la femme était peu disposée à faire le trajet de 100 kilomètres deux fois par jour. Devrait-elle accepter ou non cette promotion ? Ils ont décidé de mettre la maison sur le marché à 10 000 $ de plus que le prix auquel ils l'avaient achetée. Si la maison se vendait, ils prendraient ceci comme le signe qu'elle devrait accepter son nouveau poste.
>
> Le lendemain même, un jeune couple enthousiaste leur a acheté la maison au prix demandé de 370 000 $. Ils ont alors pris leurs enfants et sont allés s'acheter une autre maison à proximité du siège social. La maison qui leur plaisait le plus coutait un peu plus cher – ils ont fini par payer 380 000 $.

Six mois plus tard, les enfants se plaignaient du fait que leurs amis et leurs professeurs leur manquaient. Le mari n'avait pas encore trouvé d'emploi et la femme en avait marre de la politique qui régnait au siège social. Ils ont décidé de mettre la maison en vente au prix de 390 000 $. Si elle se vendait, ils re-déménageraient chez eux.

Elle s'est vendue le lendemain même au prix de 390 000 $.

À ce stade de l'histoire, je dis aux participants, « Ce couple est à nouveau sur le point de sauter dans son véhicule pour retourner dans leur ville d'origine. Ont-ils réalisé un profit, perdu de l'argent ou, ont-ils équilibré leur budget ? Et pour garder les choses simples, vous n'avez pas à prendre en considération les honoraires du notaire, les frais immobiliers ou les coûts de déménagement ».

Généralement, une partie du groupe croit fermement que le couple a équilibré son budget. Une autre partie est tout aussi certaine qu'ils ont réalisé un profit de 10 000 $. Une autre partie est persuadée qu'ils ont réalisé un profit de 20 000 $. Une autre partie encore dit, « C'est simple. Ils ont réalisé un profit de 30 000 $ ». D'autres participants donnent des réponses diverses. Et selon vous, quelle est la réponse ?

Puis je dis au groupe, « Votre objectif est maintenant d'essayer de vous mettre tous d'accord, et l'idéal serait d'être tous d'accord sur la réponse correcte. Allez d'un groupe à l'autre discuter avec les personnes. Votre tâche consiste à vous faire comprendre le mieux possible ».

Ce qui se passe ensuite est vraiment intéressant. Lorsque les personnes essaient de faire comprendre leurs points de vue, leurs styles naturels de conversation viennent à la surface. Essayez par vous-même. Présentez ce problème immobilier à un ami, un collègue ou un membre de la famille et essayez de vous mettre sur la même longueur d'onde à propos de la bonne réponse.

Je fais cela durant quatre tours, ou quatre quarts, si vous préférez. À la fin, le groupe est généralement encore divisé, les participants sont partagés en au moins deux ou trois camps. (Pour la réponse, veuillez nous envoyer un courriel à info@juiceinc.com avec pour sujet le mot « Immobilier ».)

« Rappelez-vous les interactions que vous venez d'avoir », je leur dis. « Quel pourcentage de personnes avec lesquelles vous avez interagi a tiré votre raisonnement avant de vous demander de comprendre le leur ? Quel pourcentage a poussé son raisonnement sur vous avant de tenter de comprendre le vôtre ? Et quel pourcentage a acquiescé – se résignant simplement à votre point de vue sans chercher à défendre le leur ? »

Les résultats d'un sondage effectué sur des milliers de personnes montrent que, lorsque les Nord-Américains tentent d'obtenir la compréhension, 66 % des personnes interrogées poussent, 23 % acquiescent, et seulement 10 % d'entre elles tirent.

Cela signifie que la chance que les personnes autour de vous poussent leur réalité sur vous plutôt que de tenter d'extraire la vôtre est d'au moins deux contre un (66 % à 33 %), les chances sont également de deux contre un, sauf cas exceptionnel, que vous aussi, vous poussez. Nos résultats coïncident avec les recherches de Jack Carew, qui a étudié 30 000 professionnels de la vente et a découvert que dans toute interaction de vente, les chances sont de deux contre un que « l'orientation du vendeur est autocentrée ». (Visitez www.carew.com / *The Odds Are Factor*.)

Regardez autour de votre univers professionnel et personnel. Est-ce que c'est ce que vous voyez ? Imaginez-le autrement. Imaginez comment ce serait d'entrer dans une réunion où tout le monde adopte l'approche des *Pull Conversations*. Imaginez comment ce serait d'avoir des conversations avec votre conjoint, un adolescent ou vos amis, dans lesquelles chaque personne tente de surpasser l'autre en tirant la réalité de l'autre.

Pourquoi le fait de tirer en premier fonctionne-t-il si bien ?

Dans les années 50, Toyota a modifié son approche de fabrication d'état d'esprit de pousser vers l'état d'esprit de tirer. Ils ont commencé à tirer des ressources de la chaîne de montage, selon les nécessités, plutôt que d'accumuler des stocks immenses de pièces. Il n'a pas fallu longtemps avant que les organismes de commercialisation aient commencé à adopter la méthode de tirer. Cette dernière décennie, les médias se sont également tournés vers l'approche de tirer. Dans plusieurs secteurs, les personnes découvrent que tirer fonctionne mieux que de pousser.

Lorsque je demande aux participants : « Quelle est la meilleure façon de vous faire comprendre : pousser, tirer, ou acquiescer ? » 95 % d'entre eux répondent « Tirer fonctionne le mieux ». Je dis toujours, « Je vous crois, mais vendez-moi cela. Pourquoi croyez-vous que c'est ce qui fonctionne le mieux ? » Voici ce qu'ils ont trouvé:

- *Tirer* réduit l'attitude défensive de l'autre personne tout en augmentant le respect et la confiance, ce qui rendra l'autre personne réceptive et prête à vous comprendre.
- *Tirer* vous permet de comprendre le style de conversation de l'autre. Cela vous permet de faire passer votre message d'une façon facile aux autres personnes pour qu'ils le comprennent et le saisissent.
- S'il y a un blocage ou une erreur dans la pensée de l'autre personne, *tirer* vous montre exactement où en était l'origine. Comprendre cela vous aidera à découvrir la meilleure façon de les remettre sur le chemin de la logique.
- Si vous nécessitez que l'autre personne adhère à votre point de vue plutôt que de lui accorder simplement un consentement cognitif, *tirer* fonctionnera mieux pour l'amener à bord.
- Il est possible que la solution ne soit ni la vôtre, ni la leur, mais un hybride des deux. Si vous tirez, vous vous assurez que vous ne renoncez pas à une partie précieuse de l'équation.
- Si votre propre logique est incorrecte, le fait de tirer vous montrera à quel endroit vous êtes sorti du chemin vous évitant ainsi un embarras inutile.

La Culture de pousser

Les dynamiques de l'histoire du fil et du tuyau sont utiles tous les jours dans les organisations et dans les familles.

Imaginons que je me rends à une réunion. J'ai un point de vue fort sur le sujet abordé. Je pense que mon travail est de pousser mon point de vue vers les autres jusqu'à ce qu'ils le comprennent. Lorsque je fais ceci, les membres de mon équipe commencent à se mettre sur la défensive. Je ressens leur résistance, et cela déclenche en moi un besoin de pousser davantage. Je dois leur faire comprendre mon point de vue. Ils deviennent encore plus résistants et moins réceptifs à mes idées. Deux d'entre eux me font carrément obstruction. Trois ou quatre autres font poliment signe de la tête et indiquent qu'ils prendront sérieusement en considération mon point de vue.

La Logique, la passion ne suffisent pas

Voici une déclaration plus que vraie : *les gens toléreront vos conclusions et agiront en fonction des leurs.* Vous arriverez peut-être à obtenir de vos auditeurs un signe de la tête par la force de votre logique ou par la force de votre passion. Mais lorsqu'ils partent, pour agir, ils se baseront sur leurs propres conclusions, pas les vôtres.

Le Fait de pousser bloque presque une mise en œuvre

Steve et certains de ses principaux leaders sont sur le point de s'entretenir avec leur équipe de gestion. Steve est le leader d'une usine de produits chimiques, il veut mettre en place un système SAP, une solution technologique qui promet d'intégrer un large éventail de processus organisationnels et de rendre ses employés plus efficaces. Steve et son équipe de leaders croient fermement en leur point de vue. Il est essentiel pour eux que les directeurs le comprennent. Avec tant de choses qui en dépendent, Steve pense que la meilleure approche est de présenter aux autres le bien-fondé de ses idées, avec de la force, afin de pousser fermement son point de vue sur les autres jusqu'à ce qu'ils « pigent ».

Alors, rassemblant tout son enthousiasme, il le dévoile à son équipe de direction. Il expose tous les faits et les statistiques des raisons pour lesquelles SAP est la meilleure voie à suivre. À la fin de son exposé, il pose la question classique de politesse, « Des questions, des préoccupations, des idées ? » Néanmoins, chaque directeur sait que Steve n'est pas intéressé par leurs réactions ; mais qu'il veut uniquement faire que cette chose soit mise en œuvre, immédiatement.

Seize semaines plus tard, le système SAP est enlisé dans des problèmes de relations avec les employés. Malgré des encouragements de l'équipe de direction, des ultimatums, et même des menaces, les employés ne semblent pas avoir compris le processus et les transferts ne se passent pas efficacement. Il semble qu'il n'y a pas suffisamment de *volonté de groupe* pour que le projet surpasse les problèmes inévitables. Le pire dans tout cela, les employés qui sont censés bénéficier du système SAP sont en train, ouvertement ou secrètement, de chercher des moyens afin de saboter le nouveau système. Un manque de conformité a créé un désordre total : un mélange odieux de rapports, de processus et de systèmes qui sont pratiquement inutiles, car ils n'offrent ni le confort de l'ancien système, ni la facilité et la précision du nouveau. À ce point, Steve demande de l'aide. Des dialogues de groupe sont organisés entre lui, ses directeurs, et ses employés. Steve et ses leaders bénéficient d'une formation sur quelques compétences essentielles :

- Comment mettre de côté leur propre agenda et s'occuper des préoccupations et objectifs de leurs directeurs et de leurs employés sans jugement et sans adopter une attitude défensive.
- Comment entrer dans le monde de leurs directeurs et de leurs employés afin de voir leur réalité.
- Comment leur présenter, dans leurs propres mots, l'essence de ce que disent leurs gestionnaires et employés, afin qu'ils se sentent entièrement compris et respectés.

Lorsque Steve commence à tirer, il découvre certaines préoccupations et objections de grande importance – des préoccupations et objections qui, si laissées sans réponse, allaient faire sombrer l'ensemble du processus. Par exemple, il découvre qu'il n'avait pas réussi à comprendre les besoins et les craintes de ses utilisateurs. Il avait supposé à tort que les opérateurs verraient immédiatement les avantages du nouveau système et qu'ils accueilleraient de tout cœur ce changement. Il ne se rendait pas compte que « les personnes ne changent presque jamais avant de se sentir comprises », selon Stone, Patton, et Heen dans *Difficult Conversations*.

Steve avait complètement sous-estimé leur paranoïa quant à l'utilisation d'ordinateurs. Le fait de voir cette réalité a contribué à lui faire comprendre que le processus de formation des utilisateurs était non seulement trop court, mais qu'il a été mis en œuvre d'une manière qui était vouée à l'échec.

Lorsque Steve a commencé à s'assurer que ses employés se sentaient compris, ils ont reconnu leur propre rôle dans l'échec – qu'ils n'avaient pas été entièrement justes quant à leur compréhension de l'envie de l'équipe de direction de faciliter leur travail.

Steve avait pensé qu'il n'y avait pas de temps pour tirer, et donc a recouru à l'approche de « pousser ». Le fait de pousser lui a coûté cher. Une grande partie de l'énergie dépensée pendant les seize premières semaines était perdue. Même si Steve, à la fin, a adopté l'approche de « tirer », il lui a fallu des mois pour surmonter le cynisme, le manque de confiance et la réticence qu'il avait créée en commençant par pousser.

Permettez-moi de vous demander, est-ce que vos installations se paralysent parce que les idées ne sont pas assez intelligentes ou parce qu'elles se vident d'énergie ? La plupart des organisations ne manquent pas de bonnes idées, ce qui leur manque est l'énergie intelligente nécessaire pour mettre ces idées en œuvre. Est-ce que l'approche de « pousser en premier » est en train d'aspirer l'énergie intelligente hors de vos infrastructures ?

Mettre au travail l'équation Confiance = Vitesse

Le fait de comprendre produit un sentiment crucial au succès de toute organisation : le sentiment de la confiance. Voici une autre déclaration plus que vraie. Un extrait du livre *Values-Based Selling*, par Bill Bachrach et Karen Risch: « Les gens ne vous font pas confiance parce qu'ils vous comprennent ... ils vous font confiance parce que vous les comprenez, eux ».

Réfléchissez-y. Probablement, les personnes sur votre liste « les plus dignes de confiance » vous comprennent. Ils interprètent bien vos motifs ou vos intentions. Mais il est probablement difficile pour vous de faire confiance à quelqu'un qui ne vous comprend pas. Il y a une relation intégrale entre la compréhension et la confiance.

Plus profonde la compréhension, plus la confiance s'instaure. Pourquoi ? Parce que se sentir compris est l'un de nos besoins principaux. Le psychiatre suisse Paul Tournier, dans son livre, « *To Understand Each Other* », l'exprime de la façon suivante: « Il est impossible de trop insister sur l'immense besoin que nous avons d'être vraiment écouté, d'être pris au sérieux, d'être compris ... Personne ne peut se développer librement dans ce monde et trouver une vie pleine sans se sentir compris par au moins une personne ».

Lorsqu'une personne répond à un besoin aussi primaire que le besoin de se sentir compris, nous avons tendance à penser que nous pouvons lui faire confiance. Et la confiance est une valeur inestimable pour la productivité. Comme W. Edward Deming disait, « Confiance = Vitesse ». Lorsque la confiance est présente, les décisions peuvent être prises rapidement et exécutées sans friction. Lorsque la confiance est absente, les interlocuteurs seront assis à la même table, face à vous, reconnaîtront votre idée comme étant excellente, mais diront: « Nous ferions mieux d'y réfléchir un moment. Nous ne sommes pas sûrs que cela fonctionnera aussi bien que vous le prétendez ». Lorsque la confiance est absente, cela peut prendre des jours de persuasion et quatorze pages justificatives seulement pour obtenir l'autorisation d'acheter une photocopieuse.

L'idée de Steve était excellente. S'il n'avait pas pris le temps de comprendre les préoccupations de ses employés, il aurait pu créer la confiance, et la confiance aurait produit de la vitesse. Heureusement, dans le cas de Steve, les pertes n'ont été que question financière question de temps et d'énergie. Dans certaines situations, comme celle décrite ci-dessous, le coût de pousser et d'acquiescer peuvent être fatal.

Un Gros problème avec l'approche « Pousser »

En janvier 1986, Roger Boisjoly et Arnie Thompson, deux ingénieurs chez Morton Thiokol (MTI), ont vigoureusement et passionnément plaidé devant la direction de l'MTI et de la NASA de ne pas procéder au lancement de la navette spatiale *Challenger*. Ils avaient d'importantes préoccupations scientifiques et techniques quant aux effets des températures froides sur la solidité des joints du propulseur d'appoint.

Mais les membres de la direction n'ont rien voulu entendre. Ils ont foncé tête baissée et ont donné le feu vert: « C'est une journée magnifique, aller de l'avant et procéder au lancement ». Soixante-treize secondes après son lancement, la navette spatiale *Challenger* a explosé. Un joint torique dans le propulseur auxiliaire droit a lâché, tuant sept membres d'équipage.

Comment cette désastreuse mauvaise communication a-t-elle pu arriver ?

- Est-ce que les leaders agissaient en fonction d'hypothèses profondément ancrées ? « Les ingénieurs sont des perfectionnistes – ils ne voient pas la vue d'ensemble. Tout ce qu'ils voient ce sont les petits détails pointilleux qui *pourraient* mal tourner ».
- Est-ce que la pression des contraintes de temps a pris le pas au sein de la direction ? « Nous avons déjà eu trop de retards. Si nous repoussons de nouveau, nous allons paraître incompétents ».
- Est-ce que la direction a été prétentieuse ? « Ceci n'est pas un problème grave. Cela ne nous a jamais touchés auparavant ».
- Est-ce que les pressions politiques ont influencé leur décision ? « Nous ne pouvons pas décevoir la Maison Blanche ou nous allons perdre une partie du financement ».
- Était-ce une « décision de vente » ? MTI avez-t-il peur d'inquiété la NASA et de perdre des contrats pour des navettes dans le futur ?

Pour ajouter l'insulte (et davantage de points négatifs) à l'injure, malgré l'ampleur de cette tragédie, la NASA n'a toujours pas adopté une approche de « attirer en premier ». Les responsables de la NASA ont appuyé sur le bouton « *replay* » en 2003, sept ans plus tard, avec en résultat la catastrophe de *Columbia*. Une fois de plus, la préoccupation des ingénieurs de niveau intermédiaire – cette fois-ci concernant la possibilité d'un trou dans l'aile causé par la mousse –

celle-ci a été ignorée. Et une fois de plus, les préoccupations des ingénieurs ont été validées. La navette a explosé lors de son retour, et sept membres d'équipage ont péri.

Le rapport final sur cette catastrophe contient cette évaluation sévère: « Le principe organisationnel de la NASA été autant fautif de cet accident que la mousse aurait pu l'être ».

Là où vous trouvez une forte attitude de « pousser », vous trouverez également l'attitude de l'acquiescement. Et cela est la grave réalité des affaires en Amérique du Nord: nos leaders ont tendance à pousser et nos employés à acquiescer. Le problème avec la poussée ainsi qu'avec l'acquiescement ? Les deux provoquent des fatalités coûteuses. D'excellentes idées sont éliminées avant même de pouvoir être développées. L'engagement et le dévouement des personnes sont étouffés. Des relations importantes sont brisées et détruites. En fin de compte, nous ne parvenons pas à découvrir la Plus Grande Réalité, ce qui signifie que nous perdons la possibilité de libérer l'énergie intelligente, celle qui produit des comportements intelligents et d'excellents résultats.

Mais, vous me direz, n'y-a-t-il pas un moment où il faut défendre votre point de vue ? Tout à fait. Et quand est-ce le moment ? Après avoir tiré en premier. Lorsque le fait de tirer a créé une volonté et la capacité à l'intérieur de l'autre personne, elle sera prête à commencer à extraire de vous. Vous aurez alors obtenu le droit de défendre avec passion votre point de vue.

Mémoire musculaire mentale

Un bon ami à moi est agent de police. Il m'a raconté que l'école de police a dû changer sa façon de former ses agents, en particulier dans le désarmement d'un agresseur. Voici comment est menée la formation : Un agresseur pointe une arme sur un agent et l'agent exécute une technique rapide afin de saisir l'arme à feu de la main de l'assaillant. Ayant réussi à désarmer l'agresseur, l'agent redonne le fusil à l'agresseur et le cycle se répète jusqu'à ce que la technique puisse être réalisée sans faille.

Vous avez probablement deviné la suite de cette histoire. Il y a le vidéo d'un incident réel dans lequel un agent arrête un voleur en flagrant délit. Le voleur pointe le pistolet vers l'agent de police, qui extrait en douceur le pistolet des mains du voleur – *puis lui rend le pistolet !* Je regrette d'avoir à dire que le voleur a ensuite tiré sur l'agent.

La mémoire musculaire mentale (MMM) est une chose puissante. Vous entrez dans votre salle de bain au milieu de la nuit et cherchez l'interrupteur. Sans regarder, vous posez votre main exactement au bon endroit sur le mur et votre doigt sait s'il doit appuyer l'interrupteur vers le haut ou le bas pour allumer la lumière.

Lorsque vous vous rendez au travail en voiture, vous traversez plusieurs portions de rues et d'autoroute sans même vous rendre compte de ce qui se passe autour de vous. Ai-je passé un feu rouge ? Je ne m'en souviens même plus ! Et cela, parce que votre trajet est pris en charge à 90 % par la MMM.

Le problème avec la MMM devient évident lorsque nous développons des habitudes qui nous rendent inefficaces, où figurativement parlant nous rendons le pistolet. Beaucoup d'entre nous ont une si grande habitude de pousser en premier lors d'une conversation que nous avons créée une MMM difficile à recalibrer. Comme si cela n'était pas un défi suffisant, il y a au moins dix autres facteurs qui nous influencent fortement à adopter l'approche de « pousser en premier ».

Les Dix raisons principales pour lesquelles nous poussons en premier :

1 Nous le faisons à partir de l'**hypothèse** puissante qu'il n'y a pas suffisamment de temps pour tirer.

2 Nous ressentons le besoin de **juger**.

3 Nous ressentons de la **responsabilité** personnelle. « Il y a tellement de choses en jeu ici, je dois pousser ».

4 Nous cédons à notre **ego** et à notre orgueil.

5 Nous tombons dans le **piège vrai/faux**.

6 Nous succombons à **l'insécurité** et à la peur.

7 Nous manquons de **modélisation**.

8 Nous ne voulons pas être **pris pour un pigeon**.

9 Notre **culture** semble l'exiger.

10 Nous sommes penchés sur **la compétitivité**.

Maintenant, la formation des agents de police est différente. Lorsque l'assaillant pointe le pistolet et que l'agent le lui substitue, dorénavant il pointe le pistolet sur l'assaillant. Cela marque la fin du cycle. Les agents pratiquent l'essai jusqu'à ce qu'ils aient entièrement calibré leur MMM. Et, cela est la bonne nouvelle à propos de la MMM. Votre chemin neurologique peut être recalibré. Avec de la pratique vous pouvez créer une MMM qui systématiquement générera des comportements très productifs.

Sortir une récompense de 1,2 million de dollars

Bill était un directeur dont les capacités techniques étaient de premier ordre, mais son incapacité à tirer – à poser des questions sur la réalité des autres – le tenait à l'écart de la promotion qu'il souhaitait si désespérément.

En tant qu'ingénieur dans une centrale nucléaire, Bill n'avait pas d'autre choix que d'améliorer considérablement sa capacité à travailler avec d'autres personnes. Malheureusement pour lui, son manque d'empathie et de compréhension l'a mis à l'écart de ses collègues. Personne ne voulait travailler avec lui. Et personne ne voulait le diriger. La carrière de Bill était au point mort, il était prêt à s'adresser à la Commission des droits de l'homme, car il croyait que son entreprise le discriminait.

L'entreprise de Bill m'a demandé d'être son coach en communication.

Après l'avoir rencontré et interrogé certains de ses collègues, je savais que j'allais être la personne que Bill allait haïr pendant une courte période, mais ensuite respecter pendant longtemps. Bill déniait tellement intensément que j'ai dû être très direct. J'ai mis en place pour lui ce programme ambitieux :

- Apprendre les principes de la requête, notamment la capacité d'extraire et de comprendre la réalité de l'autre.
- Pratiquer cette compétence dans une situation à faible risque et écouter mes commentaires.
- Pratiquer dans une situation à risque moyen et écouter mes commentaires.

- Pratiquer dans une situation à haut risque et écouter mes commentaires.

Lors de la première *Pull Conversation*, Bill n'a pas « capté ». Je lui avais donné l'objectif clair d'extraire et de comprendre la réalité de l'autre, sans céder à la tentation de justifier son comportement, de se défendre ou de se faire comprendre. À plusieurs reprises, j'ai dû arrêter le processus et rappeler à Bill son objectif. À plusieurs reprises, il gravitait vers le « pousser ».

J'ai donné à Bill des commentaires très francs au sujet de sa performance. Tellement francs qu'à un moment donné il m'a regardé et m'a demandé, « On ne vous a jamais frappé au cours d'une séance de coaching ? » J'avais peut-être visionné trop de séries policières, mais j'ai souvent vérifié dans mon rétroviseur en rentrant chez moi afin de voir si j'étais sur le point d'être sorti de la route.

La deuxième conversation n'était pas beaucoup mieux. Bill semblait à peine à saisir le concept de « tirer ». Ses habitudes étaient profondément ancrées dans le style de communication de « pousser en premier ». Une fois de plus, j'ai dû lui donner justement les commentaires qu'il ne voulait pas entendre.

Cependant, une chose s'est produite lors de la troisième conversation. Bill a déployé des efforts importants. Finalement, il commençait à extraire la réalité de l'autre et à comprendre leur point de vue. Pendant une période de plusieurs semaines, Bill a continué à travailler sur son programme. Imaginez à quel point j'étais « *juicé* » lorsque j'ai reçu un appel du directeur des ressources humaines, m'annonçant, « Vous n'allez pas le croire, mais Bill vient d'économiser deux millions de dollars pour la société ! »

Il avait raison, je n'y croyais vraiment pas, alors j'ai appelé le supérieur de Bill et je lui ai demandé, « C'est vrai ? Bill vient d'épargner 2 millions de dollars pour la société ? » « Eh bien, nous avons cru que ça allait être 2 millions de dollars, mais il s'avère que l'économie est de 1,2 million. La Commission de l'énergie atomique avait proposé un plan d'action qui allait être beaucoup plus cher que ce devait être. Bill a indiqué les aspects du gaspillage ».

Ensuite, le superviseur a résumé la notion des *Pull Conversations*. Il a indiqué que dans le passé, Bill aurait réagi en traitant les gens d'idiots. Il aurait poussé la proposition, malgré la résistance de ses collègues. Cette fois-ci, a dit le superviseur, Bill a extrait leur réalité et a compris leur point de vue.

Communiquer moins ?

Tellement de gens ont entendu l'injonction, « Communiquer plus. Communiquer plus ». Mais nous sommes ici pour dire, *communiquer moins, mais avec des messages se glissant directement à l'intérieur du monde de l'auditeur.*

Chaque minute que vous passez à tirer la réalité d'un autre vous aide à atteindre l'économie de pouvoir passer votre message d'une manière qui fait appel à ses intérêts.

Les Composantes des Pull Conversations

Les *Pull Conversations* sont un mélange de deux « états d'esprit » qui se combinent avec élégance afin de vous amener à la réalité : l'enquête et la franchise.

L'Enquête

L'enquête a été rendu populaire au cinquième siècle avant J.-C. par un gars du nom de Socrate. C'est la volonté de comprendre en profondeur et être ouvert à la réalité d'un autre.

L'enquête va bien au-delà que de montrer de l'intérêt. Elle amène l'intérêt un peu plus loin, sur le nouveau terrain du besoin brut. « J'ai *besoin* de connaître votre point de vue. J'ai *besoin* de savoir ce qui se passe en vous. J'ai *besoin* de savoir ce que vous pensez et ce que vous ressentez ».

Comme un aimant, le fait de tirer attire puissamment la clarté elle-même. Tirez va bien au-delà de poser des questions: cela permet une concentration indivisée et évite l'ambiguïté, pour revenir avec le trophée – l'essence de ce que la personne essayait vraiment d'exprimer. Et parfois plus.

L'enquête implique une franchise qui pourrait être classifiée comme un cousin proche de l'humilité : la possibilité d'enseigner qui cherche des raisons d'être impressionnée par les idées des autres plutôt que des raisons pour les invalider. Il y a une certaine vulnérabilité à l'humilité – une volonté d'être pris par les convictions et les sentiments d'un autre.

La Franchise

La franchise est une ferme volonté d'être réel et d'arriver à la réalité le plus rapidement possible. Elle vous permet d'affirmer votre réalité à d'autres sans détour, en face à face, plutôt que par une approche indirecte : envoyer votre message à une tierce personne ou par moyen indirect tel que le courriel.

La franchise transcende la définition du mot « honnêteté » pour la plupart des gens : dire la vérité. Elle vous amène à une position dans laquelle vous *ne retenez pas* ce qui se passe en vous. La franchise veut dire être ouvert et affirmer votre vérité afin de la « répandre » dans le monde. Naturellement, le filtre discernement doit être en place. Simplement, vous devez déterminer comment, quand, et quelles sont les informations à partager, et avec qui vous devriez les partager.

Il y a un élément de passion dans la franchise qui laisse une empreinte sur votre auditeur. Il est essentiel que les leaders aillent plus loin que les simples faits, qu'ils partagent leurs émotions à travers des histoires et des symboles. Considérez ce que Jim Rohn, un philosophe d'affaires américain, dit dans ses discours clefs : « Une communication efficace consiste en 20 % de ce que vous savez et 80 % de comment vous vous sentez concernant ce que vous savez ».

La Matrice Pull

Le modèle ci-dessous montre comment l'enquête et la franchise travaillent ensemble dans une conversation. Si elles sont toutes deux pleinement présentes, deux personnes ou des groupes peuvent :

- Découvrir la Plus Grande Réalité.
- Atteindre une compréhension commune.
- Créer des niveaux élevés de confiance.

Matrice Pull

Tirer
- compréhension significative
- confiance significative
- réalité significative
  (Plus Grande Réalité)

Pousser
- peu de compréhension
- peu de confiance
- peu de réalité

Acquiescer
- un peu de compréhension
- un peu de confiance
- un peu de réalité

Retirer
- aucune compréhension
- aucune confiance
- aucune réalité

▶ **FRANCHISE**
Un fort désir d'être compris,
marqué par : la franchise,
la persuasion, l'authenticité,
l'honnêteté, la candeur,
la réalité, le dévouement,
et la passion

▶ **ENQUÊTE**
Un fort désir de comprendre,
marquée par : l'ouverture,
une intense curiosité, l'humilité,
le cœur de l'apprenant,
la recherche, la vulnérabilité,
l'empathie, l'exploration et
la découverte des cadres
de référence des autres

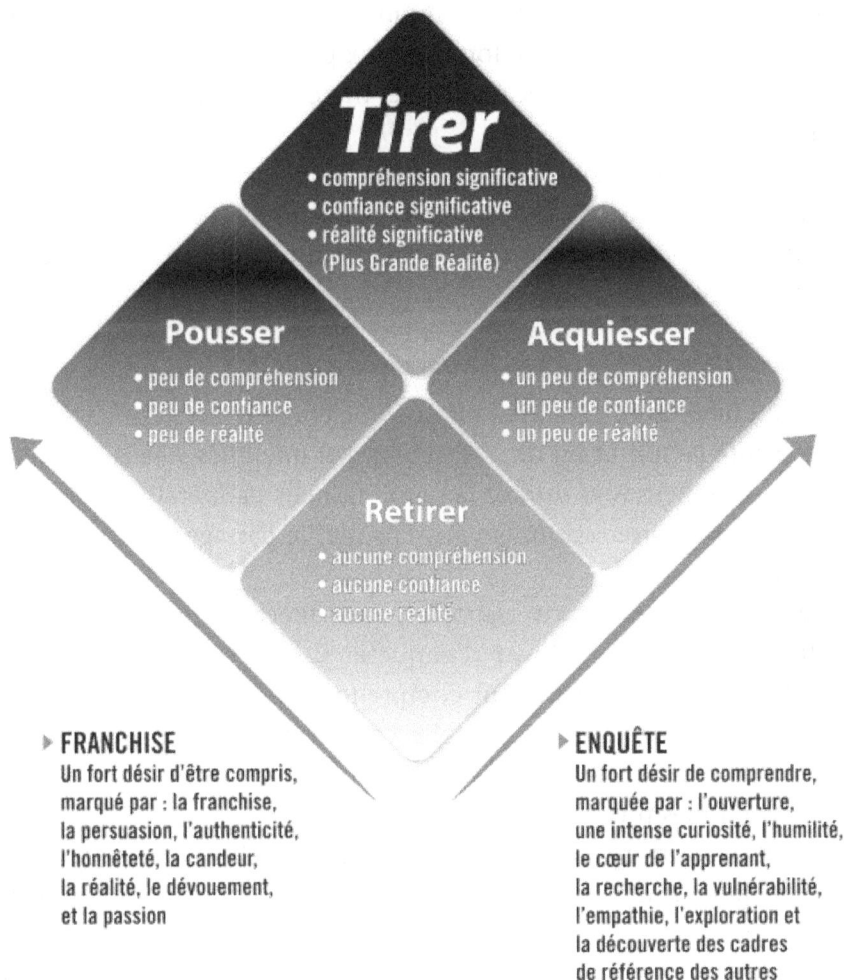

Puisque *conversation* signifie *tourner ensemble,* il va de soit que la demande et la franchise sont toutes les deux nécessaires. Lorsque vous demandez avec franchise, l'autre personne aura le sentiment qu'elle peut se tourner vers vous et partager sa réalité avec vous. Considérez :

- *Tourner ensemble nécessite confiance et respect.*
- *La confiance se crée en grande partie à travers l'enquête.*
- *Le respect se crée en grande partie à travers la franchise.*

Divers types de conversations à sens unique se produisent dans les quadrants où l'enquête et la franchise ne sont pas pleinement présentes. Néanmoins, le seul moment pour que puisse émerger une Plus Grande Réalité est lorsque deux personnes ou deux groupes se présentent à la fois avec enquête et franchise et qu'aucun n'opère au détriment de l'autre.

Certains pourraient présumer que l'enquête et la franchise sont mutuellement exclusives. Toutefois, notez qu'il est possible que les deux soient présentes simultanément, comme l'illustrent les exemples suivants.

Comment l'enquête et la franchise travaillent ensemble

Lors d'une réunion, Damien dit quelque chose d'offensant. Mélissa va ensuite le voir et lui dit, « Damien, j'ai quelques soucis au sujet de vos commentaires durant la réunion, mais j'aimerais avant tout comprendre votre raisonnement. Ensuite, je partagerai mes préoccupations ».

Mélissa encadre la conversation en étant directe. (« Je m'inquiète ».) Elle démontre une volonté d'enquêter sur la réalité de Damien. (« Mais j'aimerais avant tout comprendre votre raisonnement ».) Ensuite, elle lui fait savoir qu'elle va être franche concernant ses préoccupations, une fois qu'elle l'aura compris lui. (« Ensuite, je partagerai mes préoccupations ».)

Kim perd un membre de sa famille. Lorsqu'elle retourne au travail, la plupart des personnes évitent sa zone de travail, ne sachant pas quoi lui dire. Éric choisit un moment qu'il estime être approprié et dit, « Kim, puis-je vous demander comment vous allez ? Je n'ai aucune idée de comment vous devez vous sentir, mais j'aimerais vraiment savoir s'il y a quelque chose que je puisse faire pour être utile. Est-ce que vous aimeriez parler ? » Il faut de la franchise pour pouvoir aborder ce genre de conversation, mais Eric le fait d'une façon qui associe pleinement enquête et franchise.

Jeffrey croise Nicole lors d'un évènement social et elle lui exprime son profond désir de le rencontrer afin qu'il fasse une présentation de vente à son groupe. Jeffrey envoie deux courriel et laisse trois messages vocaux à l'attention de Nicole, qui restent tous sans réponse. Il finit par laisser ce message vocal: « Salut, Nicole. Je n'ai aucune envie de vous faire perdre une minute de votre temps. J'ai clairement déduit qu'à la fin de notre conversation durant le dîner il y a quelques semaines, que vous vouliez que j'organise une réunion avec vous et votre groupe. Pour être franc, je dois vous avouer que je commence à être frustré par votre manque de réponse à mes courriels et mes messageries vocales. J'aimerais vraiment comprendre si vous êtes trop occupée actuellement ou si un élément a rendu cette réunion inutile pour vous. Je serais entièrement satisfait par oui ou par non – j'aimerais tout simplement ne pas vous faire perdre du temps ou perdre le mien. Prenons cinq minutes au téléphone afin de déterminer si cette relation devrait aller de l'avant ou non. Vous pouvez me joindre au (123) 456-7890 ».

Lors d'une réunion qui semble être une perte de temps pour tout le monde, Juan fait une mise au point et déclare : « Je dois être honnête. Ça ne marche pas pour moi. Est-ce juste moi, ou sommes-nous en ce moment en train de nous écarter de la bonne voie ? Est-ce que quelqu'un d'autre à présent a le sentiment que nous sommes bloqués ? » Encore une fois, un mélange d'enquête et de franchise.

Que sommes-nous vraiment en train de dire ici ?

- Vous pouvez vous distinguer des deux tiers de la culture en tirant en premier, plutôt que de pousser en premier, lorsque vous avez un point à faire passer.
- L'étape préparatoire la plus critique lorsque l'on veut se faire comprendre par un autre est de créer de la capacité chez l'autre à travers les *Pull Conversations*.
- Ces conversations ne concernent pas seulement le fait de mieux écouter. Bien qu'une écoute profonde et approfondie soit certainement une composante, les *Pull Conversations* sont plus que cela. Elles sont une forme d'enquête très directe, très active, qui fend les hypothèses et les perceptions, car elle *doit* découvrir la réalité.

Voulez-vous le faire ?

- Regardez-vous à travers les yeux de vos collègues et de votre famille et placez-vous sur la Matrice de *Pull*. Quel est votre avantage croissance ?
- Avez-vous besoin de développer vos habiletés d'enquête afin d'équilibrer votre franchise ? (Voir le chapitre 4.)
- Devriez-vous être plus direct afin d'équilibrer votre capacité à enquêter ? (Voir le chapitre 5.)

Juice à la maison

La Pelouse de Cody

Une fois, j'ai formé les membres d'une grande entreprise de fabrication au sud des États-Unis dans la façon d'atteindre leurs objectifs au moyen d'une meilleure compréhension mutuelle. Depuis quelque temps, leurs buts leur échappaient car les différents services se disputaient entre eux sur ce qui faisait perdre du temps et créait des obstructions.

Cela faisait environ deux mois que je travaillais avec cette entreprise, lorsque Rick, un des machinistes, m'a raconté la façon dont cette formation lui avait permis d'éviter de gâcher sa relation avec son fils, Cody.

Comme plusieurs des machinistes, Rick avait été sceptique quant à cette histoire de dialoguer. Il était plutôt du genre, *ne tournez pas autour du pot, donnez-moi les résultats tout de suite* ! Il n'avait ni le temps ni l'estomac pour rester assis à discuter.

Mais le concept des *Pull Conversations* lui est néanmoins resté imprimé. Le concept l'a suivi jusque chez lui.

Un week-end, Cody, le fils de Rick, âgé de huit ans, a tondu le gazon tout seul pour la première fois. Il faisait très chaud ce jour-là. Par la fenêtre, Rick voyait Cody en train de pousser, la sueur ruisselant de son menton, la poussière et l'herbe tournaillant autour de lui.

Quarante minutes plus tard, Cody est entré brusquement par la porte, s'est arrêté soudainement lorsqu'il s'est rappelé qu'il devait enlever ses chaussures pleines d'herbe, puis a couru tout le long du couloir.

« Papa!", il a appelé, "Papa! Viens voir. J'ai terminé. Viens voir la pelouse! »

Rick souriait en regardant le visage transpirant et crasseux de son fils lorsqu'ils se dirigeaient tous deux vers l'extérieur.

Mais arrivé au jardin, Rick a été déçu par ce qu'il découvrit. Au travers la pelouse, l'herbe coupée irrégulièrement indiquait le parcours aléatoire de son fils. Il faudrait retondre toute la pelouse. Rick était contrarié. Cody ne savait-il pas mieux que ça ?

Juste avant de commencer à gronder son fils d'avoir fait un si mauvais travail, Rick s'est rappelé d'une chose. C'était une histoire que j'avais racontée au sujet d'être rentré dans le monde de mon fils afin d'extraire sa réalité, de voir et de ressentir une situation de la façon dont lui la voyait et la ressentait.

L'instinct de Rick était de réprimander son fils, mais, à son crédit, il s'est tourné vers son fils et a choisi d'extraire sa réalité en premier. Il a fait de son mieux pour entrer dans le monde de son fils, en regardant la pelouse à travers les yeux d'un enfant de huit ans. Ce qu'il a vu à travers les yeux de Cody était un excellent travail. Il a également pu ressentir le besoin de Cody de se sentir approuvé et apprécié.

« Bon travail, Cody », dit-il, en lui faisant un gros câlin.

Il y aurait beaucoup d'autres opportunités dans le futur pour apprendre à Cody les subtilités de tondre une pelouse. L'aperçu en une fraction de seconde de Rick avait transformé la possibilité d'aliénation en fait par une célébration.

Extraire leur réalité

4

Exploiter le pouvoir du contexte

*N*OUS avons découvert que les *Pull Conversations* ont une certaine logique. Combiner l'enquête et la franchise favorise des sentiments de respect et de confiance chez les autres. Cela, à son tour, les apaise et augmente leur capacité à comprendre. L'enquête et la franchise sont parfaitement adaptées pour nous amener à une Plus Grande Réalité, et le fait de découvrir une Plus Grande Réalité a tendance à libérer dans notre environnement de l'énergie intelligente.

Ce chapitre démontre les résultats obtenus lorsque l'on extrait du contexte. Il met en évidence l'enquête comme étant l'attitude la plus efficace pour découvrir le contexte dont nous avons besoin.

Mettre le contexte en contexte

La Compréhension crée du contexte

Une des récompenses les plus enrichissantes lorsqu'on extrait la réalité de quelqu'un est celle du contexte : la capacité de voir dans son ensemble ce que d'autres voient comme des pièces détachées. Le contexte est une image claire des croyances, de valeurs et de besoins affectifs qui motivent les actions des autres. Et le contexte est généré à travers la compréhension.

Par exemple, lorsque Bill, comme décrit dans le chapitre précédent, a extrait les préoccupations et les objectifs de la Commission de l'énergie atomique, il a acquis la compréhension de leur réalité. Ceci lui a donné du contexte quant à la façon dont ses propres préoccupations et les leurs pourraient se réconcilier. Il a ainsi été en mesure de formuler son message d'une manière qui attirait leur intérêt. Le contexte l'a rendu efficace.

Le contexte est un ingrédient essentiel à la réussite dans chaque domaine de la vie. Il vous indique, d'une centaine de façons, quelles actions et quelles décisions donneront le meilleur résultat dans vos affaires avec autres personnes. Que vous organisez une fête surprise, ou négociez une affaire commerciale complexe, la compréhension du contexte des pensées, des valeurs et des besoins affectifs d'une personne vous permet de choisir l'approche qui fonctionnera le mieux avec celle-ci.

Lorsque vous interprétez et anticipez les comportements des autres, vous développez *un radar relationnel*: La capacité de détecter ce qui va arriver avant que ça arrive. Le radar relationnel vous indique comment vous adapter à n'importe quelle situation.

Dans son livre, *Peak Performers*, Charles Garfield raconte une histoire qui illustre la façon dont l'énergie intelligente est libérée lorsque l'on interprète correctement le contexte. Il raconte comment un membre de la société de conseil Inferential Focus de New York a transformé quatre lignes qu'il avait lues dans le *Wall Street Journal* en de grands bénéfices pour les clients de la société. Selon ces quatre lignes, l'Arabie Saoudite allait adopter un changement majeur dans les exigences d'expédition des marchandises importées. Leur pays avait décidé de réduire de 50 % la taille des conteneurs et allait dès lors procéder à l'inspection de tous au lieu des 80 % qu'ils inspectaient auparavant.

« Le consultant a soupçonné la peur du terrorisme », a écrit Garfield. « Les Saoudiens sont connus pour répondre à la peur en cachant leur argent provenant du pétrole dans une valeur sûre – l'or. Inferential Focus a conseillé à ses clients d'acheter de l'or. Six semaines plus tard, la valeur de l'or avait doublé ».

Qu'est-ce le contexte ?

Le contexte est l'environnement qui entoure ou influence une chose. Pensez à une belle tenture murale, peut-être une interprétation de la Cène. Il y a un fil spécifique noir qui forme la pupille de l'œil de Peter. Les fils blancs et beiges adjacents au fil noir sont l'environnement qui l'entoure et l'influence. Les différents composants sont tissés ensemble et forment l'œil et, dans un sens global, l'ensemble de la toile.

C'est une analogie particulièrement pertinente car le mot *contexte* signifie littéralement *à tisser ensemble* (*con* = ensemble; *texere* = tisser).

Dans l'histoire ci-dessus, les lignes dans le journal étaient comme quatre brins de fil. L'employé d'Inferential Focus a regardé au-delà des quatre brins d'information vers l'environnement saoudien qui les entourait. Ce faisant, il a vu la peur du terrorisme tissée avec la tendance de cacher l'argent du pétrole de façon sûre. Ces brins environnants sont devenus le contexte qui donnait du sens aux quatre premiers brins d'information, déclenchant ainsi une stratégie intelligente.

L'analogie du tissage peut d'être appliquée dans un autre sens. La différence entre avoir ou ne pas avoir le contexte quant aux comportements d'une personne, est comparable à la différence entre regarder une tapisserie de l'arrière ou de l'avant. De l'arrière, chacun des fils semble aléatoire et sans coordination. Mais en la regardant par devant vous verrez que les fils de derrière ont un sens.

Le consultant de chez Inferential Focus avait regardé un côté des comportements saoudiens – le changement qu'ils effectuaient sur les exigences d'expédition. Au lieu de prendre ces comportements comme aléatoires ou sans coordination, il a cherché à extraire la réalité saoudienne, en regardant leur comportement à travers un œil saoudien. En ce faisant, il a vu et a ressenti la menace du terrorisme. Son coup d'œil à la face avant de la tapisserie a donné un sens aux « comportements aléatoires » de la face arrière.

Puis il est allé plus loin. Il a extrait les conséquences des comportements. Il s'est demandé, s'ils ont peur du terrorisme, où vont-ils cacher leur argent ? Historiquement, la réponse avait été « l'or ». Cette vue du devant de la tapisserie lui a donné une réponse intelligente et très claire: « Dites à nos clients d'acheter de l'or ». Le résultat de l'histoire confirme les fruits de la recherche d'un contexte : Plus de résultats avec moins de contraintes.

Pensez à vos relations avec les gens. En surface, vous voyez leurs actions. Lorsque vous tentez de donner un sens à ce que ces actions signifient, généralement vous pensez que vous cherchez sous la surface afin de comprendre les motivations derrière ces actions. Mais puisque les motivations sont invisibles, vous avez tendance à vous tourner vers la seule forme de recherche de signification que vous connaissez : l'attribution de vos propres motivations aux actions de l'autre. La chaîne de la logique est à peu près comme ceci:

Je devrais me sentir vraiment en colère pour dire ce que Sylvain vient de me dire. Il doit être vraiment énervé contre moi. Je me demande ce qui a provoqué une telle colère. Je dois avoir dit ou fait quelque chose qui l'a contrarié.

Il y a un problème à assumer que d'autres aient les mêmes motivations que vous. Compte tenu du fait que nous sommes tous si différents les uns des autres, la possibilité que vous ayez raison est très mince. C'est ici que l'action d'extraire la réalité de l'autre personne peut aider énormément. Extraire la compréhension de la réalité de Sylvain vous donne réellement le contexte. Par exemple, peut-être que vous découvrez qu'il est très à l'aise en étant direct et exprime sa vérité avec force simplement pour dire ce qu'il a sur le cœur, qu'il n'est même pas encore proche de la colère. Ce contexte vous permet d'interpréter ses paroles et ses actions avec plus de précision.

Comment ceux qui vous connaissent bien vous caractériseraient-ils ? Serait-ce comme une personne qui prend le temps d'extraire leur réalité – de comprendre le contexte derrière leurs comportements ?

Comprendre vraiment

Extraire la réalité d'un autre est une autre façon de dire *comprendre quelqu'un*. Le problème avec le mot *compréhension* est que, comme beaucoup de mots que nous utilisons, il a été banalisé et pillé d'une grande partie de sa richesse. Dans notre métier, nous avons permis à beaucoup de gens de devenir plus efficaces dans l'art de la conversation en leur fournissant une plus riche définition du mot. La définition provient d'anecdotes à propos des voisins.

Un conte de deux voisins

Deux voisins dans ma ville natale ont eu une petite altercation il y a quelques hivers.

Yanek est un gars du genre serviable qui aime utiliser sa souffleuse à neige pour déblayer les entrées et les trottoirs de ses voisins. Yanek était particulièrement heureux de pouvoir aider Carl et Joanne, qui avaient récemment souffert de la perte de leur petite fille.

Le lendemain après avoir déblayé l'entrée de Carl, Yanek l'a rencontré dans la rue. À sa grande surprise, Carl se dirigea vers lui et lui a dit en termes clairs et vifs de ne plus jamais déblayer son entrée. Il le ferait lui-même à la pelle.

Yanek n'arrivait pas à comprendre la réaction irrationnelle de Carl. Il s'est plaint à mon ami Sean, « Pourquoi un gars se mettrait en colère et réagirait d'une telle façon quand tout ce que je voulais faire était de lui venir en aide ? Je comprends qu'il soit en deuil, mais ne peut-il pas à accepter un peu d'aide ? »

Lorsque Sean a montré à Yanek l'autre côté de la tapisserie, le comportement « irrationnel » de Carl avait beaucoup plus de sens.

« Le bébé de Carl et Joanne est mort à cause d'un excès de chaleur », lui dit Sean. « Ils l'ont sorti de la voiture et l'ont laissée dans son siège bébé, car elle dormait. Lorsqu'ils sont allés la voir un peu plus tard, elle était morte. Carl m'a dit que la seule manière dont il arrive à soulager un peu sa douleur est de faire quelque chose de physique. Pelleter la neige est son seul débouché.

Lorsque tu as déblayé son entrée, tu ne lui as rien laissé à faire. Il n'avait aucun moyen de se défouler ».

Dès que Yanek a commencé à voir et à ressentir la réalité de Carl, il a compris sa réaction. Ceci est le début d'une définition utile du mot *compréhension*. Comprendre est de voir et de ressentir la réalité d'un autre.

Voir et ressentir

Lorsque j'utilise le mot *voir* dans ce livre, je veux parler d'une vue émotionnelle ainsi que cognitive. Il ne suffit pas de comprendre quelqu'un intellectuellement. Les gens veulent et ont besoin d'être compris emphatiquement. Tout au long de ce livre, lorsque vous lisez la phrase *voir la réalité d'un autre*, *interprétez-le comme voulant dire* voir et ressentir la réalité d'un autre de la façon dont il ou elle, la voi ou la ressent.

Comprendre quelqu'un de cette manière ne signifie pas que vous êtes d'accord avec lui. Cela ne signifie pas que vous ressentiriez la même chose dans cette situation. Mais si vous arrivez à lui démontrer que vous voyez sa réalité, il est fort probable qu'il se sentira compris par vous, que vous soyez d'accord ou non avec lui.

Voici une autre histoire, également à propos de deux voisins, qui concrétise cette nouvelle définition.

Un Conte sur les roses

Imaginez que vous avez une voisine, Maria, qui est fanatique des roses. Sa vie tourne autour des roses. Elle parle de roses, pense aux roses, passe tout son temps, et dépense tout son argent et son énergie dans les roses.

Bon, vous n'avez rien contre les fleurs. Comme beaucoup de gens, vous avez quelques plates-bandes. Mais intérieurement vous pensez que Maria en fait un peu trop avec son obsession pour les roses.

Un jour, vous avez une conversation avec elle par-dessus la haie, et Maria se complimente quant à la beauté de ses roses. Ne voulant pas vous laisser entraîner dans un long compte-rendu de la dernière exposition de fleurs, vous mettez une fin à la conversation et partez, en vous demandant, « *Qu'est-ce* qui la captive autant avec ces roses ? »

Un peu plus tard vous regardez par la fenêtre de votre cuisine. En regardant à travers la haie de Maria, vous arrivez à apercevoir la face arrière de quelques roses.

Comme vous aimeriez améliorer votre capacité à extraire la réalité des autres, vous décidez qu'il est temps de découvrir pourquoi Maria aime autant les roses.

Vous sortez de chez vous et vous vous rendez sur le pas de la porte de Maria. En frappant à sa porte, vous vous demandez dans quoi vous vous embarquez.

Une fois assis, vous dites: « Maria, je sais que vous êtes passionnée par les roses, mais je n'ai jamais pris le temps de vous demander pourquoi. Pourtant, je voudrais vraiment savoir. Pourquoi vous les aimez tant ? »

« Il y a plusieurs raisons, mais laissez-moi vous montrer la principale », dit Maria.

Elle vous mène à sa cuisine et ouvre la fenêtre qui donne sur la plus spectaculaire des roseraies que vous n'ayez vue de toute votre vie. La vue et les odeurs de roses vous frappent avec la même force. Maria commence à vous parler de ses tous premiers souvenirs, d'aider sa mère dans son jardin de roses en Yougoslavie. Les plus beaux souvenirs de la vie de Maria viennent de ces moments précieux passés dans ce jardin avec sa mère.

Puis Maria vous explique que sa mère a été tuée durant les combats ethniques de son pays. La roseraie est un monument en sa mémoire et l'aide à supporter sa douleur.

Maintenant que vous voyez et ressentez la réalité de Maria de la façon dont elle la voit, et que maintenant son obsession pour les roses a un sens pour vous, vous avez un choix à faire : Allez-vous refléter votre nouvelle compréhension vers Maria ou allez-vous simplement la laisser terminer son histoire puis rentrer chez vous ?

Le comportement le plus approprié est de répéter à Maria ce que vous avez compris de ce qu'elle vous a expliqué.

« Maintenant je comprends pourquoi vous aimez autant les roses. Je suis profondément touché par l'amour que vous portez à votre mère et par ce que vous faites en son honneur. Merci d'avoir partagé cette expérience avec moi ».

Maria est honorée que vous ayez pris le temps d'écouter son histoire. En même temps, votre point de vue sur la façon dont elle passe son temps et les choses dont elle parle a connu un changement majeur. Qu'a-t-il fallu pour parvenir à cette compréhension ? Vous avez dû faire plusieurs choses :

- Sortir de votre maison.
- Marcher le long de votre entrée.
- Emprunter le trottoir jusqu'à la maison de Maria.
- Marcher le long de l'entrée de Maria.
- Monter ses escaliers.
- Frapper à sa porte.
- Demander si vous pouviez rentrer.
- Entrer chez elle.

Mais si vous deviez réduire toutes ces actions en deux actions principales, lesquelles seraient-elles ? La première action que vous avez dû prendre afin de voir et ressentir la réalité de Maria a été de *sortir de votre monde*. La seconde a été *d'entrer dans son monde*. Lorsque vous entrez dans le monde de Maria, il est relativement facile de voir sa réalité de la façon dont elle la voit, et de refléter vers elle ce que vous avez vu.

Ceci s'inscrit dans notre définition de la compréhension. Comprendre, c'est *entrer dans le monde d'un autre, voir leur réalité, et faire refléter ce que vous avez vu*.

Ce sont les trois éléments évoqués dans l'Etape 1, « Extraire Leur Réalité », de notre modèle de *Pull Conversations*.

1 **Extraire leur réalité**
- Entrez dans leur monde.
- Voir et ressentir leur réalité.
- La refléter dans vos propres mots.

Leur réalité.

1 *Entrez dans leur monde*

Assister des milliers de gens à acquérir cette compétence m'a convaincu que vous ne pouvez pas entrer dans le monde d'un autre avant d'avoir quitté le vôtre.

Est-ce facile de quitter votre propre monde ? Pour la plupart d'entre nous, c'est fortement difficile. Mon monde se sent en sécurité. Tout y est confortable et sûr pour moi. L'idée de le quitter me fait peur.

Kofman et Senge explorent cette peur dans leur dissertation « *Communities of Commitment : The Heart of Learning Organisations* ». Selon eux, le véritable apprentissage de *toute* forme semble dangereux, car :

> l'apprentissage se produit entre une peur et un besoin. D'une part, nous ressentons le besoin de changer si nous voulons atteindre nos objectifs. D'autre part, nous ressentons l'angoisse de faire face à l'inconnu et l'inhabituel. Afin d'apprendre des choses spécifiques, nous devons mettre de côté nos notions de base de nos mondes et nous-mêmes. Ceci est une des propositions les plus effrayantes pour l'ego.

Entrer dans le monde du client I

Il y a deux ans, Fred deVries (son vrai nom) a conclu la vente de sa vie. En tant que représentant des ventes d'équipement médical, il tentait de décrocher un contrat avec un grand hôpital d'Ontario. C'est une bonne chose qu'il ait obtenu le contrat car après avoir investi une année de sa carrière, des centaines d'heures et plusieurs milliers de dollars de la société ça aurait été une tragédie de finir par un échec.

Comme il s'agissait de la plus grande vente dans l'histoire de la société, Fred s'est rendu par avion jusqu'au Texas afin de partager ses secrets avec les représentants des ventes en Amérique du Nord. Plutôt que de jouer au gourou, Fred était accompagné d'une employée de l'hôpital afin qu'elle explique les raisons pour lesquelles il avait obtenu ce contrat. Voici ce qu'elle a dit aux représentants:

« Apprenez à connaître votre client. Fred a passé le plus de temps possible avec nous. Il a appris à connaître chacune de nos petites victoires, ce qui nous comblait, la fréquence à laquelle chacun de nous voulait le voir. Il s'est investi en nous sans savoir s'il allait ou non obtenir le contrat. En fin de compte il était clair pour nous que nous n'achetions pas seulement un produit – nous achetions une société ».

Fred est entré dans le monde de son client à toutes les occasions possibles. Voici comment il a procédé :

- Il s'est donné personnellement pour mission de comprendre ce qu'était une « petite victoire » pour chaque décideur. Cela lui a permit de tirer le meilleur parti de son temps et de ses investissements en termes d'énergie.
- Il a maintenu une fiche détaillée des profils de chacun des acteurs clés. Ceci lui a évité de faire des suppositions.
- Il a passé du temps avec les infirmiers sur leur lieu de travail. Cela lui a permis de bien comprendre quels étaient les aspects des instruments proposés par son entreprise qu'ils trouvaient les plus utiles.
- Il a commandité des foires professionnelles d'infirmiers et des logiciels de recherche en anesthésie. Cela a démontré son soutien pour eux et leur profession.

- Il a écrit, s'est rappelé, et s'est référé aux petites demandes "ne serait-ce sympa" des gens qu'il rencontrait. Cela démontrait clairement qu'il comprenait vraiment ce qui leur était important, ce qui les illuminait.
- Il a invité les médecins à se déplacer pour voir l'équipement. Cela a démontré sa compréhension de leur besoin de gérer le risque.

En conclusion, la capacité de Fred à entrer dans le monde de son client a catalysé la confiance et lui a permis de produire le résultat le plus dynamique de sa carrière : Une vente de 7,8 millions de dollars et une année à 11,5 milliards de dollars – ce qui représentait 403 % de son quota. Plus de résultats avec moins de contraintes.

2 Voir et ressentir leur réalité

Techniquement parlant, il est probablement impossible de *totalement* quitter votre monde et entrer *totalement* dans celui d'un autre. Entrer dans le monde d'un autre s'agit plutôt de faire de leur cadre de référence (la façon dont cette personne voit le monde) votre *objectif principal* et de votre propre cadre de référence votre *objectif secondaire*.

Pensez-y de cette façon: Si une chirurgienne est en train d'exciser le tissu d'une tumeur maligne de votre corps, son objectif principal est le tissu endommagé, et son objectif secondaire est la façon dont elle ressent le scalpel dans sa main. Si elle décide de tourner son attention plutôt vers la façon dont elle ressent le scalpel dans sa main, elle va se retrouver rapidement ayant raté l'opération en coupant trop profondément ou en excisant trop ou trop peu du tissu.

Si vous avez mis l'accent sur vos propres « trucs » (vos préoccupations, vos intérêts, votre besoin d'avoir raison, vos hypothèses, et vos jugements), vous êtes peut-être en train de découvrir que vous n'êtes pas efficace lorsqu'il s'agit d'entrer dans le monde des autres. Il est par conséquence fort possible que vous ayez gâché certaines conversations importantes. Peut-être que les gens vous quittent plus blessés que guéris.

Si cela est une bonne description de vous, c'est le moment

d'adopter une nouvelle habitude, celle d'entrer dans le monde des autres et faire de leurs « trucs » votre objectif principal. C'est le moyen le plus efficace de voir leur réalité, et de pouvoir avoir une idée claire du contexte de leurs paroles et leurs comportements.

Ceci n'est pas une pratique courante. J'ai demandé à des participants à travers l'Amérique du Nord, « Combien d'entre vous ont eu des parents ou des enseignants qui vous ont appris à entrer dans le monde de quelqu'un d'autre et de voir leur réalité ? » Moins de 10 % ont répondu par l'affirmative. Peut-être que votre réponse serait la même. La bonne nouvelle est qu'il n'est pas trop tard pour apprendre cette compétence cruciale de la vie – et le faire pourra créer une différence non seulement dans votre vie professionnelle, mais dans les vies de vos plus proches, comme l'histoire suivante illustre.

Je ne prendrai pas de cours de musique !

Il y a dix ans, mon fils Adrian était en neuvième année. Il suivait des cours de musique à l'école et progressait bien avec ses leçons de trompette.

Un jour, alors que l'on était dans la voiture, il m'a annoncé: « Je vais laisser tomber la musique l'année prochaine ».

Ma réponse émotionnelle intérieure m'a signalé que j'entendais cette déclaration depuis l'intérieur de mon propre monde. Je voulais passer par défaut à une approche de pousser en premier, de dire: « Adrian, les gens tueraient pour être capable de s'exprimer avec un instrument comme tu le fais et tu veux tout abandonner? »

Je me suis dit, « *J'enseigne* aux gens comment faire face à ces situations. Que suis-je censé faire ici ? »

Tentant d'entrer dans le monde d'Adrian et d'extraire sa réalité, je lui ai demandé: « Tu veux laisser tomber la musique ? Tu peux m'en parler ? »

« Eh bien, je dois écrire plein d'essais sur Beethoven et Chopin. Ca ne m'aide pas à m'améliorer en tant que musicien. Moi je veux juste passer mon temps à m'améliorer à la trompette ».

J'ai presque été tenté de me lancer de nouveau dans mon propre monde et dire: « Mais l'appréciation culturelle que ces essais te donnera pour la musique est si critique, Adrian ... ». Cela a pris un grand effort de ma part pour enquêter sur ce qui se passait dans son monde, car cela m'a obligé à quitter mon propre monde et laisser de côté :

- *Mes hypothèses:* « Il manque juste de persévérance ».
- *Mes jugements:* « S'il n'apprend pas à persévérer, il n'arrivera à rien dans la vie ».
- *Mes craintes:* « Si j'essaie de le comprendre, il pourrait interpréter par là que je tolère cette mauvaise décision. Et s'il finit par être quelqu'un qui cède facilement lorsque la vie devient difficile ? Je serais vu comme un père qui a échoué ».

Lorsque je suis entré dans le monde d'un garçon de quatorze ans, j'ai ressenti son désir de jouer de l'instrument et de maitriser les riffs. Écrire des essais c'était nul. J'ai reflété ceci vers Adrian. « Ces essais ont l'air d'être bien ennuyeux », lui dis-je.

« Ils *sont* ennuyeux, papa. Mais je ne veux pas arrêter la musique pour toujours. Si j'y retourne en onzième année, je serai avec un groupe de neuvièmes parce que la classe est partagée en neuvième / dixième année ».

Je suis à nouveau entré dans le monde d'Adrian afin de voir sa réalité. « Être en onzième année et devoir retourner en arrière pour être avec les neuvièmes et dixièmes pourrait s'avérer un peu gênant », lui dis-je.

En quelques minutes, nous sommes arrivés chez nous et Adrian s'est tourné vers moi et a dit : « Je suivrai les cours de musique l'année prochaine ».

Je me suis demandé, « Je ne l'ai ni forcé, ni contrarié, ni convaincu. Alors c'était *quoi* exactement, tout ça ? ».

Aujourd'hui, je sais exactement de quoi il s'agissait. Peut-être Adrian avait-il une petite idée de ce que ma position serait au sujet de son abandon de la musique (surtout que je suis moi-même musicien) ? Bien sûr que oui. Il n'était pas vraiment nécessaire que je lui donne mon avis quant à l'importance de continuer le programme de musique.

Il *avait*, cependant, profondément besoin de se sentir compris par son père. Lorsque j'ai quitté mon monde et suis rentré dans le sien, il se sentait compris par moi. Il *savait* au fond de lui que je ressentais l'ennui et la corvée d'avoir à écrire des essais alors que tout ce qu'il voulait était de jouer de son instrument. Il ne ressentait pas de jugement ou de désapprobation, seulement de la compréhension. Et souvenez-vous des mots saillants de Paul Tournier au sujet de la compréhension, évoqués plus haut : « Personne ne peut se développer librement dans ce monde et avoir une vie pleine sans se sentir compris au moins par une personne ».

Comprendre est l'une des meilleures façons que je connaisse de faire ressortir le génie d'une personne. Puisqu'Adrian n'a pas eu à exercer une seule cellule de son cerveau afin de me devancer, il a pu canaliser toute son énergie mentale vers la prise d'une décision majeure. Ses capacités de prise de décision s'accroissaient, lui permettant de réfléchir aux conséquences des deux décisions et de faire le bon choix.

De temps à autre, vous réussissez. Dans cette situation, j'ai eu la chance de pouvoir montrer du soutien et de la compréhension quant à la décision difficile de mon fils. Au cours des années suivantes, l'intérêt et les capacités d'Adrian pour la musique se sont multipliés. Aujourd'hui, c'est un musicien talentueux, jouant habilement à de nombreux instruments, écrivant et enregistrant sa propre musique, et produisant professionnellement des CD dans son propre studio.

Permettez-moi de vous poser une question : Vous devriez entrer dans le monde de qui ? Quelles sont les hypothèses, les jugements ou les peurs que vous devriez laisser derrière vous afin de pouvoir quitter votre monde ? Réussir cette démarche demande une source d'énergie puissante et fiable. La meilleure source d'énergie que je connaisse pour vous permettre de découvrir la réalité d'un autre, c'est d'adopter l'approche de tirer en premier. Portons maintenant notre attention vers cette attitude puissante.

Tirer est le chemin de l'apprenant

J'ai entendu dire que la moitié de ce que nous apprenons dans la vie, nous l'apprenons avant l'âge de cinq ans. Je ne sais pas si c'est vrai, mais je sais que la capacité d'un enfant à maîtriser de nouveaux concepts et d'acquérir de nouvelles compétences est à couper le souffle.

L'expert des ventes

Molly approche toutes les situations avec l'attitude de tirer. Elle a un cœur d'apprenante qui s'exprime à travers l'enquête, l'ouverture et une curiosité humble.

Dans sa première année, elle va apprendre à manipuler une bouteille, à ramper et à marcher.

À la fin de sa deuxième année, elle aura acquis une connaissance pratique de la structure d'une ou deux langues.

Dans sa troisième année, l'attitude de tirer va commencer à apparaître dans son langage : « Pourquoi, maman ? » « Qu'est-ce que c'est, papa ? »

Entre l'âge de trois et quatre ans, elle va extraire chaque découverte qu'elle peut et commencer à maitriser les chiffres, les formes, les couleurs, et même apprendre quelques aptitudes sociales. Chaque fois qu'elle fait une nouvelle découverte, elle ressentira un sentiment de satisfaction. (Vous savez ce que c'est. Vous le ressentez quand vous maîtrisez un nouvel aspect de PowerPoint ou découvrez une meilleure façon de maitriser votre coup coché au golf.)

Pour Molly, la vie consiste en la joie de connaître de nouvelles choses et apprendre est la façon amusante d'y parvenir. Son Chemin d'Apprenant est vaste et sinueux. Il a des centaines de ramifications et de labyrinthes. Elle rejoint par défaut cette voie parce qu'elle est amusante et elle a appris qu'en la parcourant elle éprouve des expériences merveilleuses et enrichissantes.

Molly a maintenant cinq ans et a fixé son regard sur une PlayStation. Il semble qu'elle n'abandonnera jusqu'à ce qu'elle en obtienne une. Vous souvenez-vous comment étaient vos enfants lorsqu'ils voulaient quelque chose ? Maintenant, pensez à l'approche de vente de Molly, en vous posant les questions que W. Timothy Gallwey évoque dans son livre *The Inner Game of Work* :

- Développe-t-elle un rapport avec l'acheteur ?
- Gère-t-elle les objections de manière créative ?

- Connait-elle les cordes sensibles de l'acheteur ?
- Est-elle directe ?
- Est-ce qu'elle omet parfois de demander la clôture ?
- Personnalise-t-elle son approche de vente à chaque acheteur ?
- A-t-elle peur de la rejection ?
- Est-elle tenace ? Optimiste ?

Molly a appris à faire naturellement ce que les VP des ventes dépensent des centaines de milliers de dollars à faire apprendre à leurs forces de ventes. Comment a-t-elle acquis ses compétences de la vente ? En tirant. Cette approche stimule Molly à observer de près et à focaliser son attention sur les *comportements d'achat* (non pas les comportements de vente) de ses parents. Lorsqu'elle les observe, elle effectue des ajustements subtils dans son approche jusqu'à ce qu'elle trouve la manière systématique d'obtenir l'expérience réussie qu'elle recherche.

Perdre le chemin

Ensuite, Molly commence l'école. Traditionnellement, qu'attendent nos systèmes éducatifs de nos enfants ? Des questions ou des réponses ? L'enquête ou la certitude ? Vous connaissez la réponse ! Molly commence à apprendre que c'est la réponse qui lui permet de réussir, et non la question. Elle commence à suivre le chemin de l'apprenant, non pas parce que c'est amusant ou parce qu'il lui apportera une expérience enrichissante, mais parce qu'à la fin du chemin elle trouvera des réponses. Des réponses qui lui permettront d'obtenir les notes dont elle a besoin de ses professeurs. Des réponses qui lui donneront l'approbation dont elle a besoin de ses parents. Des réponses qui l'amèneront à l'acceptation sociale dont elle a besoin de ses pairs.

Le Chemin de l'Apprenant n'est plus ludique, sinueux, et rempli de sentiers secondaires sans fin. C'est le chemin court, droit, et mécanique du commerce.

Au moment où elle quittera le système éducatif et s'installera dans son premier emploi, elle aura appris qu'une personne disposant de certitude est beaucoup plus valorisée qu'une personne qui enquête. Les gens qui posent des questions sont contrariants.

Ils irritent leurs pairs. Ils font perdre du temps lors des réunions. Les gens leur font des grands yeux. Molly commence à s'éloigner de sa tendance innée d'enquêter. En ce faisant, son penchant pour la franchise commence également à diminuer.

Finalement, le chemin de l'apprenant à l'intérieur de Molly devient pratiquement fermé. Lorsqu'elle atteindra l'âge de cinquante-cinq ans, *la certitude* sera si solidement ancrée qu'elle ne se souviendra à peine comment apprendre – ou tirer. Elle a cessé d'être un apprenant et est maintenant un juge.

Exemples de questions « d'apprenant » et questions « du juge »

Questions « d'apprenant »	Questions « du juge »
« Qu'est-ce qui est à votre avis possible ici ? »	« Comment voulez-vous que l'on termine ceci à l'heure ? »
« Y-a-t-il d'autres moyens que nous devrions explorer ? »	« L'argent va venir d'où pour financer ceci ? »
« Que pouvons-nous apprendre de ceci ? »	« Pourquoi avez-vous laissé passer ceci ? »
« Où vous trouvez-vous coincés ? »	« Vous ne voyez pas ce que vous faites de faux ? »

Le juge a beaucoup de certitude et n'éprouve aucun besoin d'apprendre. Cette attitude est évidente dans chacune des questions « du juge » ci-dessus sous la forme d'une déclaration pleine de certitude :

- *« Ça ne peut pas être terminé à temps ».*
- *« Il n'y a pas assez d'argent pour ça ».*
- *« Tu aurais pu empêcher ça ».*
- *« Vous devez être aveugle. C'est évident pour moi ce que vous faites mal ».*

Ces questions ne sont pas motivées par l'enquête – elles sont motivées par un interrogatoire. Malencontreusement, l'enquête, l'habilité d'apprendre, l'ouverture, et l'humilité font malheureusement défaut à la personne qui juge. Posez-vous la question : Est-ce que les gens qui vous connaissent le mieux vous caractériseraient plutôt en tant qu'apprenant ou plutôt en tant que juge ?

Les questions posées par un apprenant versus les questions posées par un juge
Les leaders les plus efficaces sont ceux qui disposent des bonnes questions, pas des bonnes réponses. Lorsque vous posez une question bien conçue, c'est comme retirer l'arc dans l'esprit à votre auditeur. Cela produit une tension créatrice. Durant les milliseconds qui suivent, le cerveau de la personne se met en action ; il analyse, il trie, il sépare – en essayant de trouver la réponse à votre question. Cette tension créative a la capacité de produire des pensées et des changements plus profonds chez une personne que vos réponses ne le pourraient. La raison pour ceci, comme évoquée par Marilee Goldberg Adams, est que, « Les questions créent prévisiblement de nouvelles percées pour de l'action, tandis que les déclarations et les opinions le font rarement ».

Mais il y a des questions qui mènent à des résultats formidables et d'autres qui mènent à des résultats moins formidables. Comment pouvez-vous savoir lesquelles sont lesquelles ? Le même auteur a inventé un langage pour décrire deux types de questions : les questions venant de l'apprenant et les questions venant du juge. « Les apprenants posent des questions authentiques, ce sont des questions auxquelles ils ne connaissent pas encore les réponses », a écrit Adams. « Les questions posées par un apprenant présument en général de nouvelles possibilités, un avenir positif, et des ressources abondantes ». Les questions posées par un juge « conduisent à des réactions automatiques, des limitations et de la négativité, de plus elles focalisent l'attention sur des problèmes plutôt que des solutions ».

La Curiosité sainte

« La chose importante est de ne pas de cesser l'interrogation. La curiosité a sa propre raison d'exister. On ne peut être qu'émerveillé lorsque l'on contemple les mystères de l'éternité, de la vie, de la merveilleuse structure de la réalité. Il est suffisant que quelqu'un essaye de comprendre un peu ce mystère chaque jour. Ne perdez jamais une curiosité sainte. »
— ALBERT EINSTEIN

Le cœur de l'apprenant

Il y a une humilité associée avec les *Pull Conversations* qui s'exprime par la franchise, l'ouverture et la vulnérabilité.

- La franchise est une attitude de droiture non dissimulée.
- L'ouverture est une attitude de volonté d'être enseigné qui cherche des raisons d'être impressionné par les commentaires d'un autre plutôt que de les invalider ou de les rivaliser.
- La vulnérabilité est une attitude de volonté d'être empreint par les croyances et les sentiments d'un autre sans se sentir le besoin d'être sur la défensive ou réservé.

Il est facile de comprendre pourquoi adopter l'attitude de l'enquête est autant important pour pouvoir quitter notre propre monde afin d'entrer dans celui de quelqu'un d'autre. Il faut beaucoup d'humilité, de franchise, d'ouverture, et de vulnérabilité pour pouvoir laisser derrière nous nos hypothèses, jugements ainsi que nos craintes et entrer dans le monde d'un autre et voir sa réalité de la façon dont il la voit.

Similairement au mélange d'enquête et de franchise nécessaire pour maîtriser les *Pull Conversations*, l'humilité et la volonté professionnelle commencent enfin à être reconnues comme étant les composants cruciaux d'un leader accompli. Jim Collins évoque ce fait dans *Good to Great*, un livre à propos de certaines entreprises qui sont passées de bonnes à excellentes, et d'autres non.

La genèse de son livre est un excellent exemple du Chemin de l'Apprenant et où celui-ci peut ramener une personne. Il semble que Bill Meehan, de l'entreprise McKinsey and Company, a fait la remarque à Collins, lors d'un diner, que son livre précédent, *Built to Last*, était « inutile ». Au lieu de faire taire Meehan, ou de rire de son commentaire, Collins était curieux et lui a demandé d'expliquer ce qu'il pensait.

« Les sociétés sur lesquelles vous avez écrit, pour la plupart, ont toujours été excellentes », a dit Meehan. « Que dire alors de la grande majorité des entreprises qui se réveillent à mi-chemin de leur parcours et se rendent compte qu'elles sont bonnes mais pas excellentes ? »

Collins, étant un homme qui tire en premier, s'est ouvert et s'est rendu vulnérable sur cette simple remarque. Et la récompense pour l'enquête a été grande. Comme Collins l'a présenté, « Le commentaire de Meehan s'est avérée un cadeau inestimable, car il a planté la graine d'une question qui est devenue la base entière de ce livre ».

Collins a évité de tomber dans le piège de l'orgueil, l'égo gonflé qui croit, « Je n'ai rien à apprendre de vous ». L'orgueil engendre une certitude qui est l'ennemi de l'enquête. La certitude ne laisse pas de place pour ce *plus*. Il ne permet pas le changement en d'autres. La vérité est que chacun de nous apprend et change constamment, il y aura donc toujours plus à découvrir. L'orgueil ne prend pas en compte la complexité de chaque individu.

L'humilité, l'antithèse de l'orgueil, est l'état naturel chez les enfants. Ils ont peu de prétextes ou de sophistication. Par exemple, ils sont passionnés par l'expérience d'apprendre la nouvelle compétence de s'habiller et sont inconscients du fait que leurs sous-vêtements sont à l'envers.

La bonne nouvelle est que l'humilité – adopter un esprit d'apprenant – est un choix. Vous pouvez choisir de rester humble et de poser une question lorsque quelque chose est ambigu. Vous pouvez choisir de rester humble et d'enquêter en profondeur quant au raisonnement de l'autre. Chaque fois que vous restez humble et demandez, le Chemin de l'Apprenant à l'intérieur de vous devient plus expansif. Bientôt l'idée de poursuivre ce chemin vous dynamisera. Vous vous trouverez motivé d'apprendre une nouvelle langue, de commencer à jouer d'un instrument de musique, ou d'apprendre à optimiser l'utilisation de votre téléphone intelligent.

Une des meilleures façons de développer votre capacité à l'enquête est d'apprendre l'art du respect. Le respect est le moteur de la recherche. Lorsque vous avez vraiment du respect pour quelqu'un, vous voulez comprendre ce qu'il pense et vous avez envie d'enquêter sur son monde.

La très bonne nouvelle est que le respect est un choix. Ce n'est pas une attitude spéciale que seules certaines personnes possèdent.

Comme vous le verrez dans le chapitre 7, *le respect* veut dire *regarder à nouveau.* Au lieu d'entendre les mots d'une personne et de les rejeter comme étant sans valeur, vous pouvez choisir de regarder à nouveau, chercher leur véritable potentiel, de regarder à nouveau afin de trouver une valeur que vous avez peut-être manqué au premier coup d'œil. Le respect vous motivera à enquêter plus profondément et vous commencerez à connaître des relations plus riches.

Plus de résultats / moins de contraintes

Jusqu'ici, nous avons évoqué que les *Pull Conversations* sont basées sur l'attitude qui vous dynamise à voir la réalité d'un autre. Si vous faites bien ce travail, la récompense que vous obtiendrez est celle du contexte : la capacité de percevoir en son ensemble ce que d'autres voient comme des pièces détachées. Avant d'entrer dans le monde d'un autre, vous possédez pleinement votre propre point de vue, mais très peu de celui de l'autre personne. Une fois que vous entrez dans son monde, voyez et ressentez sa réalité, vous possédez deux perspectives : la vôtre et la sienne. Le contexte quant à son monde élargit et approfondit votre perspective. Cela vous rend beaucoup plus efficace, pour résoudre des problèmes, en tant que décideur, innovateur, négociateur et développeur de caractère.

Notez bien, les décisions et les actions les plus intelligentes deviennent apparentes à celui qui entre dans le monde d'un autre. Comme l'histoire qui suit l'illustre, cela apporte un résultat très agréable : plus de résultats avec moins de contraintes.

Entrer dans le monde du client II

Rob LeBlanc obtient un important succès dans la vente et réalise beaucoup de « *paiements comptants* », à la grande jalousie de ses collègues dans la concession automobile où il travaille.

Il n'y a rien de plus agréable qu'un client qui entre dans une concession automobile et étale la totalité du prix de vente du véhicule. Arriver à un point où vos clients ont assez confiance en vous pour vous payer comptant est le rêve de tout vendeur de voiture. Pourquoi cela arrive si fréquemment à Rob ? Parce qu'il a découvert le secret que d'entrer dans le monde de ses clients et voir leur réalité est le moyen le plus rapide d'obtenir ce genre de résultat.

« Ça n'a pas toujours été comme ça », dit Rob. « Lorsque j'ai commencé, j'étais bien trop tendu. Je me présentais au client puis me lançais immédiatement dans mon « baratin » – cent choses que je pensais qu'ils devraient savoir sur la voiture. J'ai fini par dire des choses qui ne leur étaient pas utiles et me demandait pourquoi ils refusaient quand je m'apprêtais à conclure la vente. Je crois que, dans de nombreux cas, je perdais des contrats car je prêtais à confusion ou frustrais les clients. J'avais perdu quelques contrats et en ai rallongé d'autres. Pire encore, le prix devenait le plus grand facteur dans la prise de décision – précisément la chose que vous voulez évitez ».

Très tôt dans sa carrière, Rob a du faire un choix. Le vendeur qui réalisait le plus grand volume des ventes dans la concession le faisait en se servant de techniques de vente très poussées. Il faisait usage d'harcèlement, de culpabilité, et de persuasion forte pour amener les gens à acheter. Rob se façonnerait-il d'après ce vendeur afin d'obtenir des résultats rapides ? Heureusement, Rob a compris que ce vendeur obtenait de bons chiffres, mais il n'avait aucun client régulier.

Rob avait le pressentiment que les clients réguliers étaient la clé du succès à long terme. Il a donc décidé d'adopter une démarche totalement inverse avec ses clients. Son approche serait :

- Décontractée.
- De faible pression.
- Respectueuse.
- Compréhensive quant aux besoins spécifiques des clients.
- Utile pour montrer aux clients comment il pourrait répondre à ces besoins.

Rob a commencé à apprendre que des questions simples débloquaient le processus de vente. Il a commencé à poser la question, « Qu'est-ce qui est important pour vous dans une voiture ? Qu'est-ce que vous avez aimé avec votre ancien véhicule ? »

Chaque question a extrait des réponses qui ont aidé Rob à entrer dans le monde de son client. Rapidement, il comprenait sa réalité : Sa définition spécifique de la valeur de la performance, l'apparence, la sécurité, le maintien, ou la protection contre le vol.

Cela a permis à Rob de faire trois choses :

- Diriger le client vers le véhicule qui répondait exactement à ses besoins.
- Mettre en évidence uniquement les avantages qui comptaient.
- Faire ceci en utilisant un langage qui créerait un impact rapide et durable.

Ensuite, Rob investirait du temps dans un essai tranquille du véhicule, en soulignant d'avantage les aspects qui étaient importants pour le client.

Les Dix premiers obstacles au processus d'entrer dans le monde des autres

1 Aucun avantage apparent.

2 Pas le temps ni l'énergie.

3 Pas de compétences ou d'expérience.

4 « Passé insurmontable » et facteurs antérieurs.

5 La peur d'être rejeté ou ignoré.

6 Attitude défensive, fierté et la peur de devoir admettre que vous avez tort.

7 La peur d'être perçu comme étant d'accord avec le point de vue de l'autre.

8 Des hypothèses et des jugements préétablis.

9 La peur d'être perçu comme étant faible ou soumis.

10 Des fausses croyances (telles que « compréhension = accord »).

« Bien, vous avez dit que la performance était importante pour vous. Pourquoi ne pas appuyer sur le champignon et voir ce qu'elle a sous le capot ? »

Ou encore : « Vous parliez de la sécurité pour vos enfants. Si votre fillette était assise ici derrière, là où je suis assis, et que le véhicule se faisait heurter par le côté, voici exactement comment les airbags latéraux lui assureraient un maximum de protection ».

Lorsqu'ils arrivent à la fin de leur essai du véhicule, les clients de Rob ressentent qu'il a profondément compris leur réalité. Le résultat net pour Rob ? En dépensant du temps au préalable de cette façon, il passe très peu de temps dans la phase de négociation des prix.

Beaucoup de gens, se sentant sous la pression d'obtenir des résultats rapides, vont directement à la prise de décisions et à l'action sans avoir investi suffisamment de temps à extraire des informations et à comprendre la réalité. Rob, et un grand nombre des clients avec qui nous avons travaillés, ont constaté que le moyen le plus rapide de parvenir à des résultats durables est d'investir le temps nécessaire afin de comprendre la réalité. Ce faisant, le plan d'action qui donnera les meilleurs résultats deviendra évident.

Enter dans le monde de votre produit

Les spécialistes en conception et en marketing ont découvert que vous pouvez même entrer dans le monde du produit ou du service que vous apportez à vos clients.

Michael Michalko donne un exemple fascinant dans son livre *Thinkertoys*. Selon Michalko, le PDG d'une petite entreprise qui vendait des revêtements muraux avait une drôle de façon de réfléchir à son produit et à son marché. Il se posait sans cesse la question, « Que me diraient les revêtements muraux s'ils pouvaient parler ? » C'est arrivé au point où il commençait à croire qu'il *était* un revêtement mural.

> La peur du feu était une des réponses qu'il lui venait, vu que les revêtements contenaient des matières hautement toxiques. Notant que les conglomérats fabriquaient de tels revêtements, le PDG de la petite entreprise a développé son propre matériel en fibre de verre, non-toxique et résistant au feu. Ensuite, cette société a envoyé des prospectus aux distributeurs, architectes et autres acheteurs de revêtements muraux. Les prospectus évoquaient la toxicité élevée des revêtements muraux en vinyle et en polypropylène des grands fabricants, et insistait sur le danger des litiges. En cas d'incendie,

les victimes ou leurs avocats pourraient déposer un recours collectif citant le propriétaire du bâtiment, l'architecte ou l'ingénieur qui a spécifié le revêtement mural dangereux, le distributeur et le fabricant responsable.

Le résultat ? Le public a abandonné les grands fabricants et a fait du PDG et de sa petite entreprise un grand succès.

Lorsque le PDG est entré dans le monde de ses revêtements muraux, il était en réalité en train d'entrer dans le monde de ses clients. Cela a doublé sa perspective et lui a permit de réussir en tant qu'innovateur et pouvant résoudre des problèmes. Une fois de plus – plus de résultats avec moins de contraintes.

Soyez vrai

La chose la plus importante à faire lorsque vous entrez dans le monde de quelqu'un d'autre est *d'être vrai*. Rappelez-vous, *celui que vous êtes fonctionne*. Celui que vous souhaiteriez être ou que vous essayez d'être ne fonctionne pas du tout. N'entrez pas dans le monde d'un autre « synthétiquement » (par exemple, poser des questions pour faire semblant d'être intéressé). Les gens vont rapidement comprendre votre jeu et vous exclure de leur monde. Ils retiendront leurs meilleurs points et vous finirez sans comprendre le contexte qui donne un sens à leurs paroles et leurs comportements.

Comprendre votre soi

Dépasser votre soi

Lorsque Narcisse s'admirait dans un étang, il est tombé amoureux de sa propre image. En se penchant afin de s'embrasser, le beau jeune homme est tombé dans l'eau et s'est noyé, avalé par sa propre image. Être centré sur soi-même entraîne la mort.

Bien que Narcisse semble idiot, il est fort probable que cela vous soit également arrivé de temps à autre. C'est certainement le cas pour moi, et à chaque fois que je vais me faire avaler, c'est l'image de moi qui m'aspire. Lors de certaines conversations, je n'arrive pas à entrer dans le monde des autres parce que je suis trop profondément à l'intérieur de moi-même et n'arrive pas à en sortir. Voyez si ces questions relatives au « soi » vous empêchent d'entrer dans le monde des autres :

- L'auto-absorption avale votre capacité à être prévenant et à tenir compte des intérêts des autres.
- L'auto-conscience avale votre capacité à être observateur quant aux expressions subtiles verbales et non-verbales des autres.
- L'autosatisfaction avale votre capacité à admettre que vous avez tort et que les autres ont raison.
- L'égoïsme et l'amour-propre (le narcissisme) avale votre capacité à voir et à vous occuper des besoins des autres.
- L'auto-doute, la peur et l'insécurité avalent votre capacité à vous aventurer en dehors de votre lieu de sécurité pour explorer les croyances, jugements et sentiments des autres.
- L'auto-défense et la justification avalent votre capacité à écouter les préoccupations des autres et à prendre possession de vos comportements.
- L'auto-pitié avale votre capacité à vous identifier avec les autres.

Il est essentiel que vous preniez conscience de ces comportements malsains lorsque vous engagez la conversation.

Bilan

Heureusement, tous les 'auto' ne sont pas malsains. Il y a l'estime de soi, l'amour-propre, et le respect de soi – tous parfaitement sains. Voici une bonne règle à suivre si vous voulez savoir si un comportement particulier est sain ou malsain. Posez la question à quelques-unes des personnes les plus honnêtes, les plus dignes de confiance que vous connaissez : « Lorsque je _____ , pensez-vous que cela produit des résultats positifs en moi et en ceux qui m'entourent ? »

Soyez prêt à entrer dans leur monde lorsqu'ils vous donnent leurs réponses. Votre mission est de vous voir comme eux ils vous voient. Ne vous défendez pas, ne vous justifier pas ou en pleurer sur votre sort. Si des personnes de confiance vous disent que vos comportements relatifs à votre « soi » ne produisent pas de résultats positifs, il est temps d'effectuer quelques changements.

C'est une opportunité pour vous de faire un bilan. Où en êtes-vous par rapport à dépasser votre soi et entrer dans le monde des autres ? Voici quelques déclarations diagnostiques. Imaginez la personne qui vous connaît le mieux remplir ce questionnaire. Notez, de 1 à 5, les réponses que vous croyez qu'elle donnerait à votre sujet (1 = *fortement en désaccord*, 5 = *fortement d'accord*).

- Cette personne pose souvent des questions et se renseigne sur ce qui se passe dans ma vie.
- Lorsque je parle, cette personne semble vraiment intéressée par ce que je dis.
- Cette personne fait des commentaires sur les choses subtiles qui se passent lors de nos conversations.
- La façon dont cette personne fait enquête quant à mes besoins me donne l'impression qu'elle est authentique et véritable.
- Plutôt que de défendre ses propres croyances et jugements, cette personne explore mes convictions et mes jugements.
- Cette personne semble plus intéressée à me comprendre que d'avoir raison.
- Lorsqu'elle est confrontée à ses comportements, cette personne commence par chercher à comprendre mon point de vue plutôt que de justifier son comportement.
- Plutôt que de chercher de la sympathie, cette personne est plutôt concernée par les autres et ce qu'ils vivent.

3 Reflétez-le selon vos propres mots

Le pouvoir de la conceptualisation de l'esprit est une compétence de vie sous-estimée. Être capable de visualiser quelque chose dans son état achevé permet une résolution de problèmes, une planification d'interventions d'urgence et une visualisation.

Un constructeur chevronné est capable de regarder un plan et de visualiser le bâtiment en trois dimensions en train de prendre forme. Cela lui permet de prévoir exactement quels seront les travaux et les matériaux nécessaires pour chaque étape, s'assurant ainsi qu'il n'est jamais pris de court.

Un bon leader est capable d'observer les interactions de l'équipe et de visualiser dans son esprit à quoi ressemblerait les dynamiques de l'équipe dans telle ou telle situation. Visualiser « l'architecture humaine » se faire dans une situation de fusion ou d'acquisition lui permet d'anticiper et d'éviter une friction inutile. Les bons leaders utilisent cette compétence afin de maximiser le rendement de leurs employés et de réduire les contraintes.

Une artiste talentueuse s'imagine devant son public et visualise dans son esprit une excellente performance. L'heure venue d'entrer en scène, elle l'a déjà fait, exécutant chaque mouvement sans faille. Tout ce qu'elle doit faire est de suivre.

Entrer dans le monde d'un autre est avant tout une question de prise de perspective : Voir le point de vue d'un autre et pénétrer à l'intérieur de son cadre de référence. L'imagination, ou la conceptualisation de l'esprit, est la faculté qui vous permet de le faire de manière efficace. Notre définition de la compréhension le dit bien : La compréhension est le fait d'entrer dans le monde d'un autre afin de voir leur réalité de la façon dont eux la voient. Vous ne pouvez pas voir la réalité d'un autre sans avoir cette faculté de visualisation.

Lorsque vous êtes en conversation, commencez à visualiser dans votre imagination ce que la personne est en train de dire. Imaginez comment c'est d'être eux dans cette situation. Par exemple, quand mon fils Adrian a parlé des essais qu'il était obligé d'écrire, je pouvais imaginer l'ennui inhérent à cette scène. Cela m'a permis de refléter sa réalité en retour avec précision, de sorte qu'il se sentait complètement compris.

Les *Pull Conversations* sont un des meilleurs moyens de développer la capacité de votre imagination.

Visualiser ce que vous n'avez pas vécu

Visualiser la réalité d'un autre devient plus difficile lorsqu'elle décrit quelque chose dont vous n'avez aucune expérience. Mais c'est tout de même possible.

Disons qu'un collègue estime que le commentaire que vous avez fait devant l'équipe de leadership a nuit à sa réputation. Il vient de rentrer dans votre bureau pour vous rappeler à l'ordre à ce sujet.

Vous voulez entrer dans son monde pour voir sa réalité comme il la voit. Mais, vous-même, vous ne vous êtes jamais senti comme cela devant l'équipe de leadership. Que pouvez-vous faire ?

- Identifier le sentiment fondamental du locuteur. (La trahison.)
- Entrez dans votre banque de données d'expériences et en localiser une qui est liée. (Votre meilleur ami à l'école secondaire avait fait croire à vos professeurs que vous aviez triché dans vos tests.)
- Entrez en contact avec les sentiments qui accompagnaient cette expérience. (Une colère aveuglante, un nœud dans l'estomac, l'impossibilité de dormir.)
- Prenant ces sentiments comme point de départ, utilisez le pouvoir de votre imagination afin de voir ce que cette personne ressent, et de la visualiser dans la situation qu'elle est en train de vous décrire.
- Enfin, reflétez vers elle votre meilleure estimation de ce que cette personne ressent. (« J'imagine que vous vous sentez comme si vous aviez été poignardé dans le dos. »)

Notez que le fait d'entrer dans le monde de cette personne ne signifie pas que vous êtes d'accord avec elle ou que vous admettez que vous aviez tort. Ce que cela signifie, c'est que vous l'aidez à se sentir comprise plutôt que de dépenser votre énergie à justifier vos dires et vos actions. C'est le principe de Saint François d'Assise : Chercher d'abord à comprendre, pour ensuite être compris.

Notez également que vous imaginez ce que c'est d'être eux dans cette situation. Vous êtes en train d'imaginer votre ami dans sa situation plutôt que de vous imaginer vous dans sa situation. Ce qui est problématique lorsque vous vous mettez à la place d'un autre est que cela reste tout de même *vous* qui êtes à sa place. Vous mettre, vous, avec toutes vos valeurs, vos croyances, vos motivations, vos goûts et vos dégoûts, à la place de cette personne ne vous donne pas vraiment une idée exacte de sa réalité.

Gagner de l'empathie à travers l'expérience (se mettre à la place de quelqu'un d'autre) est excellent, mais assurez-vous que vous utilisez cette compréhension pour entrer dans *son* monde et pour voir *sa* réalité de la façon dont *il la voit lui*. Dans une dissertation de 1959, Carl Rogers définit l'empathie comme étant la capacité à « percevoir le cadre interne de référence avec précision, avec les composantes émotionnelles et les significations ... comme si on était l'autre personne, mais sans jamais perdre la condition 'comme si' ».

> **« Je sais ce que vous ressentez »**
> Rappelez-vous, les gens n'ont pas besoin (et souvent ne veulent pas) de votre récit autobiographique de ce que c'est pour vous que d'être à leur place.

L'Écoute empathique

L'empathie est la capacité à ressentir ce que quelqu'un d'autre ressent sans qu'il ait à vous le dire. *L'empathie*, en effet, signifie *la passion en*. Écouter emphatiquement est le processus de ressentir les sentiments d'un autre à l'intérieur de vous, puis les refléter en retour.

Chaque « ruisseau de conversation » est en fait deux ruisseaux. Il y a le ruisseau d'information, comprenant le contenu thématique. Et il y a le ruisseau du sens, un ruisseau plus profond contenant des valeurs, des croyances et des sentiments. N'importe qui peut extraire le contenu superficiel, les mots de la colère ou de la frustration. Seuls des auditeurs empathiques arrivent à repérer les émotions plus profondes se trouvant en dessous de la surface. Une fois ce contexte plus profond compris, cela donne un sens à chaque mot du ruisseau d'information.

Voici l'exemple de quelqu'un qui fait un bon travail d'extraire non seulement le ruisseau superficiel, mais le ruisseau du sens se trouvant en dessous.

Jeff et Todd ont travaillé ensemble sur un projet et ils sont sur le point de se rendre à un entretien avec leur patron, Jerry. Ce dernier a la réputation de déchirer les gens psychologiquement s'il a l'impression qu'ils ne maitrisent pas leur jeu. Avant de leur rendre à la réunion, Jeff et Todd se sont mis d'accord afin que l'un et l'autre assument sa part pour répondre aux questions relevant de leur domaine d'expertise respectif.

Peu de temps après être entrés dans le bureau de Jerry, ce dernier commence à poser des questions pointues à Jeff quant aux raisons pour lesquelles certains délais n'avaient pas été respectés dernièrement. Jeff s'arrête, en attendant que Todd prenne le relais – il s'agit évidemment de son domaine d'expertise. Mais Todd ne dit pas un mot. Ceci déclenche la colère de Jerry. Il commence à s'attaquer à Jeff, en posant une série de questions rapide, commençant à mettre en question ses connaissances, puis ses compétences. Finalement Jerry dit, « Pour quoi est-ce que je vous paye, Jeff ? Sortez de mon bureau et reprenez-vous en main ».

Jeff et Todd sortent du bureau les têtes basses et retournent dans leurs propres bureaux. Deux minutes plus tard, Jeff entre en fracas dans le bureau de Todd, en hurlant, « Vous me devez des excuses, espèce de %&*@ ! »

« Vous êtes *en rogne* », dit Todd.

« Vous avez ^%#&* de raison, je suis en rogne. Vous le seriez aussi, si vous étiez à ma place ».

« J'imagine que vous vous êtes senti totalement discrédité là-dedans ? »

« Bien sûr que je me suis senti discrédité. Vous m'avez fait passer pour un idiot devant Jerry ! On avait un accord ».

« Vous vous sentez trahi, n'est-ce pas ? »

« Que pouvais-je ressentir d'autre ? »

« Eh bien, aussi difficile que cela puisse être de se sentir humilié et poignardé dans le dos, je parie qu'en réalité ce qui se passait par votre esprit était, 'Comment vais-je faire vivre ma famille si Jerry me licencie ?' »

« Vous avez tout compris. C'est exactement ce que je pensais. Que s'est-il passé là-dedans, Todd ? Comment ça se fait que vous m'avez laissé pour compte ? »

« Jeff, je ne sais pas ce qui s'est passé. J'ai eu un blanc. J'ai vu ce qui vous arrivait et j'en étais mortifié, mais j'étais comme le cerf pris dans les phares. Je suis vraiment désolé ».

Todd a bien fait de ne pas s'être mis sur la défensive ou de tenter de présenter des excuses au début sans connaître l'ampleur des dommages qu'il avait causés. Au lieu de cela, il est entré dans le monde de Jeff, a ressenti sa réalité, et l'a reflétée en arrière, en passant à chaque fois à un flot plus profond. N'importe qui peut refléter en arrière, « Vous êtes en rogne ». Il faut plus d'habileté pour extraire et refléter en arrière :

- « Vous vous êtes senti discrédité ».
- « Vous vous êtes senti trahi ».
- « Vous aviez peur d'être licencié et de perdre votre gagne-pain ».

L'approche de tirer en premier vous demandera et vous permettra d'aller au-delà des rudiments de l'écoute active. Entrer dans le monde de l'autre personne et ressentir ce qu'elle ressent, vous permettra de faire ce que nous appelons *la réflexion d'implication* : refléter en arrière non seulement ce que la personne ressente, mais les implications de ce que ce sentiment signifie pour eux dans leur monde.

Par exemple, Todd a non seulement reflété en retour les sentiments d'humiliation que ressentait Jeff, mais est également entré dans le monde de Jeff afin de ressentir les conséquences de ce sentiment : « Je vais perdre mon gagne-pain ici ». Refléter en retour les implications à l'autre personne donne le sentiment qu'elle est profondément comprise et produit des sentiments de rapport et de confiance.

Comment écouter avec empathie

Utilisez vos oreilles pour capturer le ruisseau d'informations, et vos yeux et votre « estomac » pour détecter les émotions du ruisseau du sens. Ce qu'une personne ne dit pas est souvent l'indication la plus fiable de leurs sentiments. Le corps a tendance à dire la vérité. Observez :

- Leurs yeux.
- Leurs mains.
- Leur posture.

Ces points vous signaleront généralement la vérité. Il est facile pour une personne de supprimer ou de fausser la vérité avec les paroles, mais il est difficile de faire de même avec le corps.

Une fois que vous ressentez leurs sentiments, vous devez les refléter en retour. Pour être efficace en reflétant leurs sentiments, vous avez besoin de trois composants de base, de préférence exprimés selon vos propres mots.

1   *Une déclaration tentative :* « On dirait que ... »
2   *L'essence du sentiment :* « ... vous êtes en colère ... »
3   *La situation qui a provoqué le sentiment :* « ... parce que j'ai oublié de vous appeler ».

En voici quelques exemples :

- « Il me semble que tu te sens à l'écart parce que tu n'as pas les jeans Calvin Klein comme Molly et Jody ».
- « Il me semble que vous vous sentez surchargé à cause de mes attentes ».
- « J'espère que je vous suis là. Vous avez des doutes sur les motivations d'Anne ? »
- « Vous sentez-vous en colère de ne pas avoir été consulté ? »

Jusqu'où allez-vous creuser ?

Reflétez les sentiments superficiels d'abord, puis essayez de ressentir et de refléter en retour les sentiments sous-jacents. Voici deux approches à adopter :

- **D'abord, creuser aussi profondément que la situation le justifie.**
- **Deuxièmement, creuse aussi profondément que possible en vous assurant que votre partenaire se sente à l'aise.**

Que sommes-nous vraiment en train de dire ici ?

- Le contexte est roi. Il vous révèle les décisions et les actions les plus intelligentes.
- La manière de comprendre le contexte est d'entrer dans le monde de l'autre personne et de ressentir sa réalité.
- Cette compétence (ressentir la réalité d'un autre) est plus instrumentale que toute autre compétence pouvant vous permettre de réussir dans tous les domaines de votre vie.

- Pour entrer dans le monde de quelqu'un d'autre, vous devez être capable de quitter le vôtre.
- Pour ce faire, vous devez passer de la condition « auto-centré » à celle d'être « centré sur l'autre ».
- Rengagez-vous dans les activités qui nécessitent que vous ayez un esprit d'apprenant.
- Avoir des *Pull Conversations* développera la capacité de visualisation.
- Allez au-delà de l'écoute active et reflétez en retour non seulement le sentiment, mais aussi les implications de ce sentiment.

Voulez-vous le faire ?

Sur quelle relation avez-vous le plus besoin de travailler en ce moment ?

Cette relation sera votre terrain d'entraînement pour la partie « Voulez-vous le faire ? » du présent ainsi que des deux prochains chapitres.

Faites tout le travail préparatoire sur une copie du modèle des *Pull Conversations* avant de prendre rendez-vous pour votre conversation avec cette personne.

Commencez par écrire vos hypothèses au sujet de l'individu et de la situation. Que devriez-vous faire pour quitter votre monde et entrer dans le sien ?

Quels sont les aspects de votre monde que vous devriez être prêt à laisser temporairement derrière vous ?

Quelles questions d'apprenant allez-vous poser pour vous permettre de voir et de ressentir sa réalité ?

Juice à la maison

« Je ne veux pas aller à l'école »

Les meilleures mamans et papas entrent dans le monde de leurs enfants afin de pouvoir comprendre leurs préoccupations, craintes, besoins et objectifs. Voir et ressentir la réalité de leurs enfants de la façon dont eux ils la ressentent leur permettent de leur apprendre à prendre les meilleures des décisions.

Je suis entré dans le monde de ma fille Katelyn pour pouvoir l'aider à traverser une période prolongée à ne pas vouloir aller à l'école.

Pendant plusieurs nuits lorsque je me rendais dans sa chambre pour lui dire bonne nuit, elle me disait, « Je ne veux pas aller à l'école ! »

Dans mon monde, je me disais, « Oh que si, tu vas aller à l'école ». Mais au lieu de la tirer dans mon monde, je suis entré dans le sien. En utilisant une compétence décrite par Adele Faber et Elaine Mazlish dans leur livre *How to Talk So Kids Will Listen and Listen So Kids Will Talk*, je suis passé par ces étapes simples :

- J'ai écouté attentivement ses plaintes au sujet de l'école sans donner mes réfutations.
- Lorsque je l'écoutais, j'ai reconnu ses observations et ses sentiments avec des réponses courtes : « Hmmm » « Je vois », « Oh ».
- Ensuite, j'ai donné un nom aux sentiments. « Ça doit être embêtant ».
- Ensuite, j'ai évoqué pour Katelyn ses désirs dans une fantaisie : « J'aimerais aussi que tu ne sois pas obligée d'aller à l'école ! J'aimerais que toi et moi, nous nous envolions pour Disneyland, pour manger des barbes à papa, puis que nous allions en Suisse faire une descente en luge, puis que nous nous rendions en Italie pour manger une glace. J'aimerais que l'on puisse s'amuser toute la journée. T'en penses quoi ? »
- Enfin, je lui montrais mon empathie en disant, « J'aimerais que nous puissions partir à Disneyland tous les deux, mais je dois aller au travail et toi à l'école. Je sais que c'est difficile lorsque quelque chose d'aussi important que d'aller à l'école est si exigeant ».

Je suis heureux de dire que le fait de passer par ce processus n'a jamais manqué de transporter Katelyn dans un endroit où aller à l'école devenait à nouveau supportable. Mais pour ce faire, j'ai dû résister à la tentation de la traîner dans mon monde et de lui dire, « Tu vas aller à l'école un point c'est tout ! » Lorsque je me remémore cette période, je me rends compte que Katelyn était parfaitement consciente qu'elle était obligée d'aller à l'école ; elle voulait juste que ses sentiments soient acceptés et compris.

Les Attirer dans votre réalité

5

Exploiter le pouvoir de tirer

*D*ANS le chapitre précédent, nous nous sommes concentrés sur la première étape des *Pull Conversations*, l'habileté d'extraire la réalité des autres. Maintenant, nous allons explorer la deuxième étape, les tirer dans votre réalité.

À cet égard, nous avons découvert que lorsque ces deux choses se produisent – lorsque deux personnes *voient* et *ressentent* les réalités de chacune – des changements étonnants peuvent se produire.

John Kotter, expert du changement à Harvard, évoque ce phénomène dans son livre *The Heart of Change*. Il se rappelle l'époque où il croyait que ce dont les gens avaient besoin était l'analyse. L'analyse leur permettrait de réfléchir autrement, et réfléchir autrement les ferait changer. Cependant, après des années d'expérience, il s'est rendu compte que la séquence fiable n'était pas *analyser, réfléchir, changer – elle était voir, ressentir, changer.* Les gens voient quelque chose d'attirant et ils ressentent un sentiment puissant dans les entrailles. Ce sentiment modifie leur comportement en acceptant avec bienvenue le changement.

Kotter raconte la belle histoire d'un grand fabricant où il était évident que l'achat s'était échappé de tout contrôle. Chacune des usines insistait pour faire ses propres achats et le gaspillage dans le système faisait perdre des bénéfices à l'entreprise d'environ 200 millions de dollars par an.

L'histoire raconte comment Jon Stegner, un leader du siège social, a décidé de mener une expérience. Il a mandaté une stagiaire d'été qui travaillait pour lui à se rendre dans chaque usine et de ramener chaque sorte de gants que les usines achetaient pour leurs ouvriers et de marquer le prix payé pour chaque paire.

Il lui a fait empiler la totalité des 424 paires de gants sur la table du conseil. Puis il a invité les présidents des départements à se rendre dans la salle du conseil. Ils ont tous commencé à faire le tour de la table en regardant le tas de gants. Selon Kotter, « Ils ont regardé deux [paires de gants] qui semblaient exactement semblables, mais une était marquée à 3.22 $ et l'autre à 10.55 $. C'est un événement rare lorsque ces personnes-là ne trouvent rien à redire. Mais ce jour-là, ils sont restés la bouche béante ».

Ils ont crée une tournée de présentation de cette démonstration avec les gants, et l'ont envoyé à chaque division et à des dizaines d'usines. « La tournée de présentation a renforcé, à chaque niveau de l'organisation, un sentiment de 'Ça montre vraiment jusqu'où on en est arrivé' ».

En conséquence, un mandat en vue d'un changement a été adopté, qui a permis d'économiser beaucoup d'argent à l'organisation.

Les êtres humains ne changent pas grâce à de l'information. Ils changent grâce à des interactions avec d'autres. C'est ici que nous commençons à voir le potentiel de transformation des *Pull Conversations*. Lorsqu'elles sont menées correctement, les *Pull Conversations* permettent aux personnes d'accepter le changement plus rapidement que tout autre moyen. Alors concentrons-nous sur ce que vous pouvez faire pour tirer les autres dans votre réalité où ils peuvent *voir et ressentir* ce qui est important pour vous. Les principaux éléments de cette compétence sont illustrés dans l'Étape 2, « Les Attirer Dans Votre Réalité », du modèle des *Pull Conversations* et sont traités en détail dans le reste de ce chapitre.

2 *Les tirer dans votre réalité*
- Invitez-les à entrer dans votre monde.
- Aidez-les à voir votre réalité.
- Demandez-leur de refléter en retour ce qu'ils ont compris.

● *Votre réalité*

1 Les Invitez dans votre monde

Il y a deux façons d'inviter quelqu'un dans votre monde.

La première est de simplement leur demander de vous écouter. Lorsque vous savez que vous êtes entré dans le monde de quelqu'un, vu sa réalité, et l'avez reflété vers lui à sa satisfaction, et qu'il ne montre toujours pas le moindre signe d'essayer de vous comprendre, il est temps d'être direct et de faire connaître vos besoins de façon franche : « Je crois que je comprends votre point de vue maintenant. Puis-je vous demander d'écouter le mien ? »

Lorsque vous faites cela, parfois les personnes vous diront, « Je crois comprendre d'où vous venez ». Ensuite, ils vous exprimeront ce qu'ils ont compris sur votre point de vue ». L'une des choses suivantes sera peut-être le cas dans une situation comme celle-ci :

- Ils ont peut-être compris parfaitement votre point de vue, mais vous n'étiez tout simplement pas au courant. Maintenant, vous savez qu'ils ont compris.
- Ils ont peut-être compris l'ensemble de votre point de vue, mais ne sont pas sûrs de quelques aspects. Maintenant, vous avez une opportunité de clarifier leur compréhension.
- Ils ont peut-être totalement mal compris votre point de vue.

Maintenant, vous avez la possibilité de corriger une mauvaise compréhension ou un manque de celle-ci.

Quoi qu'il arrive, vous vous êtes tous les deux rapprochés de la découverte de la Plus Grande Réalité. Cela vous avance vers la libération de résultats productifs dans votre situation.

La deuxième façon d'inviter quelqu'un à entrer dans votre monde est d'utiliser un langage qui lui parle – un langage qui l'intrigue et qui lui est facile de raconter et de comprendre.

Utiliser un langage vivant

Les histoires, les métaphores, les analogies, et les illustrations sont des moyens efficaces d'inviter quelqu'un à entrer dans votre monde. Ces outils de communication créent non seulement la curiosité dans l'esprit et le cœur de votre auditeur, mais y laissent également une empreinte durable. Vous le savez. Pensez aux octets de données qui se sont ancrés dans votre mémoire. Ils vous sont probablement parvenus accompagnés par une « histoire ».

Il est bon de se souvenir de cette dynamique d'histoires, sinon nous risquons de tomber dans un style de communication à une dimension : Rien que des faits, sans émotions ni symboles.

Pensez à ce que Boyd Clarke dit à ce sujet, dans *The Leader's Voice* : « Quand votre intention est de faire bouger les personnes à l'action, afin de les aider à comprendre et à approfondir leur appréciation et gagner plus de perspicacité et plus de passion quant à leur travail, il vous faut tous les trois [médias] : Les faits, l'émotion, et les symboles ».

Clarke décrit les symboles comme « des moyens sténographiques de communiquer à la fois l'émotion et le sens ». Il ajoute que, si les faits sont essentiels, ils manquent de sens et d'impact jusqu'à ce que nous les combinions à des émotions et des symboles.

Selon Théodore Kinni dans le *Harvard Business Review* de mai 2003, « Se fonder sur les faits seuls, malgré leur puissance, est une stratégie vouée à l'échec. Lorsqu'un leader communique par l'intermédiaire d'un seul canal, le récepteur est obligé de donner un sens à l'information en remplissant les blancs de son propre gré – le sens ainsi crée par le récepteur n'est souvent pas ce que le communicateur avait prévu ».

Kinni évoque qu' « ajouter les deux autres canaux des manières appropriées au moment approprié augmente considérablement les chances de faire passer la communication ».

Chantez pour l'oie

J'ai découvert que les PDG ont rarement l'occasion d'entendre toute la vérité, ou s'ils l'entendent, elle est tellement aseptisée et soigneusement rédigée que la réalité ne passe pas. Quel paradoxe :

plus vous avez de puissance et autorité, plus il vous est difficile de mettre la main sur la réalité.

En tant que consultant / formateur, mes affaires vivront ou mourront en fonction de ma capacité à tirer les leaders dans ma réalité en parlant de ma vérité de façon productive.

Je me souviens être assis avec Frank, un PDG dont l'organisation se détériorait. Ses magasins n'étaient pas suffisamment performants et ses employés se sentaient exploités. Ils avaient acheté le rêve et avait fait de lui un homme riche. Mais Frank exigeait de plus en plus sans montrer aucune reconnaissance pour leur contribution. Et il avait récemment craqué dans une réunion des dirigeants, en élevant la voix, ainsi perdant de sa crédibilité auprès de beaucoup de ses leaders.

J'avais interviewé chaque employé du siège social afin de découvrir ce qui devrait se passer afin d'arrêter la détérioration de l'entreprise.

J'ai passé des heures à écouter Frank, en m'assurant que j'avais entièrement compris sa réalité. Je voyais que sa capacité à comprendre mon point de vue s'accroissait. Maintenant, mon travail consistait à raconter une histoire qui le tirerait dans mon monde et lui permettrait de voir ma réalité. Vous reconnaîtrez l'histoire que je lui ai racontée comme un simili de l'une des fables bien connues d'Esope :

> Il était une fois un roi qui a reçu en cadeau une oie avec un talent rare. Le donneur de l'oie a dit, « Si vous chantez pour cette oie, elle fera de vous un homme très riche ».
>
> Chaque jour, le roi chantait pour l'oie, et à chaque fois, l'oie pondait un œuf en or. Bien que le roi fût devenu très riche, il s'impatientait d'avoir plus. Il s'est dit, « Si mon chant fait que l'oie pond un œuf en or, imaginez combien elle pendra, si je lui crie après».
>
> Alors il s'est rapproché de l'oie et lui a hurlé après, « Pond plus d'œufs, oie inutile ! » À son grand étonnement, l'oie a pondu cinq œufs au cours des deux jours suivants. Mais ensuite elle s'est arrêtée complètement de pondre.
>
> « Hmm. Je sais ce que je dois faire », pensa le roi. « Je vais me-nacer

l'oie. Peut-être que ça lui fera pondre plusieurs œufs à la fois ». Il est allé vers l'oie, a posé sa main sur son cou, et a dit, « Pond des œufs ou je vais te tordre le cou ! »

Cette approche a donné un excellent résultat. L'oie a pondu trois œufs en un jour. Puis, elle s'est arrêtée nette. Le roi a décidé de prendre des mesures désespérées. « Je vais ouvrir la poule et sortir tous les œufs d'un coup ». Ce faisant, il a découvert qu'il n'y avait rien à l'intérieur de la poule. Horrifié, il s'est rendu compte qu'il venait de détruire son moyen de créer de la richesse.

« Frank », j'ai dit, « comme vous le savez probablement déjà, vos employés représentent l'oie aux œufs d'or. Avant, vous chantiez pour eux, mais quelque part en cours de route, vous avez commencé à leur crier après, croyant que cela accroîtrait leur productivité. Ça a marché – mais seulement un petit moment. Maintenant, vous avez votre main autour de leur cou et vous les menacez. Frank, vous êtes sur le point de tuer la poule aux œufs d'or ».

Frank m'a regardé et a demandé, « Que voulez-vous que je fasse ? »

« Je crois que vous avez besoin d'avoir une conversation avec chacun des leaders sur lesquels vous avez crié lors de la réunion, et leur présenter des excuses », j'ai dit.

Frank est tout de suite passé à l'action. Il leur a présenté ses excuses et s'est remis à chanter pour l'oie, en étant à l'écoute de ses employés et en reconnaissant leurs contributions. Frank a été tiré dans mon monde par la puissance d'une histoire à invitation. Au cours de cette histoire, il avait pu voir et ressentir quelque chose qui a provoqué un changement à l'intérieur de lui.

J'ai contacté l'un de ses cadres quelques mois plus tard et j'ai été heureux d'apprendre qu'il y avait eu une percée significative dans les résultats des magasins de l'entreprise, qui était la conséquence, en grande partie, d'une augmentation spectaculaire du moral des employés.

Les Histoires sont un tremplin

Stephen Denning, auteur de *The Springboard*, travaillait à la Banque mondiale lorsqu'il a été chargé de mettre en œuvre une solution de gestion des connaissances qui servirait aux employés de l'organisation de part le monde. En théorie, ce répertoire en ligne de connaissances acquises avait un attrait considérable. Dans la pratique, c'était une tâche monumentale qui était rendue à peu près impossible due au fort entêtement de décideurs résistants au changement à la banque.

Denning a réuni une quantité convaincante de statistiques et d'études qu'il a amalgamées dans une impressionnante présentation PowerPoint. Il a rencontré les constituants de la banque globalement, et un groupe après l'autre, leur a présenté son appel passionné et bien préparé pour un système de gestion des connaissances qui donnerait aux employés de la Banque mondiale les informations dont ils avaient besoin en l'espace de quelques instants, peu importe sur quel continent ils se trouvaient. La réponse était toujours la même : « Ça a l'air d'être une idée intéressante, mais nous ne pensons pas qu'elle fonctionnerait ici ».

Puis Denning a entendu une histoire qui a attiré son attention. C'était l'histoire d'un professionnel de la santé zambien qui essayait de traiter un cas de paludisme. Le professionnel s'est connecté sur un ordinateur au milieu de nulle part – en Zambie – et s'est connecté au site des Centres de contrôle et de prévention des maladies d'Atlanta, Géorgie. En l'espace de quelques minutes, le professionnel a pu se procurer les informations exactes nécessaires pour traiter la maladie avec succès et sauver la vie du patient.

Denning a eu une idée : « Et si tout simplement je racontais l'histoire de ce professionnel de la santé zambien aux employés ? Quelle serait leur réaction ? »

Lors de sa réunion suivante, il a présenté l'histoire.

« Hey, imaginez si nous pouvions faire quelque chose comme ça », a dit un participant. « Nos employés pourraient se connecter et obtenir les informations dont ils ont besoin pour répondre à nos clients. Peu importe leur localisation ou leur fuseau horaire. Pourquoi ne pourrions-nous mettre en œuvre quelque chose de ce genre ? »

Denning était époustouflé. Une simple histoire avait créé plus d'impact en l'espace de deux minutes que toutes ses statistiques, ses études et ses présentations PowerPoint de deux heures. Lorsque les gens ont pu se visualiser à l'intérieur de cette histoire, ils ont pu *voir* et *ressentir* les conséquences de rendre des données accessibles à tous à travers l'organisation. Cela a provoqué un changement en eux et ils ont pu accepter la recommandation de Denning pour une banque de connaissances sur Internet.

Denning a continué à raconter l'histoire à travers la Banque mondiale et cela a fonctionné à chaque fois, transformant des résistances bornées en supporteurs passionnés du changement qu'il proposait.

2 Les Aider à voir votre réalité

Une fois que vous avez invité l'autre personne à entrer dans votre monde, vous pouvez alors l'aider à voir votre réalité. Il y a deux façons de le faire : la première est d'être directe, la seconde est d'exprimer votre réalité de façon productive.

Soyez direct

Être directe a deux composantes : la franchise et l'immédiateté. Permettez-moi de traiter l'immédiateté en premier.

L'immédiateté implique de discuter en face à face dans la mesure du possible plutôt que de recourir à des formes moins directes de communication comme le téléphone ou la messagerie électronique. La conversation en face à face transmet plus d'émotion, de confiance et de compréhension entre les participants. Je suis reconnaissant des courriels et des messageries vocales, ils nous ont rendus plus efficaces, mais je reconnais aussi qu'ils sont limités en ce qui concerne le traitement d'un important flux interne de ressources devant être partagé entre êtres humains. Un élément important pour être un communicateur puissant est de connaitre le meilleur moyen de faire passer le message en question. Pensez-vous que nous recourons trop souvent au courriel, l'utilisant pour envoyer des messages non appropriés ?

Des études le suggèrent. Une étude globale du phénomène a été publiée par des experts en communication à Rogen dans l'édition juillet-août 2004 de *l'International Association of Business Communicators*. Les experts ont révélé que plus de 80 % des répondants « préfèrent recevoir des nouvelles bonnes ou mauvaises,

ainsi que des informations importantes, en face à face ». Ils poursuivent en disant :

> Dans des discussions de groupe ciblées qui accompagnaient cette
> étude, des employés nous ont parlé d'incidents frustrants où des
> leaders avaient communiqué des énoncés de vision, des évalua-
> tions de performances et même des licenciements d'abord par
> courriel. Deux tiers des dirigeants interrogés ont déclaré que si une
> initiative majeure dans leur organisation était d'abord commu-
> niquée par courriel, elle n'était généralement pas plus
> convaincante que si elle avait été communiquée de face à face.

Certains d'entre vous sont peut-être en train de vous dire, « Oh,
génial, je travaille dans une équipe virtuelle – je suis sensé faire
comment avec cette histoire de face à face ? » Je vous répondrais
plus tard. Mais, examinons d'abord pourquoi les conversations en
face à face fonctionnent mieux.

Pourquoi la conversation en face à face libère de l'énergie

Tout comme le sentiment d'électricité dans l'équipe de Dino travaillant sur les transporteurs à bande, évoqué dans le chapitre 2,
l'énergie peut sauter d'une personne à l'autre très rapidement si les
bonnes conditions sont réunies. Le plus souvent, la conversation
de face à face est le moyen qui crée ces conditions. Il y a trois
raisons pour cela :

- Ce que les scientifiques appellent *la contagion émotionnelle*
  provoquée par la « boucle ouverte » dans nos circuits
  cérébraux.
- Les *hormones instauratrices de confiance* qui sont libérées
  lors de cette sorte de conversation.
- Notre capacité à « sympathiser » avec un autre lorsque
  nos yeux repèrent les *indices non verbaux* de l'orateur.

Comprendre le fonctionnement de ces trois dynamiques vous
aidera à libérer de l'énergie intelligente dans votre milieu professionnel.

Contagion émotionnelle

Vous ne vous inquiétez pas du fait que votre sang pourrait se mélanger avec celui d'une autre personne dû au fait que vous êtes assis à côté d'elle. Cela est parce que votre système circulatoire est un système en boucle fermée. En revanche, le système limbique du cerveau (le centre émotionnel) est un système en boucle ouverte. Ce qui signifie que les émotions peuvent être contagieuses. Les larmes ou le sourire d'une personne peuvent déclencher en vous une réaction involontaire de sympathie.

Dans leur livre *Primal Leadership*, Goleman, Boyatzis et McKee évoquent ce phénomène de boucle ouverte et décrivent comment les émotions se répandent entre les gens. Ils citent des études dans lesquelles les scientifiques mesurent le rythme cardiaque de deux personnes lors d'une bonne conversation. Au début de la conversation, leurs corps fonctionnent à des rythmes différents, mais quinze minutes plus tard leurs « profils physiologiques » se ressemblent remarquablement – un phénomène appelé « effet miroir ».

> Les scientifiques décrivent [la boucle limbique] comme « une réglementation limbique interpersonnelle », par laquelle une personne transmet des signaux qui peuvent altérer les niveaux d'hormones, la fonction cardiovasculaire, les rythmes du sommeil et même la fonction immunitaire à l'intérieur du corps d'un autre ... La structure en boucle ouverte du système limbique fait en sorte que d'autres personnes peuvent modifier notre propre physiologie – et donc nos émotions.

Mettons-nous ensemble dans les conversations en face à face et nous ajusterons les émotions l'un de l'autre. Vous avez probablement éprouvé ce phénomène vous-même. La forte bonne humeur d'un membre de l'équipe affecte une personne après l'autre jusqu'à ce que toute l'équipe se sente optimiste. L'humeur négative et critique d'un autre membre peut infecter l'équipe de manière destructive. Ces auteurs poursuivent en disant :

> Ce circuit harmonise également notre propre biologie à la gamme des sentiments dominants de l'autre personne afin que nos états émotionnels aient tendance à converger. Un terme utilisé par les

scientifiques pour cette harmonisation de neurones est *la résonance limbique*, « une symphonie d'échange mutuel et d'adaptation interne » par laquelle deux personnes harmonisent leurs états émotionnels.

En bref, lorsque vous avez besoin de transmettre de l'optimisme, de la passion, de la détermination ou du sérieux, votre meilleure option est de le faire de face à face. En tant que leader, vous émettez une longueur d'onde sur laquelle tout le monde commence à résonner. Vous pouvez mettre ce phénomène de boucle ouverte au service de toute votre organisation.

Les hormones instauratrices de confiance

Lorsqu'il faut instaurer de la confiance, utilisez la conversation en face à face plutôt que de faire recours aux autres médias. Pourquoi ? Tout d'abord, la conversation de face à face augmente la confiance, la liaison, la concentration et le plaisir. Deuxièmement, elle réduit la peur et l'anxiété. Selon Hallowell dans son article du *Harvard Business Review* :

> La Nature ... nous équipe d'hormones qui favorisent la confiance et la liaison : l'ocytocine et la vasopressine. Le plus abondant chez les mères allaitantes, ces hormones sont toujours présentes dans une certaine mesure en chacun de nous, mais leurs taux augmentent lorsque nous éprouvons de l'empathie pour une autre personne – en particulier lorsque nous rencontrons cette personne de face à face. Il a été démontré que ces hormones liées à la liaison présentent des niveaux réduits lorsque les gens sont physiquement à part.

Cela explique pourquoi il est plus facile d'insulter une personne par courriel que de face à face. Et la conversation de face à face non seulement engendre la confiance, mais elle pourrait être le moment Prozac heureux de votre journée. Hallowell ajoute que « Les scientifiques émettent l'hypothèse que le contact physique entre deux personnes stimule deux neurotransmetteurs importants : la dopamine, qui renforce la concentration et le plaisir, et la sérotonine, qui réduit la peur et l'anxiété ».

Les Indices non verbaux sont des donneurs de sens

Les chercheurs ont découvert il y longtemps que lorsque les gens perçoivent une ambiguïté entre le contenu verbal et le contenu non verbal d'une personne, ils mettront plutôt le poids de leur confiance sur le contenu non verbal afin de trouver les éclaircissements qu'ils recherchent.

La conversation de face à face vous donne le luxe de combiner votre contenu non verbal à votre contenu verbal. Cela donne à vos auditeurs le mélange le plus riche et le plus fiable que vous puissiez leur offrir. Et cela leur permet de « sympathiser » avec vous plus rapidement dans la conversation. Lorsqu'ils ne peuvent pas vivre l'expérience de vos non verbaux, ils se tournent vers leurs hypothèses afin d'y trouver le contexte qui leur manque. Et, comme nous le verrons dans le chapitre 6, leurs hypothèses peuvent être les interprètes les plus dangereux lorsqu'il s'agit de la traduction de votre sens.

Ne vous mettez pas à la merci des hypothèses des gens. Choisissez la conversation directe et de face à face aussi souvent que le temps et la géographie le permettent. C'est le moyen le plus rapide d'engendrer la compréhension. Cela dit, j'ai besoin de démystifier une erreur de communication généralisée et destructrice. Vous en avez peut être été victime vous-même.

Peut-être que vous avez déjà rencontré la règle 7 % – 38 % – 55 %. Un conseiller vous dit que « *la recherche a montré* » que les gens extraient 7 % de leur compréhension de votre message sur la base de vos mots, 38 % sur la base du ton de votre voix, et 55 % sur la base de votre langage corporel. Si cela était vrai, cela signifierait qu'un monstrueux 93 % de votre message est communiqué par le biais de vos non verbaux.

Il y a deux problèmes avec cette règle. D'abord, elle n'a pas de sens. Deuxièmement, elle provient d'un petit morceau de recherche visant à démontrer un point particulier et fait maintenant l'objet d'une application erronée en tant que grande généralisation sur le fonctionnement de la communication interpersonnelle.

La recherche a été menée avec des lycéens dans les années 1960 par un professeur de l'UCLA du nom d'Albert Mehrabian. Je suis fasciné par ce que j'ai trouvé en faisant de la recherche sur ses recherches. Si vous êtes curieux à ce sujet, vous trouverez un résumé de ses conclusions dans l'appendice de ce livre.

Les mots sont très importants. Vous le savez comme moi, il est possible de lire une lettre de quelqu'un et d'en glaner un très haut niveau de compréhension, même si vous ne savez rien sur le ton de sa voix ou ses non verbaux. Et si vous vous asseyez en face de votre patron et dites ces mots 7 %, « J'ai l'intention de m'approprier votre poste d'ici six mois », vos 93 % de language corporel, votre sourire charmeur, et votre ton de voix sirupeux ne le convaincront pas suffisamment pour qu'il se sente entièrement non-menacé par votre déclaration.

En bref, amplifiez la clarté de votre message par l'intermédiaire de conversations en face à face, mais ne manquez jamais d'apprécier l'importance de vos paroles en transmettant le sens de votre message.

Les *Pull Conversations* pour un monde virtuel

Le courriel a été victime d'un mauvais jugement. Oui, il a probablement été surexploité : nous rions tous des histoires banales d'un employé qui passe cinq minutes à écrire un courriel à son collègue qui se trouve dans le bureau d'à côté, qui à son tour prend deux minutes pour le lire et trois minutes pour composer une réponse. Dix minutes sont consacrées à la lecture et l'écriture, quand une conversation de deux minutes aurait parfaitement fait l'affaire. Et oui, alors qu'il est plus difficile de transmettre un contenu émotionnel par un courriel, c'est tout de même possible – en fait, vous pouvez trouver des articles et des ateliers consacrés à ce sujet. Voici quelques lignes directrices simples pour vous aider à utiliser les *Pull Conversations* à libérer de l'énergie intelligente à travers le courriel.

1 D'abord, avant de composer un courriel, entrez dans le monde de l'autre personne et posez-vous la question : « Est-ce le meilleur moyen pour envoyer ce message ou est-ce qu'une conversation de face à face ou de vive voix serait un moyen plus efficace pour cette personne ? »

2 Maintenant que vous êtes entré dans son monde, réfléchissez

quant au langage qui serait le plus apprécié. Est-ce que la personne en question est plutôt technique ou non-technique, formelle ou informelle, expressive ou succincte ? Encadrez votre message dans un langage qui lui sera facile à lire et de s'y identifier.

3   Bien qu'un langage direct soit généralement préférable pour les courriels, adoucir le ton du niveau de franchise que vous utilisez. Les commentaires directifs, qui sont acceptables en face à face, seront perçus comme étant trop arrogants à travers ce médium. Par exemple, il semble naturel quand vous êtes en face à face, de dire, « Livrez-moi le projet à 4 heures demain et j'y ajouterai ma contribution et l'expédierai ». Lire ce commentaire dans un courriele pourrait être perçu comme étant effronté. « Si vous arrivez à me faire parvenir le projet pour 4 heures demain, j'y ajouterai ma contribution et l'expédierai » serait une meilleure formulation de phrase dans un courrier électronique.

4   Si vous ne pouvez faire de face à face ou voix à voix, mais que vous avez besoin d'injecter du contenu émotionnel à votre courrier électronique, tirez le destinataire dans votre monde en lui donnant un aperçu de votre langage corporel. Par exemple, si vous exprimez votre déception quant à une décision qui a été prise, vous pourriez écrire : « Je m'inquiète sérieusement quant à l'effet que cela aura sur mon équipe (a-t-elle écrit, en se frottant les tempes) ». Il ne faut que quelques secondes pour intégrer des descriptions non verbales dans vos messages texte, et de fournir au destinataire une image visuelle qui renforce sa compréhension de la nature et de la profondeur de vos émotions. Une autre façon rapide de le faire est d'utiliser des émoticônes pour ajouter un sens non verbal à vos messages texte. Par exemple, :)

5   Lorsque vous lisez quelque chose d'ambigu dans un courriel, au lieu de vous rajouter à la suite de celui-ci, décrochez le téléphone et demander des éclaircissements. S'il n'est pas possible d'en parler de vive voix, alors envoyez un courriel en demandant des précisions : « Je voulais vérifier avec vous au

sujet de votre courriel d'aujourd'hui. Votre commentaire à mon sujet, me décrivant comme « un chien avec un os », pourrait être interprété soit comme une admiration de ma persévérance, soit comme une contrainte quant à mon entêtement. Je voulais m'assurer que j'avais bien compris votre intention. Pourriez-vous m'en dire plus ? »

6 Lorsque, en tant qu'équipe virtuelle, vous avez une opportunité de vous rencontrer en face à face, concentrez l'essentiel de votre temps et de votre énergie à établir des relations plutôt qu'à l'exécution de projets techniques. Construire un conduit solide de confiance et de compréhension lorsque vous êtes de face à face vous donnera le contexte dont vous avez besoin afin de mieux interpréter les messages virtuels des uns et des autres.

Soyez direct : gagner du respect

Être direct ne produit pas toujours un sentiment de chaleur et de bonheur pour quelqu'un, mais cela crée le respect, la clarté, et des résultats durables.

Brian était un employé subalterne, fraîchement sorti du collège, qui faisait son apprentissage dans le département des métiers, quand son patron a subi une crise cardiaque. La société a sollicité Brian pour prendre en charge la maintenance. La décision n'était pas facile pour Brian. Il a dit qu'il avait besoin de quelques semaines pour y réfléchir.

Brian savait que s'il acceptait l'affectation, il devrait apporter des changements majeurs qui seraient fortement contestés. Plusieurs des employés de maintenance étaient déjà là depuis vingt à trente ans et les habitudes dans ce département étaient profondément ancrées.

Le manque de maintenance préventive avait créé une culture réactive et par conséquent des pannes intempestives, du stress inutile, des clients déçus, et des heures supplémentaires excessives. En fait, pour répondre aux besoins de production, les employés du département maintenance étaient obligés de travailler chaque année tous les samedis ainsi que plusieurs dimanches.

Brian a annoncé aux dirigeants de l'entreprise qu'il accepterait le poste à une condition : Il fallait lui accorder de l'autorité. Il savait que ses hommes passeraient au-dessus de lui pour aller directement à son patron. Lorsqu'ils le feraient, Brian voulait avoir l'assurance que son patron les renverrait vers lui. Son patron a accepté.

Brian était préparé pour la réunion avec ses hommes, dont beaucoup étaient de plusieurs années son aîné. Il savait qu'il allait devoir les tirer dans sa réalité très directement et fermement s'il voulait réussir à mettre en œuvre les changements importants qui devaient être apportés. Il resterait à tout moment poli et courtois, mais il devait n'y avoir aucun doute sur sa détermination.

« Le jour où j'ai pris le poste, j'avais une mutinerie sur les mains », Brian m'a raconté dans notre discussion. « Après une réunion avec mes hommes, le chef de file est passé au-dessus de moi pour aller directement à mon patron. Fidèle à sa parole, mon patron a renvoyé le gars vers moi. J'avais parlé aux hommes et ai dit, « Vous savez comment ça a été ici jusqu'à présent ? Je vous dis aujourd'hui que ce ne sera plus jamais pareil. Vous travaillez actuellement soixante-cinq à soixante-douze heures par semaine, y compris les samedis et dimanches, et à la fin vous payez tellement d'impôts sur les heures supplémentaires que vous n'êtes pas vraiment gagnants.

« Non seulement ça, mais également, soit cette usine soit celle de Londres va être fermée. Si nous ne prouvons pas que cette usine puisse être viable, vous n'aurez plus d'emploi du tout les gars. Si cela arrive, vous perdrez toutes les semaines de vacances que vous avez accumulées. Nous allons devenir une équipe de professionnels au lieu de passer notre temps à éteindre les feux ».

Brian a immédiatement procédé à mettre en œuvre des modifications à la disposition de l'usine, ses processus et systèmes, ainsi qu'aux rôles et responsabilités des employés. La réaction des hommes a été immédiate – et violente. Un jour Brian s'est retrouvé coincé par trois de ces hommes. Ils l'ont menacé que s'il ne faisait pas marche arrière, ils l'amèneraient dehors et le tabasseraient.

« Je savais que c'était un moment critique. Si je faisais marche arrière à ce moment-là, je perdrais toute ma crédibilité. J'ai tenu bon, leur expliquant une fois de plus la façon dont mes modifications allaient améliorer leurs vies. Je ne savais pas s'ils acceptaient ou non ce que je disais, mais ils ne m'ont pas tabassé ».

Au cours des mois et années qui ont suivi, la crédibilité de Brian s'est confirmée et il a obtenu le respect et la loyauté de ses employés les après les autres. Brian a rencontré un à un les quelques hommes qui essayaient encore de saboter ses méthodes, et il leur a exprimé sa vérité de façon persistante. Aujourd'hui, seize ans plus tard, Brian connaît les résultats suivants :

- Il a une équipe dévouée, loyale, hautement performante qui soutient ses initiatives.
- Son usine est non seulement encore en activité, mais elle a été élue l'équipe de maintenance le plus progressiste de toutes les entreprises du groupe. (L'usine de Londres a fermé ses portes.)
- La première année, son équipe n'a travaillé que quatre samedis et aucun dimanche (à la grande joie du service de gestion et, avec le temps, de ses employés).
- La première année, ses changements ont permis des économies de plus de 200 000 $ à l'entreprise.
- Son équipe a mis en place un processus de maintenance préventive très efficace qui a pratiquement supprimé la réactivité du système.
- Son équipe a également installé un nouveau système de chaudière qui fait gagner des économies de 150 000 $ par an à l'entreprise.

L'histoire de Brian nous fournit quelques conseils au sujet d'être direct d'une manière productive.

- Empruntez le style qui sera le plus compréhensible aux personnes auxquelles vous vous adressez. Dans le cas de Brian, il était crucial qu'il présente à ses hommes un message à la fois ferme et déterminé, et qu'il renforce ce message par de l'action agressive.
- Encadrez votre message d'une manière qui fait appel à l'intérêt de vos auditeurs. Brian a fait appel au désir de ses

hommes de conserver leurs emplois, maintenir leur temps de vacances accumulées, et de rivaliser avec l'usine de Londres.

• Soyez consistant. La persistance continuelle de Brian était tout aussi importante que la force initiale de son message.

Pourquoi nous ne sommes pas directs

Il existe de nombreuses raisons pour lesquelles les gens ne sont pas directs. Les quatre principals sont la crainte :

• D'être blessé.
• De blesser les sentiments de l'autre personne.
• D'endommager la relation.
• Des représailles.

Chacune de ces craintes est alimentée par un mensonge que nous avons accepté comme la vérité. Quelqu'un que je connais n'exprimant pas sa vérité car il a peur d'être blessé en est arrivé à ce point parce que chaque fois qu'il a eu une conversation importante avec son père alors qu'il était enfant, son point de vue avait été désapprouvé, jugé et rabaissé. Il en est arrivé à la conclusion que, « Si je m'exprime, j'aurai mal ».

Quand je n'exprime pas ma vérité, c'est parce que j'ai peur de faire du mal à l'autre personne. Je ressens de l'angoisse lorsque je rends quelqu'un mal à l'aise ou gêné. J'ai grandi en croyant le mensonge selon lequel « le conflit est mauvais – ça blesse les gens ».

Les hypothèses de la vie comme celles-ci dirigent nos comportements de manière improductive.

Votre objectif est d'arriver à la réalité qui révèle « Je ne suis pas obligé de céder à ces craintes ». Cela ne veut pas dire que ces choses ne vous arriveront jamais. Cela veut dire que vous n'avez pas à les *craindre*.

Payer maintenant ou payer (plus) plus tard

Sharon dirigeait un groupe de onze représentants du service à la clientèle. Brenda, un des cadres séniors RSE, travaillait dans le département depuis 36 années. Les clients l'adoraient parce qu'elle était dévouée et techniquement compétente. Ses collègues, par contre, ne voulaient pas d'elle car, avec eux, elle était brutale et manipulatrice, explosant de façon imprévisible et sans raison.

A peu près toute l'équipe avait demandé à Sharon de faire face à Brenda, mais elle semblait incapable de le faire. Sharon savait à quel point Brenda était sensible à la rétroaction critique. Historiquement, essayer de la tenir pour responsable avait créé des crises de larmes et de colère. Sharon ne supportait pas l'idée de lui faire du mal comme ça. À la place, elle a conseillé au reste de l'équipe de négliger les manies de Brenda et avoir de l'empathie pour ses faiblesses. La justification qu'elle se donnait était, « Je suis sûre qu'elle va prendre sa retraite d'ici cinq ou six ans ».

En évitant le travail de tirer Brenda dans sa réalité, Sharon avait réussi à éviter de devoir payer le coût d'être directe avec elle.

Le problème est qu'elle payait un coût beaucoup plus élevé dans d'autres domaines :

- Elle a perdu trois employés excellents au cours des deux dernières années. Chacun d'entre eux a cité Brenda comme la raison principale pour leur démission.
- Le reste de l'équipe perdait du respect pour Sharon. Quand elle essayait de les tenir pour responsables, ils réagissaient avec indifférence.
- L'esprit d'équipe et la collaboration étaient presque inexistants.
- Les employés RSE continuaient à bavarder entre eux tandis que les téléphones sonnaient. Les évaluations du service à la clientèle étaient en baisse.
- Le niveau de stress de Sharon était très élevé et elle commençait à craindre d'aller au travail.
- Le patron de Sharon songeait sérieusement à la remplacer.

Ironiquement, même si Sharon ne parlait pas directement à Brenda de sa déception, ça a fini par tout de même sortir. Brenda ressentait un courant sous-jacent de désapprobation silencieuse émanant de Sharon, même lorsque Sharon souriait et essayait d'ignorer la question qui l'occupait. Sharon était indirecte, retenant sa vérité et esquivant la réalité. Elle le faisait à ses propres risques et périls (et ceux des autres). Vivre dans l'irréel provoque une infiltration silencieuse et invisible d'énergie négative qui détruit les résultats.

Heureusement pour tout le monde, Sharon a finalement entrepris une intervention de formation avec son équipe qui les a bien préparés à enquêter sur les réalités des uns et des autres et d'être directs entre eux de manière respectueuse. Sharon a appris à exprimer sa vérité.

« Maintenant, je peux être brutalement honnête et les personnes réagissent de façon positive », me dit-elle. « Les personnes partagent ce qui est nécessaire pour établir de bonnes relations. Les employés arrivent aux conclusions et résolvent les problèmes par eux-mêmes. Ils parlent et résolvent ».

Une Description de la communication indirecte

Ma fille, Rachel, m'avait appelé depuis l'école, me demandant de venir la chercher après son cours de lutte. Cael, un jeune garçon fiable que nous connaissions bien, avait offert de la ramener à la maison après son cours, mais semaine après semaine elle avait refusé. « Je ne veux pas m'imposer », disait-elle tout le temps. Et là, une fois de plus, elle m'appelait pendant mes heures de travail.

J'ai commencé à arranger quelques derniers détails, mais en moi-même je pensais, « Peut-être que je n'ai pas besoin de me précipiter sur-le-champ. Si j'arrive quelques minutes en retard, Rachel comprendra peut-être qu'elle ne peut pas réquisitionner mon temps au dernier moment ».

Lorsque je suis arrivé devant l'école, j'ai dit un « Bonjour » réservé à Rachel. Lorsque nous roulions, j'espérais que mon silence communiquerait le message, « La prochaine fois ne penses pas que tu peux refuser une offre de te ramener et t'attendre à ce que je sois à ton service à tout moment ».

Après mûre réflexion un ou deux jours plus tard, je me suis dit, « C'était probablement la forme de communication la plus inefficace et cruelle que j'ai jamais administrée ». Comment aurais-je pu m'attendre à ce qu'elle comprenne ce que je voulais faire comprendre ?

J'avais pratiqué la communication indirecte, une forme toxique de conversation qui crée en fait un cancer de la communication. Il y a un élément de la communication indirecte qui brille par son absence : le courage. Il faut du courage pour tirer quelqu'un dans votre réalité et lui dire directement que vous vous sentez blessé, déçu, ou en colère.

Si vous n'avez pas le courage, vous aurez probablement recours aux messages non verbaux, aux attitudes de désapprobation, à l'humour critique ou à la taquinerie en public pour faire passer vos messages au lieu d'avoir une conversation directe avec la personne, de face à face. Après tout, il faut beaucoup moins de courage pour arriver vingt minutes en retard à une réunion que de dire à la personne qui l'a organisée que vous préférez ne pas avoir de réunions tôt le matin.

Aie !

Une autre forme de communication indirecte que les gens utilisent est ce que j'appelle « e-poignarder » : l'envoi d'un courrier électronique, en envoyant des copies aveugles à ceux à qui vous voulez faire passer des informations juteuses. Ou l'envoi d'un courriel pour demander l'aide de quelqu'un en envoyant une copie à votre superviseur afin que la personne soit obligée de s'y conformer.

Être direct et confronter les gens est difficile, certes, mais investir dans un peu d'inconfort au préalable coûtera bien moins cher que les coûts éventuels de la suspicion, la confiance brisée et le manque de collaboration.

Diffamation de caractère

En observant attentivement les gens au fil des années, j'ai découvert que la communication indirecte anéantit le courage.

Lorsque quelqu'un fait quelque chose qui vous blesse, vous avez le choix. Vous pouvez aller directement vers lui et lui dire comment vous vous sentez ou vous pouvez dire ce que vous ressentez à quelqu'un d'autre, derrière son dos.

Lorsque vous choisissez cette dernière approche, le courage à l'intérieur de vous diminue un peu. Être un diffamateur de caractère ne demande aucun courage. Si vous prenez l'habitude de ce comportement, vous allez vous retrouver avec pratiquement aucune capacité à confronter les gens avec courage. La perspective de prendre position et d'exprimer votre vérité avec franchise, de face à face, vous fera reculer intérieurement.

Inversement, plus vous insistez pour avoir des conversations radicalement honnêtes, de face à face et plus vous refusez d'être enrôlé dans la communication indirecte, plus vous aurez de courage.

La Plupart des personnes préfèrent que vous soyez direct

Je présente souvent un exercice dans lequel les participants se mettent à deux et s'exercent à comprendre la réalité l'un de l'autre, en particulier au sujet de la façon dont ils aimeraient être confrontés. Dans cet exercice, une personne pose la question à l'autre, « Si je devais vous confronter au sujet de quelque chose qui me dérangeait, comment aimeriez-vous que je le fasse ? » Ensuite, elle lui propose une liste de possibilités :

- Vous confronter tout de suite ou laisser passer un peu de temps.
- Démontrer de l'émotion ou être plus rationnel.
- Dans votre bureau ou le mien.
- Au restaurant ou au travail.
- Approche directe ou indirecte.

Les réponses des participants varient pour presque chacune des questions, mais sont quasi unanimes pour la question d'être direct ou non. Quatre-vingt-cinq pour cent de n'importe quel groupe diront généralement qu'ils préfèrent une approche directe. Quand je leur demande pourquoi, ils disent :

- « Je n'aime pas lorsque les gens adoucissent les choses. Ils sont surtout en train de dire par là que je ne suis pas capable de supporter la vérité directe. »
- « Parfois, les gens s'expriment avec tellement de compassion que lorsqu'ils ont fini de parler, je ne sais pas vraiment ce qu'ils ont dit. »
- « J'aime savoir la position de la personne. Si elle est directe

avec moi, je sais que je n'aurais jamais à me soucier de ce qu'elle dit dans mon dos. »

Je crois que si l'on filmait tous ces participants lorsqu'ils confrontent des personnes, vous constateriez que seul un faible pourcentage d'entre eux est direct dans la façon dont ils le font. Le fait est que, même si seul un petit pourcentage de personnes a ce qu'il faut pour pouvoir être direct avec vous, un grand pourcentage d'entre elles veut que vous soyez direct avec elles. Lorsque de façon respectueuse vous êtes direct avec les personnes, cela augmente leur confiance en vous, vous rend plus crédible à leurs yeux et leur donne énormément de respect pour vous. Cela vous permet d'accéder à la Plus Grande Réalité plus rapidement avec eux, améliorant ainsi vos compétences et vos résultats quant à la prise de décisions et à la résolution de problèmes.

Comment être direct

Il existe trois façons afin de devenir plus direct :

- Assumer l'ouverture d'esprit.
- Créer des capacités.
- Établir un langage commun.

Assumer l'ouverture d'esprit

Une des raisons principales pour lesquelles nous ne sommes pas plus directs, c'est que nous supposons que les autres ne sont pas ouverts. Nous sommes convaincus qu'ils vont mal réagir, donc nous pensons qu'il est préférable d'adopter une approche indirecte. Mais cette supposition est un grand manque de respect envers les autres.

Dans ma profession, je dois en permanence être direct avec les gens. Lorsque je me prépare pour une interaction, je visualise l'autre personne en train de recevoir ouvertement et de valoriser ce que j'ai à dire. Parfois, ils me prouvent le contraire et démontrent un manque d'ouverture, mais je préfère présumer de l'ouverture et me tromper que de présumer de la résistance et ne pas être direct.

Créer de la capacité

Alan Fine de l'entreprise InsideOut suggère l'utilisation de la métaphore suivante pour montrer aux gens comment créer des capacités. Visualiser le performeur (la personne à laquelle vous donnez une rétroaction) comme un verre. Le verre représente la capacité de la personne à recevoir vos avis. Peut-être qu'ils ont des sentiments très forts quant à leur performance. Ces sentiments seraient représentés par le verre étant au trois quarts plein. Si vous essayez d'y verser tous vos superbes commentaires, le verre finira par déborder. La personne sera en train de se dire : « Je ne veux plus jamais recevoir de rétroaction de cette personne ».

Fine enseigne aux gens comment créer des capacités à l'intérieur du performateur en posant trois questions avant qu'ils donnent leur rétroaction :

- « Que pensez-vous avoir bien fait ? »
- « Y avait-il une situation où vous pensiez être resté bloqué ? »
- « Que feriez-vous autrement ? »

Selon Fine, lorsque l'autre personne vous indique ses observations, son verre devient moins rempli et elle a plus de capacité pour recevoir votre contribution. Vous avez gagné le droit d'offrir votre rétroaction de façon très directe.

Ce même principe fonctionne dans n'importe quelle situation dans laquelle vous devez être direct. Demandez tout d'abord à l'autre personne ses pensées au sujet de la question dont vous avez besoin de parler. Ce faisant, vous créez non seulement de la capacité, mais vous :

- Obtenez une compréhension claire de son point de vue.
- Obtenez une image plus claire quant au niveau de franchise que vous avez besoin d'appliquer.
- Découvrez comment structurer votre message de sorte que la personne arrive facilement à vous comprendre.

Établir un langage commun

Voici deux exemples de la façon dont établir un langage commun permet de générer plus de franchise dans un environnement d'équipe.

La première pourrait être appelée « la tracasserie ». Lorsque des groupes sont en train de discuter au sujet d'une décision à laquelle toute l'équipe doit être entièrement engagée, nous leur apprenons à demander, « Est-ce que quelqu'un a des tracas ? » L'équipe est consciente qu'une tracasserie est une inquiétude, aussi petite qu'elle soit, qui provoque de l'interférence émotionnelle.

Vous avez des inquiétudes sur les conséquences de la décision qui est choisie, mais vous n'êtes pas sûr que ce soit bon de présenter vos préoccupations. Vous n'êtes peut-être pas en mesure d'exprimer votre préoccupation, mais il y a un pressentiment`à l'intérieur de vous qui dit : « Ce doit être abordé ».

Le terme donne aux membres de l'équipe la permission d'être directs quant à leurs préoccupations, même si elles peuvent paraître insignifiantes.

Laisser chanter les canaries

Les tracasseries sont un système d'alerte de départ semblable à celui des canaris utilisés dans les mines d'autrefois. L'histoire raconte que les mineurs emmenaient un canari avec eux dans la mine. La mort due au manque d'oxygène était un danger courant pour les mineurs. Puisque les canaris sont particulièrement sensibles au manque d'oxygène, leur chant, ou plutôt le manque de leur chant, servait comme un compteur d'oxygène auditif pour les mineurs.

Lorsque le niveau d'oxygène chutait, le canari faisait de même et le chant cessait. C'était le signal pour les hommes de sortir à toute allure du puits de mine. Ils ignoraient la communication du canari à leurs propres risques et périls.

Honorer les tracasseries des personnes sensibles autour de vous, c'est comme prendre soin du canari : vous vous assurez qu'elles arrivent à chanter. Tant que les tracasseries des personnes se font entendre, vous êtes encore en sécurité. Lorsqu'elles ne sont pas exprimées, il y a des chances que vous soyez au bord d'une catastrophe.

Le deuxième exemple pourrait être appelé « l'éléphant dans la salle ». Cette métaphore existe depuis de nombreuses années et est encore utile aujourd'hui pour décrire la nécessité pour la franchise.

Visualisez la table de votre salle de réunion entourée des membres de votre équipe. Vous voyez sur la table des ordinateurs portables, des BlackBerry et des rapports. À une extrémité de la table, vous remarquez quatre massives souches. Lorsque vous regardez vers le haut, vous voyez le sous-ventre ridé d'un éléphant mâle. Ce qui rend la scène surréaliste est le fait que les autres membres de l'équipe autour de vous poursuivent la réunion comme si de rien n'était.

Ce mastodonte balançant est en train de faire tomber les ordinateurs portables par terre, et de ramasser des feuilles de rapports avec sa trompe pour les mettre dans sa bouche. Malgré tout le chaos qu'il crée, personne ne dit un mot.

Bien sûr, l'éléphant représente un sujet que tout le monde reconnaît, mais que personne ne veut aborder. Il s'agit du « grand non discutable », le sujet qui crée des interférences et qui fait que les gens se désintéressent.

Les équipes qui comprennent le langage et la dynamique de l'éléphant dans la salle obtiennent la permission de dire à tout moment, « Je crois que nous avons un éléphant dans la salle ». D'autres savent instantanément ce que cela signifie et demandent à la personne de partager, selon elle, de quoi l'éléphant est question. Ceci leur permet de présenter et de s'adresser avec franchise à des sujets importants.

Test de la franchise
À quel point êtes-vous direct lorsque vous exprimez votre vérité ?

- Je dis au serveur quand mon repas ne ressemble pas à ce que j'attendais.
- Je demande à la personne qui me donne un cadeau inapproprié si cela la gênerait si je l'échangeais.
- Quand quelqu'un me dit quelque chose qu'il m'a déjà dit, je

l'interromps pour lui dire, « En fait, vous me l'avez déjà dit ».

- Lorsque quelqu'un me demande mon avis sur quelque chose, je dis à cette personne ce que je pense vraiment, et non pas ce que je crois qu'elle aimerait entendre.
- Lorsque je ne saisis pas une blague, je laisse la personne savoir que je n'ai pas compris.
- Lorsque quelqu'un commence à me parler de façon désobligeante au sujet de quelqu'un d'autre, je lui dis que je préfère ne pas participer à la conversation.
- Lorsque quelqu'un utilise un mot ou un acronyme que je ne comprends pas, je l'arrête et lui demande ce que cela signifie.
- Je dis aux personnes si je n'arrive pas à entendre et leur demande si nous pourrions nous déplacer dans un endroit plus propice à la conversation.

Exprimez votre vérité de façon productive

Imaginez que vous souffrez d'une rage de dents. La douleur est insupportable. Vous vous rendez chez un chirurgien-dentiste, qui vous dit, « La dent présente un abcès. On pourrait l'extraire, mais cela serait très douloureux. Je vous conseille de prendre quelques Tylenol 3s ». Vraisemblablement, vous quitteriez son cabinet et vous vous dirigeriez chez un autre chirurgien-dentiste. Le refus du chirurgien de vous faire mal est un refus de vous procurer la guérison dont vous avez besoin. Sans les soins nécessaires, le problème pourrait détruire non seulement votre dent, mais votre mâchoire. Le deuxième chirurgien-dentiste jette un coup d'œil sur vos dents et vous dit, « Il faut l'extraire immédiatement ». Deux heures plus tard, il a extrait la dent qui présentait l'abcès. Il vous a infligé une douleur considérable, mais c'était une douleur qui, en fin de compte, vous a guéri.

Chaque jour, vous pouvez choisir ce que vous allez faire de votre vérité :

- Si vous ne l'exprimez pas de manière productive, vous retenez la douleur qui pourrait guérir une situation ou une autre personne.

- Si vous exprimez votre réalité de façon productive, vous administrez une douleur qui finit par produire une guérison.

Quelle est votre « vérité » ?

Votre vérité est une vérité avec un « v » minuscule. Je ne connais personne qui possède la vérité avec un « V » majuscule. En bref, votre vérité est votre perception de la réalité. C'est la façon dont vous voyez le monde, vous, et les autres. Mais même si votre vérité est tout simplement votre perception, il est vital que vous l'exprimiez. Ce faisant, vous contribuez à une Plus Grande Réalité.

Utilisez un langage non blâmant

Rappelons-nous le but de ce que vous êtes en train de faire. Vous invitez quelqu'un à entrer dans votre monde afin qu'il puisse voir et ressentir votre réalité. Vous ne voulez rien faire qui pourrait le bloquer ou déclencher une réaction de défense pour qu'il prenne la fuite et retourne dans son propre monde, adoptant une position blindée à votre égard. Si cela se produit, vous n'arriverez jamais à la Plus Grande Réalité.

Pour éviter cette réaction, apprenez à utiliser un langage non blâmant, un langage non accusatoire. Exprimez votre vérité en termes des sentiments que vous avez et de l'impact des situations pour vous, plutôt que d'exprimer la valeur d'un jugement du comportement de l'autre personne. Assumer la responsabilité pour vos propres sentiments, plutôt que de blâmer quelqu'un de vous « avoir fait sentir » comme ceci ou comme cela, est puissant. Il évite l'attitude défensive de l'auditeur, l'attire à l'intérieur de votre monde et l'aide à voir et ressentir votre réalité. Par exemple, il est généralement plus productif de dire :

- « J'ai besoin de me sentir écouté par vous » plutôt que « Vous ne m'écoutez pas ».
- « Je me suis senti déçu » plutôt que « Vous m'avez déçu ».

Je ne dis pas qu'il est inapproprié de parler des comportements des autres, mais qu'il est essentiel de le faire de façon productive. Ceci est possible en employant l'approche XYZ développée par les conseillers matrimoniaux Les et Leslie Parrott : « Lorsque vous faites *x*, cela m'affecte de la manière suivante et je ressens *y*. Vous est-il possible de faire *z* à la place ? »

x =	y =	z =
Localiser le comporte- ment de l'autre personne.	Identifier l'impact de ce comportement sur vous en utilisant des termes qu'ils peuvent comprendre et en identifiant le sentiment associé à ce comportement.	Amener la personne à un carrefour de choix à savoir si elle modifiera le com- portement ou non.

Ne pas :

- Blâmer la personne d'être la cause de vos sentiments.
- Jugez le comportement comme étant répréhensible.
- Attribuer un motif au comportement.
- Insister afin que l'autre personne modifie son comportement.

Si vous êtes un adepte du « langage *je* » (utilisant des « messages *je* » plutôt que des « messages *vous* »), vous pourriez vous sentir mal à l'aise lorsque je vous recommande la méthodologie XYZ car elle encourage les personnes à utiliser le langage « Lorsque vous faites ... ». Toutefois, je conseille cette approche pour deux raisons clés. Premièrement, les personnes (surtout les hommes) se trouvent souvent bloquées lorsqu'elles tentent de cadrer des situations en « langage *je* ». Elles se sentent maladroites et finissent par avoir recours à leurs vieilles habitudes d'attribution du blâme. Deuxièmement, les personnes qui préfèrent la franchise trouvent souvent que les phrases formulées en « langage *je* » ne sont pas suffisamment directes. Tant que le blâme n'a pas été attribué, ils apprécient l'approche directe d'une personne qui dit, « Lorsque vous arrivez en retard aux réunions ... ».

Naturellement, il est important de faire attention au ton que vous utilisez lorsque vous cherchez à utiliser le langage non blâ- mant. Vous pouvez employer tous les mots appropriés que vous voulez, mais si votre ton communique jugement et désapproba- tion, la personne se sentira blâmée et se mettra sur la défensive.

Utiliser l'humour afin d'atténuer votre message

Darlène est une directrice qui travaille au sein d'une équipe de hauts dirigeants politique et axée sur le pouvoir.

« Je ne sais pas comment elle fait », dit l'un des vice-présidents de l'équipe. « Elle a une faculté mystérieuse de mobiliser notre attention et de nous persuader de faire les bons choix quant à nos clients. Elle nous a sauvé la mise à plusieurs reprises. Elle a une façon d'aborder une question avec humour. Cela donne l'impression qu'elle n'entre absolument pas en confrontation. Il y a quelque chose dans la façon dont elle le fait, qui ne nous fait pas sentir comme si l'on perdait la face. Il est assez facile de dire oui à ses demandes ».

J'ai vu Darlène opérer sa magie. Elle utilise non seulement de l'humour, mais en plus, elle communique ses messages avec un sourire chaleureux et authentique. Cette façon de faire envoie le signal clair qu'elle ne représente aucune menace pour ses destinataires.

La prochaine fois que vous aurez besoin de tirer quelqu'un dans votre réalité, détendez-vous un peu. Un sourire et un poil d'humour seront plus efficaces pour inviter les autres dans votre monde qu'un visage renfrogné et un message menaçant.

Extraire leurs intentions

Lorsque vous exprimez votre réalité de façon productive, vous devrez faire face à vos croyances quant aux intentions des individus. Et, il y a au moins trois bonnes raisons pour lesquelles vous ne comprenez vraisemblablement pas les intentions de l'autre personne (même si vous pensez le contraire) :

1 Les intentions sont invisibles.
2 Les personnes sont différentes.
3 La plupart d'entre nous ont tendance à supposer que les autres font les choses pour les mêmes raisons que nous.

Puisque les intentions sont si difficiles à cerner et pourtant si cruciales pour l'interprétation des mots et des actions d'une personne, il est important d'apprendre à les extraire.

J'ai un ami qui aborde les situations de conflit avec la phrase, « Je ne mets pas en question vos intentions, mais j'ai besoin de comprendre ... » C'est une bonne approche, surtout s'il est vrai que vous n'avez pas de doutes sur les intentions de cette personne. Une façon encore plus efficace consiste à exprimer de façon directe vos pensées au sujet de leurs intentions. Quelques exemples :

1 Si vous n'avez aucune idée, commencez par supposer une intention positive :
  • « Je présume que ce n'était pas votre intention, mais votre courriel d'hier m'a fait sentir écarté du processus. Pouvez-vous m'aider à comprendre quelle était votre intention ? »
2 Si vous avez une intuition, mais n'êtes pas certain, dites-leur que vous n'êtes pas sûr:
  • « Je ne suis pas sûr si vous l'avez fait exprès ou pas, mais une fois de plus, mon nom n'était pas inclus sur la liste. Pouvez-vous me dire pourquoi ? »
3 Si vous êtes sûr quant à leur intention, soyez prudent. Vous

ne pouvez jamais être certain de l'intention d'une personne avant de l'avoir vérifiée avec eux. Dites :

- « Lorsque vous avez mis en doute mon intégrité devant l'équipe, j'ai commencé à me demander si vous l'aviez fait exprès afin de me mettre dans l'embarras. Je ne sais pas pourquoi vous voudriez faire cela, mais c'est ce qui m'a traversé l'esprit lorsque cela s'est produit. Pouvez-vous me dire ce qui se passait de votre côté ? »

J'ai trouvé utile de présumer que l'autre personne est de bonne volonté. L'histoire m'a montré que cette hypothèse est exacte au moins les trois quarts du temps. Je préfèrerais voir les personnes de manière positive et risquer de me faire brûler 25 % du temps, plutôt que de voir les personnes de manière négative 75 % du temps seulement pour me protéger contre des brûlures occasionnelles. Je perds beaucoup moins en souffrant d'une brûlure occasionnelle que de ce que je perdrais en présumant constamment le pire des gens.

Évitez les absolus

Rappelez-vous d'éviter les expressions *Vous ne faites jamais* et *Vous faites toujours*.

Est-ce que quelqu'un vous a déjà dit, « Vous nous faites *toujours* rater nos délais » (ou n'importe quel autre « toujours ») ? En plus de vous sentir sur la défensive ou coupable en réaction à cette déclaration, vous saviez que ce n'était pas vrai. Peut-être que vous aviez fait quelques gaffes, mais vous n'étiez pas personnellement responsable chaque fois des délais non respectés !

Qu'est-ce qui ne va pas ici ? Vous avez été l'objet du langage du pouvoir. Même si cela peut renforcer leur argumentation, le plus souvent il vous met sur la défensive et finit par bloquer votre réceptivité. Vous réfutez avec, « Ce n'est pas toujours le cas. En fait juste l'autre jour, je ... » ou, « Vous pouvez parler ! Vous faites toujours ... »

Beaucoup d'entre nous abritent un besoin d'utiliser des superlatifs. Admettons-le, on se sent bien plus sûr lorsque l'on arrive à caractériser les gens vite-fait, puis se dire qu'on les a définis, donc qu'on saura comment interagir avec eux en toute circonstance. Si vous laissez quelque chose d'ouvert, cela pourrait finir par être douloureux.

Apprenez à remplacer les superlatifs et les croyances de type fermé par des *données*. « Il y a eu trois incidents au cours des six derniers mois lorsque votre matériel n'était pas prêt à temps. Et cela a contribué au non-respect de nos délais ».

Éloignez-vous des « pourquoi »

Un mot dont il faut faire attention est le mot *pourquoi*. *Pourquoi* a tendance à mettre les gens sur la défensive. Peut-être qu'ils sentent que vous mettez en question leurs motivations. Lorsque vous exprimez votre vérité, essayez d'éviter des questions telles que, « Pourquoi avez-vous choisi ce fournisseur ? » À la place, remplacez les questions *pourquoi* par les questions *quoi* ou *comment*: « Qu'y avait-il chez ce fournisseur qui vous a amené à le choisir? » ou « Comment êtes-vous arrivés à votre décision quant à ce fournisseur ? »

3 *Demandez-leur de refléter en retour ce qu'ils ont compris*

Lorsque vous avez tiré d'autres personnes dans votre réalité, il est crucial que vous vérifiez leur compréhension. Les gens très intelligents deviennent souvent la proie de cette dynamique : « Je suis sûr que je comprends. Passons ! » En fait, ils n'ont pas pleinement saisi l'essence de ce que l'orateur essayait de communiquer.

Cette leçon a été soulignée pour nous au cours de notre travail avec les dirigeants de l'équipe commerciale d'une organisation pharmaceutique. Reg, le vice-président des ventes, était de retour après une intervention de formation dynamique. Il a partagé un message bref et passionné sur ce qui lui était arrivé et comment cela allait changer les choses pour l'équipe.

Lorsque Reg a fini de parler, nous lui avons demandé de solliciter chaque membre de l'équipe pour lui refléter en retour ce qu'il avait entendu. Une fois que tous les membres de l'équipe ont eu terminé, nous avons demandé à Reg de faire savoir à chacun s'il croyait ou non qu'ils avaient compris. C'était étonnant de voir huit individus très intelligents n'arrivant pas à refléter en retour l'essence du message court et passionné de Reg.

Cet exercice de fermeture de boucle a produit un effet significatif : les membres de l'équipe ont pu voir et ressentir la réalité de Reg, ce qui a contribué à la création de cohésion et d'unité.

Quelle cohésion laissez-vous sur la table lorsque vous ne fermez pas la boucle ? Combien de malentendus ou de manques de compréhension devriez-vous réparer après coup, car vous ne prenez pas le temps de demander aux gens de refléter en retour ce qu'ils ont entendu ?

Il existe des façons inefficaces et efficaces de ce faire. En voici quelques-unes à éviter – en utilisant les questions :

- « Avez-vous compris ? »
- « Savez-vous ce que je veux dire ? »
- « Est-ce que je me fais bien comprendre ? »

Quatre-vingt-dix pour cent du temps, vous recevrez la même réponse à chacune de ces questions : « Oui ». Cela vous donne peu d'indications pour juger si la personne vous a vraiment compris ou non. Voici quelques approches plus efficaces afin de vérifier la compréhension d'une personne – en demandant :

- « Puis-je vous demander de refléter en retour ce que cela signifie pour vous, afin que je sache si nous nous trouvons sur la même page ? »
- « Qu'en pensez-vous ? »
- « Quelles sont les implications de ceci à l'intérieur de votre monde ? »

Ces questions sont plus susceptibles de provoquer une réponse qui vous donne une idée sur l'exactitude de la compréhension de la personne. Notez bien la troisième question. La question sur l'implication est l'un des moyens les plus efficaces pour vérifier la compréhension d'une personne. Si l'autre personne peut vous énoncer les conséquences de votre message (plutôt que de simplement répéter vos paroles), il y a de bonnes chances qu'elle ait bien compris votre intention.

Que sommes-nous vraiment en train de dire ici ?

- Utiliser des histoires, des images et des symboles est la meilleure façon d'aider une autre personne à voir et à ressentir votre réalité, et cela lui permet de changer.
- L'aspect face à face de la franchise rend votre message plus contagieux, engendre des sentiments de confiance et envoie des signaux visibles 'clarificateurs-de-sens' à votre auditeur.
- Les éléments des *Pull Conversations* vous permettent d'être plus efficace dans la communication virtuelle, pas seulement en face à face.
- Être direct vous apportera le respect des individus.
- La plupart des personnes préfèrent que vous soyez direct.
- Pour être direct, supposez de l'ouverture, créez une capacité, établissez un langage commun, utilisez un langage non blâmant, extraire les intentions des gens, évitez les absolus et évitez le mot « pourquoi ? »

Voulez-vous le faire ?

Copiez le modèle des *Pull Conversations* (page 18). Sur une feuille séparée, exercez-vous à l'Étape 2, « Les tirer dans votre réalité » en écrivant une histoire ou une métaphore qui aidera la personne avec laquelle vous allez discuter à voir et à ressentir votre réalité. (Vous avez sélectionné cette personne dans la partie 'Voulez-vous le faire ?' à la fin du chapitre 4.)

Si vous avez fait le travail d'extraire leur réalité, il est bien possible que vous ayez obtenu le droit de les tirer dans votre monde.

Décidez comment vous allez les inviter à écouter votre point de vue.

Identifier les craintes qui pourraient vous empêcher de parler de votre vérité de façon productive.

Juice à la maison

« Cher papa »

Dans *The Language of Love*, Gary Smalley et John Trent racontent l'histoire puissante d'une adolescente qui a utilisé une métaphore pour tirer son père dans son monde.

La mère de Kimberly, Judy, était entrée dans la cuisine pour trouver un mot de son mari, Steve, qui disait, en gros, « C'est terminé. Cela fait un moment que je vois une autre femme, et oui, nous sommes ensemble ». Au cours des semaines qui ont suivies, Judy, Kimberly, et Brian, âgé de sept ans, ont traversé des cycles de tristesse déchirante, de rage et de dépression. Steve est revenu à la maison trois ou quatre fois pour prendre le courrier et des vêtements. Kimberly l'a confronté et a plaidé avec lui, mais n'a pas réussi à toucher le cœur de son père afin qu'il arrive à voir la douleur qu'il infligeait à sa famille.

Lors d'une séance de conseil familial, Kimberly a appris le pouvoir des « mots-images ». Elle a décidé d'écrire une lettre dans l'espoir de parvenir à toucher son père.

> Cher papa, il est tard dans la nuit, je suis assise au milieu de mon lit en train de t'écrire. J'ai voulu parler avec toi tant de fois au cours des dernières semaines. Mais il ne semble jamais y avoir un moment òu nous sommes seuls.
>
> Papa, je sais que tu vois quelqu'un d'autre. Et je sais que toi et maman n'allez peut-être jamais vous retrouver ensemble. Cela est terriblement difficile à accepter – surtout en sachant que tu ne reviendras peut-être jamais à la maison ou que tu ne seras plus jamais un « papa de tous les jours » pour moi et Brian. Mais au moins, j'aimerais que tu comprennes ce qui se passe dans nos vies. Ne t'imagine pas que maman m'ait demandé d'écrire ce mot. Ce n'est pas le cas. Elle ne sait pas que j'écris et Brian non plus. Je veux juste partager avec toi ce à quoi j'ai réfléchi.
>
> Papa, je me sens comme si notre famille roulait dans une belle voiture depuis longtemps. Tu sais, le genre que tu as toujours aimé avoir comme voiture d'entreprise. Le genre qui a toutes les options à l'intérieur et aucune égratignure à l'extérieur.

Mais au fil des années, la voiture a développé quelques problèmes. Elle émet beaucoup de fumée, les roues oscillent et les housses de sièges sont déchirées.

La voiture s'est avérée vraiment difficile à conduire ou difficile à monter à l'intérieur à cause de toutes les secousses et des grincements. Mais, c'est toujours une bonne voiture – ou du moins elle pourrait l'être. Avec un peu de travail, je sais qu'elle pourrait rouler pendant des années.

Depuis que nous avons la voiture, Brian et moi sommes toujours assis sur la banquette arrière pendant que toi et maman êtes à l'avant. Nous nous sentons vraiment en sécurité avec toi au volant et maman à tes côtés. Mais le mois dernier, c'était maman au volant.

Il faisait nuit et nous venions de passer le coin de rue près de notre maison. Tout à coup, nous avons tous vu une autre voiture, hors de contrôle, qui se dirigeait tout droit vers nous. Maman a essayé de l'éviter, mais l'autre voiture nous a quand même percutés. L'impact nous a éjectés de la route et faits basculer un lampadaire.

Le truc, papa, c'est que juste avant d'être percutés, nous avons pu voir que c'était toi le conducteur de l'autre voiture. Et nous avons vu quelque chose d'autre : il y avait assis à côté de toi une autre femme.

Ce fut un terrible accident, si grave que nous avons tous été emmenés rapidement à l'urgences de l'hôpital. Mais lorsque nous avions demandé où tu étais, personne ne le savait. Nous ne savons toujours pas où tu te trouves ou si tu as été blessé ou si tu as besoin d'aide.

Maman a été gravement blessée. Elle a été projetée sur le volant et s'est cassé plusieurs côtes. L'une d'entre elles a perforé ses poumons et a presque percé son cœur.

Lors de l'accident, la porte arrière de la voiture a percuté Brian. Il était recouvert de coupures de verre brisé et il s'est fracturé le bras, qui est maintenant dans le plâtre. Mais ce n'est pas le pire. Il souffre encore tellement de douleur et du choc qu'il ne veut ni parler ni jouer avec qui que ce soit.

Quant à moi, j'ai été éjectée de la voiture. Je suis restée allongée dans le froid pendant un long moment, ma jambe droite fracturée. Je n'arrivais pas à bouger et je ne savais pas ce qu'avaient maman et Brian. Je souffrais tellement moi-même que je ne pouvais pas les aider.

Il y a eu des moments depuis cette nuit-là où je me suis demandé si nous allions survivre. Même si nous allons un peu mieux, nous sommes encore tous à l'hôpital. Les médecins disent que je vais avoir besoin de beaucoup de thérapie pour ma jambe, et je sais qu'ils peuvent m'aider à guérir. Mais, j'aimerais tant que ça soit toi qui m'aides à leur place.

La douleur est si forte, mais ce qui est encore pire, c'est que tu nous manques tellement. Chaque jour, nous attendons de voir si tu vas nous rendre visite à l'hôpital, et chaque jour tu ne viens pas. Je sais que c'est terminé.

Mais mon cœur exploserait de joie si un jour je pouvais lever les yeux et te voir entrer dans ma chambre.

La nuit, quand l'hôpital est très calme, ils nous emmènent, Brian et moi, dans la chambre de maman et nous parlons tous de toi. On parle de combien nous aimions rouler avec toi et combien nous aimerions que tu sois avec nous maintenant.

Est-ce que tu vas bien ? Est-ce que tu as mal à cause de l'accident ? Est-ce que tu as besoin de nous comme nous avons besoin de toi ? Si tu as besoin de moi, je suis là et je t'aime.

Ta fille, Kimberly

Une semaine après que la lettre a été postée, Kimberly était dans sa chambre, à la maison. Elle est descendue pour se préparer une collation. Selon Smalley et Trent :

Elle mit sa main sur la rampe et descendit lentement l'escalier. Mais à mi-chemin, quelque chose attira son attention et elle leva les yeux. Il y avait son père sur le seuil de la porte. Elle n'avait pas entendu la sonnette et n'avait aucune idée depuis combien de temps il était là.

Les battements de cœurs ont été mesurés en heures lorsque leurs yeux se rencontrèrent. Kimberly s'imaginait que si elle détournait les yeux, il disparaitrait. « Papa ? » dit-elle enfin, d'une voix défaillante, son cœur bondissant. « Kimberly », répond son père. Puis, sa voix remplie d'émotion, il demanda, « Comment va ta jambe, chérie ? » « Ma jambe ? » « J'ai reçu ta lettre ». « Oh ... ben, ça ne se passe pas trop bien ». « Je suis désolé de t'avoir fait tant de mal, Kimberly. Tu ne peux pas savoir à quel point j'en suis désolé », dit-il, en tentant de contrôler sa voix. « Ta lettre est arrivée à un moment où je n'étais pas sûr de pouvoir un jour retrouver ma famille. J'avais l'impression que j'étais déjà parti bien trop loin de vous pour pouvoir revenir et réessayer. Mais ton histoire m'a montré à quel point je vous ai tous blessés. Et pour être honnête, elle m'a fait confronté avec le fait que j'avais été pas mal endommagé moi-même ».

Il regarda Kimberly et déglutit avant de poursuivre. « Est-ce ta mère est à l'étage ? Je ne promets rien, mais je crois que nous devrions aller voir un conseiller. Il y a beaucoup de travail à faire ». Le résultat: deux jours après que Steve soit revenu chez lui, il est entré dans notre bureau pour le conseil de famille avec sa femme. Et peu de temps après, il est rentré à la maison pour de bon.

Extraire la Plus Grande Réalité

Exécuter la magie de 1 + 1 = 5

*L*A magie associée au processus d'extraire la Plus Grande Réalité est probablement le concept le plus difficile à expliquer dans ce livre. Si vous l'avez vécu, vous saurez exactement de quoi je parle. Sinon, vous l'expliquer sera comme essayer d'expliquer l'effet du vent sur un voilier à quelqu'un qui n'a jamais navigué. Vous êtes peut-être en train de vous dire, « Les *Pull Conversations* ne sont que de l'écoute active infusée de stéroïdes » ou « N'est-ce pas simplement *Getting to Yes* ou un programme similaire de négociation ? » Bien que ces deux concepts soient excellents, ils ne détiennent pas la magie étonnante produite lorsque la Plus Grande Réalité est tirée à la surface.

Il n'y a rien de nouveau dans le concept que l'ensemble est supérieur à la somme de ses parties. La plupart d'entre nous savent que lorsque nos énergies sont alignées intelligemment, votre unité d'effort ajoutée à mon unité d'effort peut magiquement créer cinq unités de résultats. Ce qui est étonnant, cependant, est le fait que nous pouvons fréquemment réaliser cette magie, par le biais aussi simple et banale que la conversation. Souvenez-vous des résultats significatifs qui ont émergé de l'énergie intelligente créée par les conversations dont nous avons été témoins dans ce livre :

- L'unité B avait doublé son chiffre d'affaires en l'espace de six mois.
- L'équipe de leadership en marketing de David avait doublé leur croissance en l'espace de douze mois.
- Bill a fait économiser 1,2 million de dollars à son entreprise.
- Fred deVries avait conclu un contrat de vente de 7,8 millions de dollars, réalisant ainsi 403 % de son quota.

Portons donc notre attention sur le processus d'extraire la Plus Grande Réalité afin que vous puissiez profiter plus fréquemment des avantages de 1 + 1 = 5 dans vos relations.

Chaque tension dans les affaires a une Plus Grande Réalité

Si vous êtes leader ou directeur, les tensions dans les affaires font partie de votre réalité quotidienne. Les besoins de l'organisation vous tirent d'un côté, et les besoins individuels des employés vous tirent de l'autre. Vous vous trouvez en plein milieu, vous sentant déchiré lorsque vous faites de votre mieux pour maintenir ensemble ces forces opposées.

Besoins individuels / besoins organisationnels

Les opportunités de développement augmentent la productivité.

L'harmonie travail-vie augmente les revenus.

Une rémunération et des avantages sociaux de niveau mondial augmentent les profits.

Le rapport et la connectivité augmentent la performance de vos employés.

Par exemple, Jenny a atteint un niveau dans son rôle où elle assure de bons résultats. Elle vient vous voir et dit, « J'aimerais vraiment l'opportunité de me développer en travaillant dans un autre rôle ».

« Super », vous pensez, « Elle vient de trouver son rythme et maintenant elle va repartir à zéro sur la courbe d'apprentissage ». Vous ressentez la tension d'être tiré par ses besoins personnels de se développer et le besoin organisationnel pour une productivité accrue.

Vous avez une star des ventes qui est en train de sacrifier sa vie à la maison afin de remonter les chiffres de l'équipe qui laissaient à désirer. Cela fait trois bonnes semaines qu'il est sur la route et vous aimeriez le libérer pour qu'il fasse un peu de ménage sur les retombées toxiques entre sa vie professionnelle et sa vie familiale.

Tout en vous veut lui dire, « Hé, restez quelques jours chez vous avec votre famille », mais demain il y a une réunion clientèle énormément critique et ce gars-là est celui qui arrive toujours à marquer le but.

Vous basez-vous sur ses besoins personnels d'une harmonie travail-vie ou sur les besoins de l'organisation d'accroître les recettes ?

Les meilleurs leaders d'entreprise sont des maîtres à maintenir en tension des forces opposées. Comment le font-ils ? Ils utilisent les *Pull Conversations* pour découvrir la Plus Grande Réalité cachée à l'intérieur des tensions. La beauté de ces tensions, c'est qu'elles sont remplies d'énergie. Extraire la Plus Grande Réalité et la tension que vous libérez sera productif plutôt que destructeur.

Le Coût de ne pas découvrir la Plus Grande Réalité

Une des plus grandes banques canadiennes avait un problème de rentabilité. Chacune des parties prenantes avait une réalité différente. Ces réalités diverses créaient des tensions dans les affaires pour les dirigeants de la banque.

La réalité du siège social était, « Nous voulons des clients satisfaits, des employés heureux, et des bénéfices nets. Nous mettrons en œuvre un programme de compensation visant à inciter nos directeurs de filiales à la satisfaction du client, la satisfaction des employés et la rentabilité des succursales. Toute succursale avec des scores acceptables dans deux des trois domaines sera qualifiée pour une récompense ».

La réalité du client était, « Je déteste avoir à faire la queue ». Il n'est guère surprenant que les files d'attente baissent les scores de satis-faction des clients.

La réalité des représentants du service à la clientèle était, « Nous détestons avoir des files d'attente de clients qui attendent avec impatience qu'on leur réponde ». Il n'est guère surprenant que les files d'attente baissaient les scores de satisfaction des employés.

La réalité du directeur de succursale était, « Je ne vais pas rester les bras croisés alors que deux des trois scores qui dictent notre bonus diminuent. Je peux libérer cette tension, premièrement en demandant à tout mon personnel de se mobiliser afin de faciliter la circulation des files d'attente et deuxièmement en attribuant davantage de ressources pour assister les cadres RSE ».

Peut-être que vous avez déjà deviné le résultat de ce programme d'indemnisation. Lorsque depuis un certain temps le programme avait été mis en place, l'un des vice-présidents seniors avait partagé sa réalité : « Il y a un seul défaut avec le programme », avait-il dit. « Il n'apporte aucun bénéfice à la banque».

Il avait le pressentiment qu'il savait quel était le problème. Il a appelé le Dr. Peter Hausdorf (son vrai nom) d'Inergy HR Solutions afin de voir s'il arriverait à déterminer ce qui n'allait pas.

Peter a commencé à extraire les hypothèses qui obscurcissaient la Plus Grande Réalité. Il devint clair pour lui que les banques ne faisaient pas de profit en répondant aux clients des files d'attente, elles gagnaient de l'argent lorsque les clients étaient assis dans un bureau pour l'obtention d'un prêt, une hypothèque ou d'investir leur argent grâce à un gestionnaire de patrimoine personnel.

L'hypothèse selon laquelle atteindre deux des trois scores était tout ce dont un directeur de succursale devait se soucier comportait de graves lacunes. Pour soulager les tensions des employés et des clients, les directeurs de succursale retiraient involontairement des ressources ainsi que la focalisation des centres de profit de la banque. La Plus Grande Réalité était que, en effet, les directeurs se faisaient récompensés pour rendre leurs succursales *moins rentables*.

La morale de cette histoire est simple : *extraire la Plus Grande Réalité dans toute situation libère de l'énergie intelligente de la tension dans les affaires. La Plus Grande Réalité rend les décisions les plus intelligentes apparentes et libère les meilleurs résultats.* Découvrir la Plus Grande Réalité de récompenses mal attribuées a incité la banque à modifier son programme de rémunération et d'atteindre chacun des trois objectifs : des clients satisfaits, des employés heureux et des bénéfices nets.

Les principaux éléments de cette compétence sont illustrés dans l'Étape 3, « Extraire la Plus Grande Réalité », du modèle des *Pull Conversations*. Ces étapes sont traitées en détail dans le reste de ce chapitre.

3 Extraire la Plus Grande Réalité
- Mettre vos deux mondes ensemble pour trouver le terrain d'entente.
- Surveiller l'émergence d'une Plus Grande Réalité – une solution qui fonctionne pour tous les deux.
- Le résumer en vos propres mots.

Terrain d'entente
La Plus Grande Réalité

1 Unir vos deux mondes afin de trouver le terrain commun

Il y a une croyance, un dispositif linguistique et une question qui vous permettront de vous placer au milieu de la tension dans vos affaires, rapprocher les deux mondes et trouver un terrain d'entente :

- **La conviction** : « Nous sommes connectés ».
- **Le dispositif linguistique** : Le mot « *et* », utilisé correctement, a pour effet de réunir ensemble vos mondes.
- **La question** : Demandez « Qu'est-ce que nous voulons tous les deux, là ? »

Adopter la conviction : nous sommes connectés

Si vous vous voyez comme étant séparé des autres, il vous sera extrêmement difficile de trouver un terrain d'entente avec une autre personne. Mais, si vous vous voyez comme étant *un avec* l'autre personne, il vous sera beaucoup plus facile de découvrir des points communs – même si vous n'êtes pas d'accord. Selon William Isaacs, dans son livre *Dialogue and the Art of Thinking Together* :

Nous pourrions être tentés de dire que tel ou tel comportement n'est que « le leur » – je n'ai rien de tel en moi ! Peut-être bien. Mais, le courage de l'accepter comme étant non seulement « là-dehors », mais aussi « ici dedans », nous permet de nous engager dans le monde de manière très différente ... Maintenir que ceci ne vous touche pas est de tomber dans le piège d'une pathologie de la pensée : qu'il y a un monde indépendant de la façon de laquelle vous y pensez et y participez.

J'ai aidé de nombreuses organisations, équipes de direction, et groupes de dirigeants à atteindre des niveaux supérieurs de cohésion. La seule simple vérité qui a ouvert la confiance, la collaboration et la synergie dans chaque cas était la suivante : Nous sommes un. Cette simple réalité qui se cache sous la surface attend d'être découverte par chaque relation brisée, chaque équipe en train de se désintégrer.

Vous pouvez choisir de renoncer aux hypothèses sous-jacentes qui vous séparent des autres, tels que : « Vous êtes mon adversaire ». « Nous sommes des concurrents ». « Vous êtes l'ennemi ». En ce faisant, vous découvrirez les façons dont vous êtes connectés, les façons dont vous êtes un et les domaines dans lesquels vous avez un terrain d'entente sur lequel bâtir une solution durable.

Unir vos mondes avec le mot « et »

Notre langue diffuse souvent des signaux qui affichent nos intentions. Quelqu'un dit, « Je sais que vous estimez qu'il est important d'effectuer les modifications au site web dès que possible, *mais* je crois que l'on devrait faire plus de recherche pour être sûrs que cette fois nous allons faire mouche ». Cette formulation est peut-être un signal que cette personne a peu d'intention de trouver le terrain commun entre votre monde et le sien. Elle a un état d'e-sprit autre/ou contraire à l'état d'esprit *et*.

Le mot *mais* est une cale, un petit appareil puissant qui tient nos deux mondes à part et renforce la tension entre nous. En fait, les recherches indiquent que lorsque vous joignez ensemble deux déclarations avec le mot *mais*, plus de 90 % des auditeurs n'arrivent plus à se souvenir de la première déclaration – ils font une fixation sur la deuxième. Par exemple, lorsque vous dites à quelqu'un, « La qualité de votre travail est excellente, mais j'ai besoin que vous augmentiez votre rendement », tout ce qui leur reste en mémoire est : « Tu ne me donnes pas assez de rendement ». Le mot *mais* a sommairement éradiqué le talent de cette personne et a souligné son insuffisance.

En revanche, le mot *et* est un boulon puissant qui peut assembler vos mondes. Par exemple, dans l'exemple du site web cité ci-dessus, la personne pourrait à la place dire, « Je sais que vous estimez qu'il est important d'effectuer les modifications au site web dès que possible, *et* je crois qu'on devrait faire plus de recherche pour être sûrs que cette fois nous allons faire mouche. Y-a-t-il un moyen d'atteindre tous deux nos objectifs ? »

Autres exemples :

- « Moi, je crois fermement que nous avons besoin de fermer la ligne à cause de nos problèmes quant à la qualité *et* vous, vous êtes convaincu que nous avons besoin de continuer et atteindre nos chiffres. Y a-t-il un moyen pour que nous conciliions ces deux choses ? »
- « Je comprends que vous estimez qu'il est essentiel que nous disions aux employés tout ce que nous savons *et* je crois qu'il y a certaines informations qui seraient incendiaires à ce stade. Je me demande s'il y a moyen de trouver un terrain d'entente à ce sujet ».

Remarquez comment, dans ces exemples, l'orateur rend justice aux deux mondes et les rejoint en utilisant le mot *et*. Ceci amortit un peu la tension et commence à établir un ton de collaboration pour la conversation.

Essayez-le. Choisissez n'importe quelle personne avec qui vous avez une divergence d'opinions, et verrouiller ensemble vos deux points de vue par le mot *et*.

Posez la question « Qu'est-ce que nous voulons là, tous les deux ? »

Mélissa est une représentante pharmaceutique dont la clientèle est composée de chirurgiens orthopédistes. Son objectif est de rendre leurs cabinets prospères en créant de la valeur – telle qu'ils la définissent. Pour créer cette valeur, il est impératif qu'elle puisse établir des relations avec les chirurgiens. Mais, ces médecins n'ont pas le temps pour les relations. Elle entend sans cesse le refrain, « Je n'ai pas le temps de vous voir. Je suis en route vers l'ascenseur. Je peux vous accorder trois minutes ».

Mélissa a un médicament qui serait utile pour un de ses chirurgiens, mais elle n'arrive pas à le convaincre de lui accorder le temps nécessaire pour lui expliquer ses avantages. Aujourd'hui, elle a décidé de tenter une autre approche : un mélange de franchise et d'enquête qui les dirigera, elle et le chirurgien, vers un terrain d'entente.

« J'ai besoin que de deux minutes de votre temps, Dr Naidoo ».

Que peut-elle accomplir en deux minutes ? Mélissa va essayer d'identifier rapidement le terrain d'entente qui lui permettra de faire avancer la relation.

« Je tiens à être respectueuse de votre temps et de votre agenda surchargé. Puis-je être directe avec vous ? »

« Bien sûr ».

« *Qu'est-ce que nous voulons là, tous les deux ?* » Y a-t-il un terrain d'entente qui donnerait de la valeur aux deux ? »

« Je ne sais pas s'il y a quelque chose que nous voulons tous les deux. Vous voulez que je passe du temps avec vous. Moi, j'ai besoin de passer du temps avec mes patients en phase terminale et en soins intensifs ».

« Oui, c'est vrai. Mais je pense voir quelque chose d'autre que nous voulons tous les deux ».

« Qu'est-ce que c'est ? »

« Nous voulons tous deux plus de temps en salle d'opération pour vous et moins de temps consacré à des activités qui n'ajoutent pas de valeur à votre cabinet. Est-ce exact ? »

« Absolument ».

« J'ai permis à d'autres chirurgiens de faire exactement cela ».

« Comment ? »

« Il s'agit de la façon dont notre drogue est appliquée. La première injection de notre drogue antidouleur est appliquée par vous, mais les deux injections suivantes peuvent se faire dans une clinique de soins. Le patient est tout aussi content, mais votre temps est libéré ».

« Je peux voir que cela me donnerait plus de temps dans la salle d'opération, mais de quelle autre façon cela va aider mon cabinet ? »

« Cela va créer une relation avec la clinique d'injection qui lui apporte une source de revenus supplémentaire. En retour, ils vous enverront plus de références ».

« Cela me parait sensé ».

« Pour que je vous explique la façon dont ce médicament peut fonctionner pour vous, j'ai besoin que vous me consacriez soixante minutes ininterrompues de votre temps. Vous avez probablement besoin de manger à un moment donné. Si vous êtes intéressé, je ramènerai un peu de sushi et nous pourrons parler pendant le déjeuner. Ça marcherait pour vous ? »

« Si vous arrivez à garder mes patients heureux et me donner plus de temps dans la salle d'opération, bien sûr ».

« Alors, je prendrai rendez-vous avec votre secrétaire ? »

« Oui, allez-y ».

Découvrir « Qu'est-ce que nous voulons là, tous les deux ? » comporte deux aspects :

- Découvrir les choses que vous voulez, vous, qui sont autres que ce que je veux moi (les besoins particuliers de chacun de nous).
- Découvrir les choses que nous voulons tous les deux ensemble (notre terrain d'entente).

Lorsque Mélissa a permis au chirurgien de voir qu'il y avait un terrain d'entente entre eux (maximiser le temps en salle d'opération), c'était une étape relativement facile pour découvrir une Plus Grande Réalité, la clinique de soins, ce qui apporterait une valeur ajoutée au cabinet du chirurgien et augmenterait le nombre de prescriptions qu'elle générait au sein de ce cabinet.

C'est cela, exécuter la magie de 1 + 1 = 5.

J'ai découvert que poser la question, « Qu'est-ce que nous voulons là tous les deux ? » est une des meilleures façons de découvrir les points communs qui relâcherons de l'énergie à partir d'une situation bloquée.

Mais les gens ne posent pas souvent cette question. Le plus souvent, la conversation se focalise sur *ce que nous ne voulons pas*. L'opposition déclenche une peur soit de perdre quelque chose que vous avez, soit de ne pas obtenir quelque chose que vous voulez.

Lorsque cela se produit, une réaction typique est de découper la question en deux, en assurant ce que vous voulez et en renonçant à l'autre ce dont vous arrivez à vous passer. Ce *découpage de la question* produit une dichotomie (ce qui signifie *couper en deux*) qui rend presque impossible d'arriver à la Plus Grande Réalité.

Une mentalité de dichotomie découpe en deux des questions qui, si laissées entières, nous conduiraient vers un terrain d'entente. Un terrain d'entente crée un résultat plus fructueux qui nous apporte plus de ce que nous voulons chacun.

Dans leur livre *Getting to Yes*, Fisher, Ury, et Patton décrivent deux enfants se disputant une orange. Leur solution est de la couper en deux. Un d'entre eux mange la chair et jette l'écorce. L'autre utilise l'écorce de sa moitié pour faire un gâteau et jette la chair. Une mentalité de dichotomie leur a fourni à chacun une moitié alors que chacun aurait pu avoir la totalité de ce qu'il voulait.

Un terrain d'entente ne peut pas commencer sur la base d'une dichotomie. L'une des raisons qui justifie cet énoncé est parce qu'il y a une réelle possibilité que « ce que nous voulons tous les deux ensemble » soit quelque chose d'autre que ce qui veut être envisagé à partir des deux points de vue dans la dichotomie. Si *cette image-là* devait être remplie, il est très possible que le résultat soit différent que ce que chaque côté est en train d'imaginer.

Essayez ceci. Posez la question, « Qu'est-ce que nous voulons là, tous les deux ? » Cette question toute simple portera votre attention sur l'opportunité et la possibilité plutôt que la défensive et le protectionnisme. Elle ouvre la voie à la découverte de l'intersection entre vos besoins et les besoins de l'autre personne. Elle révèle un bout de terrain d'entente sur lequel tous les deux vous pouvez vous placer et construire.

Le Terrain d'entente contre le plus petit dénominateur commun

Un terrain d'entente est nécessaire pour que le travail ait un sens et que les choses se déroulent bien. Mais la notion d'arriver à un terrain d'entente peut aussi faire peur. Vous, comme la plupart d'entre nous, avez sans doute vécu des expériences de renforcement de consensus lorsque des personnes ont été obligées d'accepter une chose souhaitée par quelqu'un de plus puissant. Ce genre de consensus n'est, bien sûr, en rien un consensus. C'est un compromis malsain. Le seul terrain d'entente ici est la peur.

Mais le compromis n'a pas toujours à être une chose négative. Le mot signifie *promettre ensemble*. Ce peut être une étape positive qui permet aux gens et aux organisations d'aller de l'avant. Les problèmes arrivent lorsque nous promettons sur la base de la peur, le chemin de moindre résistance, ou toute autre chose que *ce que nous voulons là, tous les deux, qui nous permettrait d'aller de l'avant*.

Une autre objection est la suivante : comment pouvons-nous trouver un terrain d'entente lorsque nous sommes si différents ? Les lieux de travail, toujours divers, le deviennent de plus en plus chaque jour, avec un meilleur équilibre entre les sexes, des carrières qui durent plus longtemps et les personnes qui voyagent partout dans le monde. Mais cela reflète une idée fausse quant au terrain d'entente : il ne s'agit pas de ce que vous *avez* en commun, mais de ce que vous *voulez* avoir en commun. Même des groupes très divers peuvent avoir en commun certaines choses qu'ils veulent obtenir de leur travail, leur vie et leur temps ensemble.

Et trouver des points communs ne s'agit *certainement* pas de réfléchir au plus petit dénominateur commun avec lequel un groupe parvient à produire quelque chose de si fade que personne ne puisse être en désaccord – mais personne non plus puisse en être inspirée, ou pire, dans laquelle le groupe bricole un peu avec des idées de chacun. Ce type de « compromis » diminue tout le monde. Trouver un terrain commun consiste à bien plus que le strict minimum. Elle englobe, mais va au-delà de ce dont chacun *a besoin*. Si seul vos besoins sont satisfaits, mais pas vos désirs, *continuez jusqu'à ce que vous obtenez vos désirs*. Découvrir ce que nous voulons tous les deux est l'essence même de découvrir un terrain d'entente et d'extraire la Plus Grande Réalité.

2 Observer l'emergence d'une Plus Grande Réalité

Miroir, miroir

Une entreprise de messagerie internationale éprouvait des difficultés avec sa plate-forme centrale. Un labyrinthe de tapis roulants et de rampes d'accès a été mis en place pour acheminer les colis jusqu'aux camions. Lorsque le travail de nuit était terminé, l'usine était reconfigurée avant que les travailleurs de jour commencent leur déchargement, pour permettre aux camions, qui prenaient les routes locales la journée, de passer. Tout le monde savait qu'autant de lignes possibles devraient être « reflétées » d'une équipe à l'autre : changer l'organisation de la majorité de l'usine deux fois par jour était un gaspillage insensé.

La quantité énorme d'énergie humaine impliquée était un gros problème. Mais encore plus problématiques, étaient les implications sur la qualité. La reconfiguration des tapis roulants créait de la confusion et par conséquent des paquets se retrouvaient à une mauvaise destination. Les coûts en aval de la récupération et la réputation noircie que cela donnait à la compagnie étaient de loin les préoccupations principales.

Tout le monde savait que la chose la plus intelligente était de refléter les lignes du travail de nuit aux lignes de travail de journée. Tout le monde savait aussi que cela n'allait jamais arriver. Chaque fois que la question était évoquée, les chefs de l'équipe de jour disaient, « Nous croyons tout simplement que ça ne va pas fonctionner. Cela créera trop de problèmes ». Le directeur de l'usine savait qu'il était inutile d'essayer de forcer la question sur les chefs de l'équipe de jour. S'il n'avait pas leur engagement, la stratégie du miroir serait vouée à l'échec.

Les chefs des deux équipes ont commencé à pratiquer les *Pull Conversations*. Tout au long d'un processus intensif, les chefs de l'équipe de nuit entraient dans le monde des chefs d'équipe de jour et ont compris leur point de vue. Lorsque ce fut le cas, la confiance a commencé à s'instaurer. Grâce à cette confiance accrue, les chefs de l'équipe de jour ont commencé à se sentir suffisamment en sécurité pour partager leur réalité.

« Notre plus grande préoccupation », ont avoué les chefs de l'équipe de jour, « est que si nous reflétions l'usine, nous ferons passer directement votre équipe à la nôtre. Sans faire de mise en place entre les deux, il n'y a pas de borne claire entre votre secteur de travail et le nôtre. Dans les conditions actuelles, vous nous laissez déjà une pagaille. Imaginez le tas de *%!@ que vous allez nous laisser s'il n'y a pas de pause entre nos équipes ».

Les gérants de l'équipe de nuit ont répondu, « Eh bien, nous voulons tous les deux la même chose ici : gagner du temps en n'ayant pas à reconfigurer l'usine, avoir moins d'erreurs et moins de dégâts dans le processus. Et si nous garantissions que nous tiendrons nos hommes responsables de s'assurer que vous commencez avec une usine propre à la fin de notre tour de travail ? »

La conversation s'est passée ainsi jusqu'à ce que les chefs de l'équipe de jour aient commencé à croire aux bonnes intentions des hommes de l'équipe de nuit.

Ce qui s'est produit ensuite a été remarquable. Quelqu'un a frappé d'un coup de poing au milieu de la table et a dit, « Qui est pour refléter l'usine ? » Un après l'autre, chaque chef autour de la table (les onze) a avancé son poing vers le milieu de la table. Ils se sont regardés dans les yeux les uns des autres et le pacte était conclut.

Le terrain d'entente avait été là tout le temps, clairement visible pour tout le monde. Les deux parties l'avaient même accepté, en principe : « Il est dans notre intérêt à tous de refléter l'usine ». Mais ceci n'allait jamais se produire avant que la Plus Grande Réalité soit découverte : « Nous garantissons que nous vous laisserons l'usine dans un état rangé pour le début de votre tour de travail ». Et la Plus Grande Réalité était obscurcie par une hypothèse puissante : « Vous ne vous souciez pas assez de nous pour nous laisser une usine rangée à la fin de votre tour de travail ».

Ceci est un excellent exemple que d'extraire les hypothèses permet la Plus Grande Réalité de monter à la surface. Dans les situations où les résultats sont bloqués, il y a souvent une Plus Grande Réalité sous-jacente qui est obscurcie par des hypothèses puissantes. Souvent, le fait d'extraire ces hypothèses est la clé pour débloquer des situations bloquées.

« De vrais » soins infirmiers

Le Centre Médical Fogal Street apprenait à mener des *Pull Conversations*. Le groupe de médecins était sur le point d'emménager dans un nouveau bâtiment, alors c'était le moment idéal pour régler les problèmes d'organisation qu'il fallait modifier.

Une amélioration sur laquelle les médecins étaient tous d'accord s'agissait de rendre fluide le processus de réception. Ceci pourrait être accompli assez simplement, en embauchant une assistante infirmière de niveau junior qui recevrait tous les patients et s'occuperait de la paperasserie initiale. L'avantage accessoire serait que les autres infirmières seraient libérées afin de faire ce dont elles étaient formées et qualifiées : les vrais soins infirmiers tels que noter les antécédents, faire des prises de sang et des vérifications de pressions artérielles.

Il n'y avait qu'un seul problème : les infirmières n'adhéraient pas à cette solution.

Les médecins et les infirmières étaient en train d'apprendre par le processus de la *Pull Conversation* comment extraire des hypothèses – la façon de les ramener à la surface afin qu'elles puissent être vues par tout le monde. À un moment donné, les médecins ont déposé une de leurs principales hypothèses : « Nous pensons qu'en tant qu'infirmières vous préférez passer tout votre temps sur de 'vrais' soins infirmiers ». Ils ont demandé aux infirmières de répondre à cette déclaration. Lorsque les infirmières répondaient, les médecins sont entrés dans leur monde afin de voir leur réalité.

Le point de vue des infirmières les a surpris. Elles ont réagi aux hypothèses des médecins pas avec gratitude, mais avec inquiétude. Ce qui s'est révélé était que les infirmières appréciaient énormément les quelques minutes de bavardage avec les patients dans la salle de réception avant de se mettre aux questions plus cliniques.

Cela leur permettait de faire connaissance avec les patients et leur fournissait beaucoup d'indications. C'était également l'aspect le plus social de leur travail, qu'elles se montraient très réticentes à sacrifier. « Si vous nous enlevez ça », a dit une infirmière, « vous nous enlevez notre vie ! »

Les médecins arrivaient maintenant à voir la réalité des infirmières. Ils avaient réussi à extraire leurs propres hypothèses (non-valides) et avaient découvert que, en fait, l'inverse était vrai. En outre, ils avaient extrait la supposition (valide) des infirmières que leur contact personnel avec les patients était une partie intégrante de leur vraie fonction de pratiquer des soins infirmiers. Extraire des hypothèses a joué un rôle crucial dans la découverte de la Plus Grande Réalité.

En exprimant explicitement leurs hypothèses, les médecins et les infirmières ont pu éviter ce qui aurait été une erreur compromettant l'énergie. Les uns et les autres ont acquis des connaissances inoubliables et ont trouvé une solution mutuellement bénéfique. Les *Pull Conversations* ont attiré leurs modèles mentaux à la surface, éliminé les distorsions et les généralisations qui étaient fondées sur une réalité incorrecte et les ont remplacés par une compréhension fiable. Parvenir à la Plus Grande Réalité recalibre nos croyances erronées et les remplace par des croyances fiables.

Nous avons découvert une note finale intéressante à ce cas, de recherche par Riggio et Taylor dans le *Journal of Business and Psychology*. Cette recherche a montré que les infirmières ayant des compétences sociales avancées performent mieux que leurs égales non socialement ouvertes. À la lumière de ces constatations, il est logique que les infirmières de cette étude aient identifié la partie « socialiser » de leur travail comme l'élément essentiel. En fait, elle ne pouvait pas être isolée, elle faisait partie intégrante de leur bonne performance d'ensemble.

3 Résumez-le en vos propres mots

Les Étapes 1 et 2 du modèle de la *Pull Conversation* soulignent l'importance de vous assurer que vous avez atteint une compréhension partagée avec votre interlocuteur. Il en est de même pour l'Étape 3.

Une fois que la Plus Grande Réalité émerge, résumez-la en vos propres mots afin de créer un point commun de validation et de clarté qui éveillera l'énergie intelligente et incitera des comportements de haute performance.

Trouver les véritables motifs

« Bottons les fesses ! » était le slogan que Gary avait choisi pour son initiative de vente agressive d'un nouveau médicament sur le marché. Conformément à la métaphore, il avait offert d'acheter une paire de bottes de cowboy pour tout membre de son équipe de vente qui atteignait les quotas de vente. Le problème est que Gary n'avait pas pensé à l'effet de son extra sur le reste de l'organisation.

À la grande surprise de Gary, les autres équipes n'étaient pas contentes. « Nous travaillons d'arrache-pied nous aussi, et nous ne recevons pas de prix spéciaux ou de reconnaissance ». Wanda, le leader d'un autre groupe de vente, était l'un des principaux promoteurs de cette critique. Lorsque Wanda et Gary se sont confrontés, ça a fait des étincelles.

« Vous ne comprenez pas les implications de ce que cela fait à notre culture ? » Wanda a dit à Gary. « À quel point c'est démotivant pour les autres ? »

En plus de son souci réel de la situation, Wanda parlait d'un scénario bien rodé. À son avis, son équipe se faisait toujours ignorer et mettre de côté par les vendeurs plus imposants, plus frimeurs de l'équipe de Gary.

Gary a réagi d'une manière hautaine et condescendante. « Si votre équipe était performante, vous pourriez également leur obtenir quelques avantages sympas. Peu importe ce qu'il faut pour motiver mes vendeurs – cela vaut bien la peine. Si cela froisse quelques plumes, qui s'en soucie ? Ce n'est pas grave ». Son attitude n'a servi qu'à enrager Wanda d'avantage et l'a incitée, à faire connaître son point de vue encore plus énergiquement.

À la surface, il semblait que Gary et Wanda n'avaient aucun terrain d'entente. Mais, en fait, ils voulaient tous deux que le médicament soit un succès. Cependant, ce point en commun leur était complètement invisible, enfouis sous le désaccord au sujet des bottes de cow-boy et les fortes hypothèses qu'ils avaient l'un sur l'autre.

Dans leur travail de *Pull Conversation*, les hypothèses ont été soigneusement attirées vers la surface. Gary avait présumé que Wanda démolissait son programme d'encouragement pour la seule raison qu'elle était jalouse de son succès. Wanda a pu clarifier ce qui se passait vraiment en elle.

« J'avoue que le succès de votre équipe de vente me donne un peu d'insécurité », a-t-elle dit, « Mais, je ne peux pas honnêtement dire que je suis jalouse de vous. Ma plus grande préoccupation est le fait que mon équipe ainsi que les autres équipes de l'organisation vont se sentir démotivées et injustement traitées par rapport aux avantages spéciaux que votre équipe reçoit. Je crois fermement que ce genre de choses peut éroder notre capacité à réussir en tant qu'équipe soudée ».

Wanda avait présumé que Gary ne se souciait pas des autres équipes de l'organisation et les considérait comme étant de deuxième classe comparée à son équipe de vente. Gary a pu préciser qu'en fait il se souciait du reste de l'organisation.

« J'ai simplement cru qu'ils étaient suffisamment mûrs pour mettre les bottes de cow-boy de mon équipe dans son contexte et les lâcher un peu », a dit Gary. « Je n'ai pas pensé un seul instant qu'ils se sentiraient offensés par le fait qu'ils ne recevaient pas une paire de bottes de cow-boy ! »

Gary a pu voir que le succès de l'entreprise était plus important que cette promotion de vente en particulier. Pour sa part, Wanda a pu voir que le motif de Gary derrière l'idée des bottes de cowboy était vraiment de reconnaître les personnes pour avoir fait un excellent travail. Il ne voulait faire de mal à personne.

Une fois que Gary et Wanda ont pu entrer dans le monde de l'un et de l'autre, et comprendre ce qui se passait pour l'autre de *l'intérieur vers l'extérieur*, ils pouvaient éliminer tous les obstacles à leur terrain d'entente. Le terrain d'entente avait toujours été là, mais c'était seulement maintenant qu'ils arrivaient à le reconnaître et le mettre à profit.

Gary s'est rendu compte qu'il devait être plus prudent quant à ses actions et avoir plus de dialogue avec les autres avant de prendre des décisions. Wanda s'est rendu compte que dans sa frustration elle avait caricaturé Gary. C'était un être humain, lui aussi. Ce qu'ils avaient en commun était que leurs vrais motifs étaient le succès de toute l'entreprise. Sur la base de cette réalisation, ils pourraient devenir des partenaires.

Qu'est-ce qu'une hypothèse ?

Une hypothèse est une croyance ou une conclusion que vous *supposez* comme étant vraie, bien qu'elle n'ait pas encore été validée. Le mot *supposer* signifie *prendre*. Lorsque nous entrons dans nos relations d'adultes, par exemple, nous *prenons* des choses qui ont été profondément imprimées en nous très tôt dans nos vies comme étant vraies.

Une hypothèse peut-être tout à fait vraie, tout à fait fausse, ou bien un mélange de vérité et de fausses idées. Le problème avec les hypothèses est que nous les prenons comme étant vraies, même si elles n'ont pas été validées et, nous les validons *rarement*.

Certaines hypothèses sont malsaines et certaines sont saines. Les hypothèses malsaines sont basées sur l'irréalité et celles qui sont saines sont basées sur la réalité. Il est dommage que les hypothèses aient été victimes d'accusations mensongères au cours des dernières années.

Combien de fois avez-vous entendu quelqu'un déclarer, « Les hypothèses nous ridiculisent » ? Désolé, mais voici quelques choses qu'il vous serait utile de supposer davantage :

- Que, lorsque les autres vous donnent de la rétroaction constructive, ils essaient de vous aider, et non de vous blesser.
- Que la plupart des gens veulent faire de leur mieux.
- Que toute personne a une valeur intrinsèque.
- Que la plupart des individus ne se réveillent pas le matin en se demandant comment ils vont gâcher votre journée.

Mais, alors qu'il y a des hypothèses bonnes et saines qui peuvent améliorer la qualité de vos relations, il y en a aussi des malsaines qui ont le pouvoir de saboter.

D'Où viennent les hypothèses ?

Laura a cinq ans et elle peut enfin aller à l'école maternelle. Il a été confié à Darren et Tyson, ses frères aînés la tâche (gênante) d'assurer qu'elle arrive à et rentre de l'école en toute sécurité. Un jour, lorsqu'ils passent tous les trois devant la maison située trois maisons plus loin que la leur, sur le chemin de l'école, Tyson, avec un clin d'œil à Darren, dit, « J'espère bien que le monstre dans le garage du vieux Monsieur McGregor n'arrive jamais à se détacher. J'ai entendu dire qu'il attrape les petites filles et les emmène dans le garage où il les torture ».

« Ce n'est pas vrai, Tyson. N'est-ce pas, Darren ? » a dit Laura.

« Ouais. C'est vrai. Oh-là, je crois que je le vois là. Cours ! »

Darren et Tyson partent en courant. Les petites jambes de Laura n'arrivent pas à les suivre. Elle hurle de terreur lorsqu'elle tente de se sauver du monstre qu'elle croit être derrière elle. Lorsqu'elle arrive enfin à l'école, elle sanglote de façon inconsolable.

Maintenant, Laura a dix ans. C'est l'hiver et elle accompagne sa nouvelle amie, Kayla, chez elle depuis l'école dans le noir. Kayla habite dans l'ancienne maison de Monsieur McGregor. Elle n'arrive pas à comprendre pourquoi Laura ne veut jamais venir chez elle. Ses excuses lui semblent toujours bidon.

Lorsque Laura dit au revoir à Kayla, elle passe devant le garage et ressent la sensation habituelle. Elle est stressée. Elle résiste à l'envie de s'enfuir à toute allure. Dans sa tête, elle sait qu'il n'y a pas de monstre, mais dans ses émotions, elle est tout à fait sûre qu'il est là.

La vie a offert à Laura un morceau cruel de données et elle l'a pris comme vérité (elle l'a assimilé). Bien qu'il n'ait jamais été validé, elle y croit à travers ses émotions.

Chacun d'entre nous a été imprimé par des hypothèses. Certaines sont saines et nous sont bien utiles : « Les gens ont une valeur intrinsèque ». Certaines sont fausses et sabotent nos relations : « J'ai besoin de plaire aux gens pour être accepté ». Nous appelons les hypothèses malsaines « les tueuses » parce qu'elles tuent les relations.

Comment les hypothèses s'incrustent-elles en nous ?

La Puce de l'hypothèse

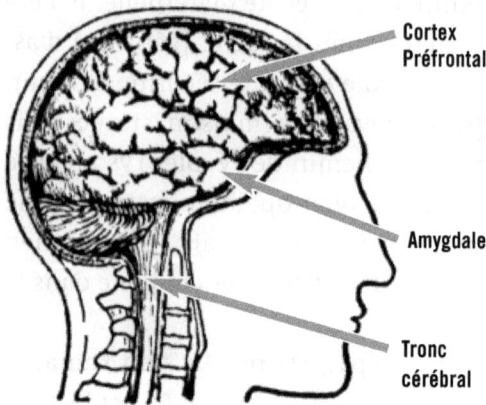

Il y a une explication physiologique pour ce qui est arrivé à Laura. Nos cerveaux sont composés de trois zones principales. La première est le tronc cérébral. Il est important seulement pour ceux qui veulent respirer et avoir un pouls – il régule ces fonctions.

La deuxième zone s'appelle le cortex préfrontal. Il est responsable de la prise de décision rationnelle et du traitement d'informations. Le cortex agit comme notre UCT (unité centrale de traitement).

La troisième zone de notre cerveau s'appelle l'amygdale. Il s'agit d'un petit organe en forme d'amande qui agit comme une puce informatique affective. Il absorbe et devient profondément ancré de tous nos souvenirs émotionnels, soulignant les éléments qui sont pertinents à notre sécurité.

L'amygdale de Laura avait été codée par une expérience d'émotions très fortes au sujet du garage de Monsieur McGregor. Cette expérience a créé une hypothèse opérationnelle. Chaque fois qu'elle passe devant son garage, elle est inondée par le stimulus d'origine et son corps réagit en conséquence. Les hypothèses tueuses produisent des instincts auto-limitatifs. Laura apprécie sa relation avec Kayla, mais son hypothèse subvertit ses valeurs.

À moins que vous n'ayez grandi dans un vide émotionnel, votre amygdale a probablement été codée par quelques expériences émotionnelles qui ont créé en vous certaines hypothèses opérationnelles. Certaines de ces hypothèses peuvent vous être utiles. D'autres peuvent peut-être vous faire dérailler de façon significative.

Le Détournement par l'amygdale

À quoi pensez-vous lorsque vous entendez le mot *détournement* ? Peut-être que des mots tels *soudaine, violente, perte de contrôle* vous viennent à l'esprit. Ce sont les descripteurs parfaits de ce qui se passe lorsque votre amygdale capte un signal, au milieu d'une conversation, que vous êtes en train d'être menacé.

Ce qui est intéressant quant à l'amygdale est qu'il ne peut pas faire la différence entre un événement réel ou imaginé. Lorsqu'un stimulus qui ressemble à une expérience traumatique rentre chez l'amygdale, ce dernier *suppose* que vous êtes exactement dans la même situation. Il sécrète des hormones dans votre corps pour vous préparer à combattre ou à fuir. Le cortisol est pompé dans votre cortex préfrontal, votre acuité sensorielle est accrue, et vos grands muscles sont préparés à l'action.

Cette réponse fonctionne à merveille lorsqu'elle vous prépare à lutter ou à vous sauver d'un tigre à dents de sabre. Il est loin d'être idéal lorsqu'il vous prépare à une conversation difficile avec un collègue. Pourquoi ? Parce que lorsque le cortisol est pompé par votre cortex préfrontal, vos facultés de traitement logique sont réduites jusqu'à 66 %. Peut-être avez-vous eu des moments lorsque vous réfléchissez après-coup sur une dispute et vous êtes dites, « Pourquoi n'ai-je pas pensé à dire x ? Ca aurait été parfait ». La raison est que vous étiez littéralement stupide sur le champ. Vous étiez la victime d'une perte de contrôle rapide et violente appelée détournement par l'amygdale.

La bonne nouvelle est que si vous arrivez à reconnaître que vous vivez un détournement par l'amygdale, vous pouvez éliminer le cortisol de votre cortex préfrontal et retrouver votre logique. Le cortisol est éliminé par deux choses : du temps et de l'oxygène. Donc, la prochaine fois que vous sentez que votre corps s'emballe et que votre cerveau se ferme :

Étape 1: Reconnaître que cela se produit.

Étape 2: Oxygénez-vous (le vieil adage des dix respirations profondes est d'ordre).

Étape 3: Demandez un peu de temps. (« Peut-on prendre une pause de cinq minutes et ensuite y revenir ? »)

Vos hypothèses comptent-elles ?

Vos hypothèses, opinions et conclusions importent tout autant que quoi que ce soit d'autre. L'histoire qui suit montre comment les hypothèses réduisaient de moitié la production d'un coureur et comment le fait de les recalibrer a doublé sa productivité.

Randy se voyait comme un « coureur-de-cinq-kilomètres ». Si quelqu'un lui demandait d'aller courir huit ou dix kilomètres, il refusait. Puis, un jour, quelque chose s'est produit changeant radicalement les choses pour lui.

Randy avait emprunté un nouveau parcours pour courir. C'était une belle journée et la rivière, luisant le long du parcours, était à couper le souffle. Il a couru jusqu'à une chute d'eau magnifique, a profité de la scène pendant quelques instants, puis a couru jusqu'à chez lui.

Lorsqu'il est arrivé, sa femme a crié, « Tu es parti un bon moment. Tu as été jusqu'où ? »

Randy a donné sa réponse habituelle, « Cinq kilomètres comme toujours ».

« Tu as dû courir plus que ça. Tu es allé où ? »

« J'ai couru jusqu'à la cascade. C'était magnifique ».

« Tu as couru jusqu'à la cascade ? C'est plus de dix kilomètres, aller-retour ! »

« Non. C'est impossible. Je n'arrive pas à courir dix kilomètres ».

Ils ont sauté dans la voiture, chacun voulant prouver à l'autre qu'il avait tort, et ont roulé le long du parcours jusqu'à la cascade. Oui, le « coureur-de-cinq-kilomètres » venait de courir plus de dix kilomètres. Depuis ce jour, le comportement de Randy a changé. Pourquoi ? Son hypothèse avait été recalibrée par une Plus Grande Réalité. Maintenant, il se voyait autrement, cela a fait de lui un meilleur coureur. *Vous réalisez ce dont vous vous rendez compte*, ou, en d'autres termes, les choses dont vous vous rendez compte deviennent votre réalité.

Comment cette histoire s'applique-t-elle à vous ? Avez-vous, comme Randy, des hypothèses déformées à votre sujet ou au sujet des autres ? Si vous pouvez apprendre à vous voir avec précision, vous pouvez doubler votre productivité dans un domaine important. Lequel ?

Ressortir les Hypothèses :

- Résout certains mystères énigmatiques :
  - « *Maintenant* je sais pourquoi elle estime que je suis un maniaque du contrôle ! »
  - « Enfin, je peux voir pourquoi il se sentait obligé de faire ça ».
  - « Je m'étais toujours demandé pourquoi ils ne voulaient pas se réunir avec nous ! »
- Vous permet d'interpréter et parfois même d'anticiper le comportement des gens.
- Vous donne le contexte dont vous avez besoin pour comprendre le monde des autres personnes plus rapidement et plus profondément.

Ressortir les hypothèses peut exposer et désamorcer de dangereux malentendus. Certaines hypothèses peuvent être de vraies tueuses de relations. Elles sont là, lorsque vous lisez ceci, en train de faire leur travail silencieux à l'intérieur de vous et des gens autour de vous. Les hypothèses ont un caractère souterrain. Les hypothèses sont les puissantes forces à l'intérieur des individus qui certainement et silencieusement dirigent leurs comportements.

Les Hypothèses tueuses font dérailler les personnes intelligentes

Bien que certaines hypothèses soient saines pour les relations, d'autres sont des tueuses de relations. Voici une liste d'hypothèses tueuses. Pour déterminer si une ou plusieurs de ces hypothèses vous affectent de façon négative, posez-vous cette question lorsque vous lisez chacune d'entre elles : « Est-ce que j'arrive *souvent* à la conclusion que ... »

- je ne peux pas faire confiance aux gens.
- être honnête ne fera que de me blesser.
- c'est à moi de réparer les choses.
- les autres me décevront.
- si je prends les devants, je serai rejeté.
- je dois être apprécié pour être respecté.
- les femmes me descendront.
- les hommes sont égoïstes et vaniteux.
- les leaders profiteront de moi.

- le changement est mauvais.
- il n'y a pas de justice.
- les organisations profitent toujours des gens.
- pour être accepté, je dois montrer que je suis mieux.
- les personnes qui ne sont pas d'accord avec moi ne me comprennent pas.
- lorsque vous ne me rappelez pas, cela doit dire que j'ai fait quelque chose de mal.
- si j'appuie, je vais être rejeté.
- je me fais toujours prendre au piège.
- je ne semble pas comprendre – je ne suis pas assez intelligent.
- je serais à la traîne ou abandonné.
- je dois adopter une approche forte afin de persuader efficacement les gens.
- les gens me blâment toujours pour les choses.
- d'autres sont plus importants que moi.
- la différence est mauvaise.
- je dois plaire aux gens pour être accepté.
- les conflits et la colère sont mauvais.
- pour être en sécurité, je dois être en contrôle.
- personne ne semble se soucier de ce que je pense.
- les gens ne sont intéressés à moi que pour ce que je peux faire pour eux.
- rien ne peut être fait une fois que vous avez raté une relation.
- personne ne me comprend.

Lorsque vous observez chaque hypothèse qui s'applique à vous, posez-vous la question, « Quel impact cette hypothèse a-t-elle eut sur mes relations ? » Ensuite, réservez un peu de temps avec quelqu'un de confiance qui vous connaît bien. Donnez-vous pour objectif de vous voir à travers ses yeux. Demandez-lui de répondre franchement à ces deux questions :

- De quelle manière pensez-vous que cette hypothèse m'a affecté négativement ?

- De votre point de vue, quelle est la vérité, ou la réalité, sur moi, par rapport à ce problème ?

Un des avantages les plus puissants des *Pull Conversations* est leur capacité à recalibrer vos croyances et vous conduire vers une réalité plus grande, plus fiable. Souvent, nous avons des angles morts qui nous empêchent de nous voir avec précision. Lorsque vous extrayez la réalité de cette personne de confiance, fusionnez son cadre de référence avec le vôtre afin que vous puissiez obtenir une perception plus profonde de vos hypothèses et vos comportements.

Les Hypothèses dirigent les comportements

Rudy est un jeune directeur qui supervise une équipe de cinq graphistes. Il est dédié, brillant et ambitieux. Il est clair pour tout le monde qu'il apprécie le succès et a les yeux fixés sur un poste de direction dans l'entreprise. Bien qu'il ne le diffuse pas, tout le monde sait qu'il effectue des heures insensées.

Bien que le travail personnel de Rudy soit toujours de premier ordre, la qualité et la quantité du travail de ses employés sont devenues une préoccupation majeure pour sa patronne, Anjou. Anjou veut qu'il s'engage à tenir ses employés responsables de leur production. Rudy lui assure qu'il va parler avec chaque membre de son équipe et s'assurer qu'ils sachent très clairement ce que lui et la société attendent d'eux.

Un mois passe et le département de Rudy est plus à la traîne que jamais. Anjou invite chaque employé de Rudy dans son bureau un par un pour découvrir exactement ce que Rudy fait pour les tenir responsables des résultats. Ce qu'elle découvre, c'est qu'ils n'ont aucune idée de la gravité de la situation. Malgré le dévouement de Rudy, il n'a pas confronté son équipe au sujet de leur manque de performance.

Anjou est partagée. Elle va devoir retirer Rudy d'une poste dans lequel il semble parfaitement adapté. Il a du talent, il apprécie les résultats et veut réussir, mais il est incapable de tenir ses employés responsables.

Lorsqu'Anjou commence à extraire la réalité de Rudy, elle découvre que ses valeurs sont en train d'être sabotées par une hypothèse de vie puissante que le conflit est mauvais. Rudy peut tout faire, sauf confronter quelqu'un. Il se ferait un plaisir de travailler seize heures par jour pour compenser leur manque d'effort, mais il ne peut pas et ne va pas les confronter. C'est tout simplement trop douloureux.

Rudy apprécie le succès, mais ses convictions et ses hypothèses subvertissent les comportements qui feraient de lui un leader efficace. En fait, lorsque les hypothèses et les valeurs s'entrechoquent, les hypothèses en ressortent toujours vainqueurs. C'est parce qu'elles sont toujours accrochées à un but compétitif qui est plus grand et plus puissant que n'importe laquelle de vos valeurs, vos objectifs, et vos désirs. Les hypothèses s'accrochent à vos besoins en sentiments fondamentaux. Dans le cas de Rudy, l'hypothèse que le conflit est mauvais était accrochée dans ses besoins en sentiments fondamentaux de l'innocence, l'acceptation, l'inclusion et la compréhension.

Son hypothèse lui disait que s'il entrait en conflit, il se sentirait coupable, rejeté, exclu, et mal compris. Aucun succès ne semblait valoir tout cela.

Si vous êtes le leader d'un employé comme Rudy, vous pouvez jouer un rôle en l'aidant à extraire une Plus Grande Réalité qui peut libérer son énergie et lui permettre d'atteindre des résultats extraordinaires. Extrayez la réalité de Rudy. Extraire de lui à quel point il est difficile pour lui de confronter les gens. N'essayez ni de le corriger ni de l'encourager à ce stade. Il suffit de voir et de ressentir sa réalité puis de la lui refléter en retour pour qu'il soit sûr que vous le comprenez.

Une fois que Rudy se sent compris, demandez-lui de voir votre point de vue.

« Rudy, je me sens complètement partagé. Je n'ai personne aussi consacré, talentueux et axé sur les résultats que vous. Mais votre incapacité à faire face à vos employés et les tenir responsables fait du mal aux résultats de votre département. Permettez-moi de vous demander, est-ce la vérité au sujet de Rudy qu'il ne peut pas exprimer sa vérité ? »

Formuler la question de cette manière permet à Rudy de se voir de la position d'un observateur. Il objective son point de vue de lui-même. Rudy pourrait répondre, « Non, ce n'est pas la vérité sur moi que je n'arrive pas à exprimer ma vérité. Je le fais dans les relations qui comptent le plus pour moi. Je peux tenir les gens responsables ».

Ensuite, vous pouvez extraire une Plus Grande Réalité.

« Donc, si vous exprimiez votre vérité et teniez vos employés responsables, quels sont les compétences et les sentiments que vous emprunteriez de ces autres domaines de votre vie ? »

« Je serais plus soucieux de leur bien-être global que de leur confort du moment. Je serais porté sur la façon dont je les aide à atteindre leurs objectifs de carrière plutôt que leurs objectifs d'éviter la douleur du conflit ».

« Pouvez-vous vous voir faire ça ? »

« Oui, je le peux ».

« Et quelles mesures spécifiques prendriez-vous pour y parvenir ? »

À ce stade, Rudy se voit autrement. Il aime aider et soutenir. La Plus Grande Réalité qu'il a découvert, c'est qu'il peut emprunter les sentiments et les compétences de l'aide et du soutien des domaines de sa vie où il est en mesure de confronter les personnes, et les appliquer à son rôle de directeur. Il croit que cela est possible parce qu'il peut voir le lien entre la confrontation et le bien-être global de ses employés.

Suspendre les hypothèses en les expulsant

J'ai un ami qui est un artiste. Lorsqu'une galerie achète un de ses tableaux, elle met son nom en haut de la zone d'affichage et accroche le tableau sous son nom afin que chacun puisse apprécier comment cet artiste voit le monde.

Faire ressortir vos hypothèses ou celles de quelqu'un d'autre, c'est comme ça. Vous tirez en douceur l'hypothèse et la suspendez, l'accrochant sous le nom du propriétaire afin que chacun puisse voir clairement ce point de vue du monde. (Le mot *suspendre signifie en réalité accrocher en dessous*.) Une fois l'hypothèse extraite et suspendue, elle peut être validée, invalidée ou modifiée pour s'aligner avec une Plus Grande Réalité.

Extraire vos hypothèses pour que d'autres puissent voir vos modèles mentaux est un cadeau que vous leur offrez. Pourquoi ? Parce que cela leur donne un outil 'donneur-de-sens' – une image claire de vos pensées sous-jacentes. Ceci leur permet de mieux interpréter vos paroles et vos comportements. Lorsqu'ils voient vos hypothèses, cela les aide à comprendre vos motivations. Vous leur épargnez la douleur de mal vous comprendre. Extraire vos hypothèses est aussi un cadeau à vous-même, car cela vous évite à vous la douleur d'être incompris.

Le corollaire est que lorsque vous faites ressortir des hypothèses des autres, vous voyez leurs pensées sous-jacentes et pouvez mieux interpréter leurs paroles et leurs comportements. Et cela, bien sûr, est un cadeau à tous les deux.

Comment extraire les hypothèses

Si vous êtes au restaurant avec un ami et c'est à votre tour de payer, vous pouvez saisir la facture et sortir votre argent assez fermement. « C'est pour moi celle-là » est une approche tout à fait appropriée.

Si vous êtes sûr que c'est au tour de votre ami de payer, vous aimeriez peut-être lui laisser l'opportunité de sortir son argent, plutôt que de dire avec assurance, « Allez-vous sortir votre argent et payer ce repas ? »

Extraire vos propres hypothèses et celles des autres est un peu comme cela. Lorsqu'il est temps d'extraire votre propre hypothèse, vous pouvez dire avec assurance, « Je pars du principe que je vous ai fâché hier avec mes commentaires trop agressifs. C'est juste ? »

Lorsqu'il est temps d'extraire les hypothèses de quelqu'un d'autre, cependant, il n'est généralement pas fructueux d'être aussi affirmatif. Ils peuvent ne pas être aussi prêts que vous d'avoir leurs pensées intérieures suspendues pour tout le monde. Une façon de garder tout cela agréable est d'éviter l'utilisation du mot « supposer ». Les gens n'aiment pas être accusés d'avoir fait des suppositions. Donc, évitez de dire, « Je crois que vous supposez que je ne serai pas prêt pour l'appel de vente vendredi ». Au lieu de cela, demandez : « Avez-vous des préoccupations concernant ma préparation pour vendredi ? »

De cette façon, vous extrayez les hypothèses de la personne dis-crètement, lui créant une opportunité de vous dire ce qu'elle pense vraiment. C'est généralement une bonne idée de substituer les mots *conclure, croyance, penser* et *sentir* pour le mot *assumer*.

J'utilise souvent des phrases comme celles-ci pour extraire des hypothèses des autres :

- « Avez-vous *conclu* que Fraser vous contourne ? »
- « *Croyez*-vous que nous laissons tomber pour celui-ci ? »
- « *Pensez*-vous que Jen a fait tout son possible ? »
- « Est-ce que d'après vous ce processus *commence à sentir* artificiel ? »
- « Vous ne semblez pas être à l'aise avec ceci. *Pouvez-vous me dire pourquoi* ? »

À l'intérieur de l'être mystérieux appelé la « personne » se trouve quatre étangs dans lesquelles les hypothèses se cachent. Si vous avez le courage de vous rendre jusque dans leurs profondeurs obscures, vous pouvez tirer des hypothèses vers la surface. Une bonne chose sur les hypothèses tueuses est qu'une fois émergées, elles perdent beaucoup de leur pouvoir à vous blesser. Voici les quatre étangs :

- Leur colère.
- Leurs préoccupations.
- Leurs opinions.
- Leur écart dire-faire.

L'approche à adopter lorsque vous rentrez dans chacun de ces bassins est de *poser une question, d'écouter attentivement* la réponse, et de *refléter en retour l'essence* d'une manière qui vous mènera à *l'hypothèse au-dessous*.

Leur colère

La colère d'une personne est un vrai cadeau pour quiconque souhaitant extraire des hypothèses. La colère est une réaction naturelle qui révèle les hypothèses de la personne de la façon dont elle a été blessée ou comment elle se sent menacée.

Voici un processus de dialogue qui vous mènera sous la colère au sentiment de souffrance et sous le sentiment de souffrance à l'hypothèse qui en est la cause.

> **« J'ai l'impression que quelque chose vous a offensé. Si c'est le cas, pouvez-vous me dire ce que c'est ? »**
>
> « Eh bien, je n'étais pas trop impressionné de ne pas avoir été informé de la réunion de mardi dernier ».
>
> « Ah, vous vouliez être là ? »
>
> « Bien sûr ! Ce projet a été ma responsabilité pendant les trois dernières années ».
>
> « Pas étonnant que vous vous sentiez laissé pour compte ».
>
> « Eh bien, comment vous sentiriez-vous ? »
>
> « Selon le sujet de la réunion, j'imagine que je pourrais me sentir exclu ».
>
> « Que voulez-vous dire ? Quel était le sujet de la réunion ? »
>
> « Hé bien en fait la réunion ne concernait absolument pas votre projet ».
>
> « Elle ne concernait pas mon projet ? »
>
> « Non. Pourriez-vous me dire ce qui vous a fait supposer que c'était le cas ? »
>
> « Hé bien, J'ai juste supposé que ... heu, oh, je déteste lorsque je fais ça ! »

Cette personne a fait un bon travail de découvrir :

- La **colère** : « Personne ne m'a parlé de la réunion ».
- La **douleur** : « Je me sentais à l'écart ».
- L'**hypothèse** : « Vous vouliez m'exclure ».

Une fois l'hypothèse révélée, son pouvoir d'alimenter le malentendu est annulé. Si vous apprenez à placer une seule bonne question et à refléter en retour afin de contrôler votre compréhension, vous pouvez atténuer l'effet de nombreux malentendus.

Leurs préoccupations

La préoccupation d'une personne peut être un autre cadeau. Elle vous dirige vers ses hypothèses. Elle vous dit ce qu'elle suppose être sur le point de perdre. Ou, elle peut vous indiquer ce qu'elle suppose qu'elle ne va pas obtenir.

Voici une question qui vous amènera sous la préoccupation jusqu'à la crainte et sous la crainte jusqu'à l'hypothèse qui en est la cause.

« **Vous ne semblez pas être à l'aise avec ceci. Pouvez-vous me dire pourquoi ?** »

« Eh bien, je ne suis pas trop excité à l'idée que vous travailliez avec Jeremy ».

« Vous avez des préoccupations à cause de lui ou de moi ? »

« Eh bien, les deux en fait. Il semble un peu manipulateur ».

« Vous vous inquiétez qu'il me submerge ? »

« Eh bien, ce ne serait pas la première fois ».

« Donc vous avez peur que je ne lui tienne pas tête et que notre famille soie perdante ? »

« Oui, dans le fond c'est cela ».

Cette personne a fait un bon travail de découvrir :

Les **inquiétudes** : « Si vous travaillez avec Jeremy, il pourrait vous submerger ».

La **peur** : « La famille ne sera pas protégée. Par conséquent, nous serons perdants ».

L'**hypothèse** : « Votre peur l'emportera sur votre désir de nous protéger ».

Leurs opinions

Écouter attentivement les opinions des gens quant aux paroles et aux comportements des autres. Ceci vous donne une vue transparente de leurs intérieurs. Leurs opinions vous mèneront vers leurs jugements. Leurs jugements vous montreront ce qu'elles estiment être bien et mal. Avec ces nouvelles connaissances, vous pouvez comprendre les hypothèses qui vont façonner leur perception de vos paroles – et donc la façon dont vous devrez encadrer vos mots pour éviter les malentendus.

« **Il me semble que vous avez réagi assez fortement aux compliments que Shelly a fait au sujet de Margo. Qu'est-ce qui se passe là ?** »

« Vous ne voyez pas ? Margo lance des fleurs à Shelly, comme elle fait à tout le monde ».

« Tu veux dire que la façon dont elle a reconnu Shelly devant ses collègues était manipulateur ? »

« Bien sûr. Elle est en train de manipuler Shelly pour l'amener à travailler plus d'heures ».

« Mais peut-elle travailler plus d'heures ? Je croyais qu'elle travaillait à temps partiel ».

« Ouais, eh bien, elle essaye sûrement d'obtenir quelque chose d'elle » .

« Alors quand je vous donne un compliment, que pensez-vous que *je* veux obtenir de vous ? »

« Je ne sais pas. Je sais juste que tout le monde veut obtenir quelque chose ».

Cette personne a fait un bon travail de découvrir :

L'**avis** : « Margo lui lance des fleurs ».

Le **jugement** : « Elle est en train de manipuler Shelly pour qu'elle travaille plus d'heures ».

L'**hypothèse** : « Tout le monde veut obtenir quelque chose ».

Leur écart dire-faire

Lorsque les individus disent une chose et en font une autre, l'une des choses suivantes se passe peut-être :

- Ils ne sont pas totalement honnêtes.
- Ils manquent peut-être de la conscience en soi.
- Les hypothèses sont en jeu.

Supposons que les hypothèses en jeu. Voici un exemple de questions qui mènent à l'hypothèse **sous-jacente** à cet écart.

« Il me semble que j'ai un écart et je me demande si vous pouvez m'aider. Je sais que vous avez dit que vous voulez vous mettre à votre propre compte et je crois que vous en êtes capable. Pouvez-vous m'aider à comprendre pourquoi donc vous vous trouvez encore à un poste que vous détestez ? »

« Je pense juste que ce n'est pas tout à fait le bon moment ».

« Vous croyez avoir quelque chose d'utile à offrir, non ? »

« Tout à fait ». « Et, vous ne m'aviez pas dit que plusieurs clients possibles vous ont dit qu'ils seraient intéressés de traiter avec vous ? » « C'est vrai ». « Donc, le marché est mûr, mais vous ne pouvez pas quitter votre autre emploi ? » « Oh, je pourrais le quitter demain, et nous avons assez d'économies pour pouvoir affronter la première année ou deux. Seulement, je ne sais pas si c'est vraiment la bonne chose pour moi ». « Si votre succès était entièrement garanti, c'est-ce ce que vous feriez ? » « C'est exactement ce que je voudrais faire ». « Votre instinct vous dit-il que vous allez réussir ? » « Pas vraiment. Je lance bien les choses, mais je n'ai pas eu beaucoup de succès quand il s'agit de les mener à bien. Je suppose que je pense ne pas vraiment en être capable ».

Cette personne a fait un bon travail de découvrir :

- Ce que la personne **disait** : « J'apporte de la valeur. L'occasion est là. Je devrais me mettre à mon compte ».
- Ce que la personne est en train de **faire** : Languir dans un emploi sans issue.
- L'**hypothèse** : « Je suppose que je vais échouer ».

Apprenez à voir la colère, la peur, les opinions et les écarts « dire-faire » d'une personne comme des opportunités d'extraire les hypothèses qui peuvent obscurcir la Plus Grande Réalité. Extraire ces hypothèses en posant des questions pertinentes, en étant à l'écoute et en reflétant en retour l'essence du message de l'orateur. Une fois que les fausses croyances sont révélées, elles peuvent être recalibrées et souvent, la Plus Grande Réalité émergera et deviendra apparente.

Les Signaux d'hypothèses
Voici quelques mots auxquels vous devriez rester attentif, car ils peuvent vous mener à découvrir si les hypothèses travaillent en dessous de la surface.

- *Toujours, jamais, tout, ou rien*. Si peu de choses dans la vie sont vraiment toujours, jamais, tout, ou rien. Lorsque les

---

individus utilisent ce langage fort, cela peut signaler qu'il y a une hypothèse sous-jacente telle que : « Vous ne m'écouterez pas ».

• **J'ai peur, je suis préoccupé, je suis inquiet.** Le langage de la peur peut souvent signaler une hypothèse sous-jacente telle que : « Ça ne va pas marcher ».

• **Je ne semble pas capable de, je n'arrive pas à. Ça ne fonctionnera pas.** Le langage de l'incapacité peut souvent signaler une hypothèse sous-jacente telle que, « Je vais échouer ».

Que sommes-nous vraiment en train de dire ici ?

- Extraire la Plus Grande Réalité libère de l'énergie intelligente, car les décisions et les actions les plus astucieuses deviennent apparentes.
- Les *Pull Conversations* produisent un état d'esprit de collaboration qui nous permet d'identifier notre terrain d'entente. En arriver à un terrain d'entente est la clé pour extraire la Plus Grande Réalité.
- Pour en arriver à un terrain d'entente, utilisez « et » pour rejoindre vos mondes, et posez la question, « Qu'est-ce que nous voulons là, tous les deux, qui nous permettrait d'aller de l'avant ? »
- La Plus Grande Réalité est généralement voilée par des hypothèses non vérifiées et des fausses croyances.
- Un avantage de tirer est que cela coupe à travers les hypothèses et les perceptions et nous amène à la réalité.
- Un autre avantage puissant : arriver à la Plus Grande Réalité recalibre vos croyances erronées et les remplace par des croyances fiables.
- Il existe quatre domaines dont il faut extraire les hypothèses : La colère des individus, leurs préoccupations, leurs opinions et leur écart « dire-faire ».

Voulez-vous le faire ?

- Réservez une date pour avoir une *Pull Conversation* avec la personne que vous avez choisie dans le chapitre 4 (voir la section Voulez-vous le faire ? à la fin de ce chapitre).
- Réfléchissez à l'Étape 3 du modèle de la *Pull Conversation* (voir la feuille de travail fournie tout au long de ce livre) et écrivez sur une copie de celui-ci ou sur une autre feuille de papier ce que vous croyez être le terrain d'entente entre votre réalité et ce que vous croyez être leur réalité.
- Identifiez les décisions, les comportements et les résultats que vous espérez voir émerger de cette conversation (Étapes 4, 5, et 6).
- Commencez la conversation.

Juice à la maison

Le Meilleur avenir possible

Le film *I Am Sam* est l'histoire riche de Sam, un père ayant une déficience intellectuelle dont sa jeune et brillante fille, Lucy, lui à été retirée par l'État parce qu'il est considéré comme étant incapable de l'élever.

Rhandi, une femme qui s'occupe de Lucy, est déterminée à l'adopter. Elle est focalisée sur une chose : elle veut que Lucy habite avec elle et non avec Sam. Elle est sur le point de comparaître au tribunal pour dire au juge pourquoi elle peut prendre soin de Lucy et que Sam ne le peut pas.

Sam se concentre sur autre chose : il ne veut pas que Lucy lui soit retirée. Sam, ses amis, et son avocat se battent pour prouver qu'il est un papa formidable.

Lorsque la date d'audience s'approche, Lucy fugue fréquemment de la maison de Rhandi pour rendre visite à Sam, qui habite à proximité. Lorsque Sam ramène Lucy chez Rhandi nuit après nuit, Rhandi commence à comprendre quelque chose. Une nuit, seulement quelques heures avant qu'ils doivent comparaître tous les deux au tribunal, Sam et Rhandi ont une conversation importante. Rhandi s'excuse auprès de Sam, en admettant qu'elle avait prévu de mentir au juge, en disant qu'elle donnerait à Lucy l'amour qu'elle n'avait jamais connu.

Sam répond, « J'espère que vous êtes en train de dire ce que je crois » et Rhandi dit, « Oui, je confirme ».

Puis, lorsque Rhandi se retourne pour descendre les escaliers, Sam demande à Rhandi s'il peut lui dire un secret, un secret qu'elle ne répétera pas au juge. Lorsque Rhandi promet de ne pas le répéter, Sam lui dit, « J'ai toujours voulu que Lucy ait une mère. J'ai toujours voulu qu'elle ait une mère. Et de l'aide, j'ai besoin de quelqu'un ... pour aider ... pas n'importe qui ... juste, pas n'importe qui. Et vous, vous êtes le rouge dans ses dessins. Je crois que vous êtes le rouge dans ses dessins ».

La scène suivante est de l'énergie pure. Sam est l'arbitre du match de football de Lucy, et il commence par jouer le jeu de « Jacques a dit » avec les joueurs. Ensuite, vous voyez Lucy courir le long du terrain, s'approchant du filet et marquant un but. Sam hurle de joie, ramasse Lucy, et court follement autour du terrain, suivi par tous les autres joueurs. Rhandi regarde la scène, un sourire radieux aux lèvres.

Il est évident que Lucy connaît maintenant les soins et l'amour de la mère qu'elle n'a jamais eu et l'amour du père qu'elle espérait qu'elle n'allait jamais perdre.

Lorsque Sam et Rhandi se sont concentrés sur leur terrain d'entente – donner à Lucy le meilleur avenir possible – la Plus Grande Réalité – le fait que Lucy pourrait être élevée par tous deux – se présentait immédiatement. Ils sont arrivés à un terrain d'entente, lorsque Rhandi s'est rendu compte que ce qu'elle voulait le plus était la même chose que Sam voulait le plus : Que Lucy se sente aimée.

Extraire les meilleures astuces des gens

Faire ressortir le génie au moyen du respect

J'ADORE l'histoire de l'homme qui a eu des relations avec deux premiers ministres britanniques, William Gladstone et Benjamin Disraeli. Il a dit de Gladstone, « Chaque fois que j'ai fini une conversation avec lui, je me retrouvais avec le sentiment qu'il était brillant ». Il a dit de Disraeli, « Chaque fois que j'ai fini une conversation avec Benjamin Disraeli, je me retrouvais avec le sentiment que j'étais brillant ». Disraeli avait probablement obtenu le droit, donc, à la boutade, « Le plus grand bien que vous pouvez faire pour un autre n'est pas seulement de partager vos richesses, mais de lui révéler les siennes ».

Nous avons exploré comment les *Pull Conversations* révèlent une Plus Grande Réalité et ainsi libèrent de l'énergie intelligente. Il y a un autre élément clé dans le processus de libération de ce type d'énergie, et il s'appelle le respect.

Le Respect

Il y a une scène dans le film *Erin Brokovich* que j'aime particulièrement. Celle où Brokovich est dans une impasse. Elle a besoin de cette partie essentielle de preuve, cette preuve qui permettra de résoudre le cas. Elle est introuvable, jusqu'à ce que, comme un aimant, elle l'attire vers elle-même. Pourquoi l'employé d'usine lui a donné l'astuce qui lui a permis de gagner l'affaire ? Ma théorie est que le respect qu'avait Erin pour cet homme l'a énergisée pour être ouverte à lui, et que le respect qu'il ressentait d'Erin l'a énergisé lui de vouloir l'aider à réussir. De cette façon, le respect est à la fois la source et le résultat des *Pull Conversations*.

Cette information est particulièrement importante pour les leaders, parce que plus il vous est accordé de pouvoir dans une organisation, plus il sera difficile pour vous de mettre la main sur de l'intelligence de première ordre. Vous ne pouvez l'attirer vers vous-même qu'au moyen de conversations respectueuses, de face à face.

Changer l'immuable

Il y avait une personne dans le département de Catherine que tout le monde évitait. Myrna avait cinquante ans, se préparant à la retraite. Elle avait depuis toujours travaillé dans l'entreprise. C'était une personne de soutien indispensable, qui gérait toutes les réservations de la clientèle pour le département. En effet, extérieurement, elle était très courtoise. Ses clients aimaient traiter avec elle au téléphone. Intérieurement, en revanche, elle était irascible, brute, et belliqueuse. Faire en sorte qu'elle réponde à vos besoins au travail s'avérait compliqué, laborieux et frustrant.

Catherine était tout aussi horrifiée par Myrna que tous les autres, mais avait la position peu enviable d'être l'une des personnes pour lesquelles Myrna travaillait. Il était clair pour Catherine que Myrna était une personne en manque d'attention. Elle a donc décidé d'essayer de lui porter de l'attention pendant dix minutes chaque jour. Elles étaient toutes deux des lève-tôt, alors elle s'est dit qu'un peu de conversation en début de journée ferait une différence. Ce serait facile.

Ce n'était pas facile, mais cela a fait une différence.

Au début, Catherine a regretté sa décision. Lors de son premier voyage dans l'univers de Myrna, elle ne savait pas comment s'en sortir lorsque les dix minutes se sont transformées en une demi-heure. Le deuxième jour n'était pas mieux. Le troisième jour, elle était prête à s'arracher les cheveux et remettait en question toute sa stratégie. Mais ce troisième jour, Myrna semblait en quelque sorte un peu plus humaine, et Catherine a pu sortir de son bureau au bout de vingt minutes.

Et ainsi de suite, chaque jour, Catherine remplissait le réservoir émotionnel de Myrna avec du respect et de l'acceptation. Bien qu'elle ait encore du recul face aux commentaires de Myrna, elle mettait de côté ses réactions, déterminée à rester à l'écoute.

Myrna était aussi grognonne que jamais avec tous les autres, mais commençait à *se soucier* du travail de Catherine, le livrant à temps, et, miraculeusement, sans erreurs. Catherine commençait à voir que Myrna était plus capable que ce qu'elle avait imaginé. Finalement, les courtes visites devenaient beaucoup plus agréables.

Catherine a été l'heureuse bénéficiaire de plusieurs révélations sur Myrna : Myrna agissait de la sorte car son réservoir émotionnel était vide ; qu'elle *avait* des compétences ; et qu'elle pouvait être drôle et même créative parfois.

Ceux qui respectent véritablement les autres prennent le temps et l'énergie pour chercher des possibilités que d'autres ne remarquent pas. Ils voient les autres pour ce qu'ils peuvent être plutôt que ce qu'ils sont actuellement. Le rythme fou de la vie fait que nombre d'entre nous ignore certaines personnes. Le respect incite certaines personnes à faire autrement. Elles se disent, « Peut-être qu'il y a du potentiel ici que je n'ai pas vu précédemment », et y retournent pour réexaminer.

Il est intéressant de noter que le respect est justement le fait de regarder à nouveau. Il vient d'un mot latin *respecere*, ce qui signifie, *examiner de nouveau*. Bill Isaacs, dans son livre *Dialogue : The Art of Thinking Together*, dit que le respect « implique un sentiment d'honorer ou de déférer à quelqu'un. Là où nous avons vu un aspect d'une personne, on regarde à nouveau et on se rend compte de tout ce que l'on n'avait pas remarqué en eux ».

L'essence du respect, alors, est de *regarder à nouveau afin de reconnaître le potentiel véritable d'une personne et de la traiter en conséquence.*

Stores baissés

J'ai remarqué quelque chose au début de ma carrière que j'ai fini par appeler « stores baissés ». Lorsque les gens qui m'enseignaient une procédure étaient brusques, impatients ou condescendants envers moi, je commençais à trébucher sur mes paroles et mes pensées. C'était presque comme si les stores descendaient devant mes yeux. J'étais là, un idiot maladroit qui ne pouvait pas offrir ce que j'avais à offrir.

Cependant, lorsque je me suis mis en question, je me suis rendu compte que le problème ne venait pas moi. Premièrement, je savais que j'étais avide d'apprendre et j'avais la volonté de comprendre. Deuxièmement, j'ai pu voir que d'autres personnes avaient des difficultés avec les mêmes « professeurs ». Troisièmement, je me sentais articulé et lumineux lorsque j'étais avec des personnes qui m'apprenaient par le biais du même processus d'apprentissage, mais démontraient qu'ils appréciaient mes pensées. J'ai fini par être en mesure de comprendre bien plus rapidement.

La différence entre ces deux types d'enseignants était simple. Le premier ne m'a montré aucun respect. Le second m'en a montré. Maintenant, dans mes discours, mes formations et mes consultations, par milliers les participants confirment ce phénomène. Ils me disent que la caractéristique clé qui libère leur intelligence et leurs efforts peut être dit de différentes façons, mais toutes avec l'orthographe R-E-S-P-E-C-T :

- « Il me fait me sentir valorisé ».
- « Elle m'écoute vraiment ».
- « Il me donne son attention totale ».
- « Il ne porte pas de jugement ».
- « Elle pose des questions formidables ».

Le respect extrait le génie chez les individus. Mais, comme l'histoire suivante illustre, lorsque vous traitez les gens avec un manque de respect, vous bloquez leur capacité à vous offrir le meilleur d'eux même.

Frôler la mort dû aux aliments pour chiens

Les choses ne se passaient pas trop bien au travail pour Jason. Il avait toujours voulu travailler dans un centre de distribution et il aimait le défi de conduire le chariot élévateur. Mais la plupart du temps il se sentait malheureux à cause de l'atmosphère qui y régnait et le travail commençait à devenir une corvée. Pourtant, il mettait sa fierté à contribuer de son mieux.

Un jour, les choses se sont beaucoup empirées. Il déplaçait des palettes lorsque son chariot élévateur a poussé une étagère empilée de sacs de nourriture pour chiens. L'étagère n'était pas bien fixée et des centaines de kilos du produit se sont écroulés, le manquant de près.

Jason était fortement secoué, mais heureux d'être en vie. Mais, ce qui l'a secoué le plus encore a été la réaction de la direction. Au lieu de se soucier de sa sécurité, son directeur et le vice-président de son département étaient en colère.

« Quelle quantité d'aliments pour chiens avez-vous endommagée ? » lui demandaient-ils – et non, « Vous allez bien ? » ou, « Comment pouvons-nous nous assurer que cela ne se reproduise pas ? »

Lorsque Jason m'a raconté cette histoire, le sentiment profond du manque de respect qu'il éprouvait était évident. Quoi de plus dégradant que d'avoir votre vie comparée à quelques sacs de nourriture pour chien ?

« Il fut un temps où je me réjouissais d'aller au travail », a-dit-il. « Je trouvais de meilleures façons d'opérer qui faisaient gagner du temps ou de l'argent à l'entreprise. Je venais faire des heures supplémentaires que pour aider mon directeur. Maintenant, je fais seulement ce que l'on me dit de faire et quand ils me demandent de faire des heures supplémentaires, je leur dis que j'ai d'autres choses à faire ».

Nous y sommes, l'ultime témoignage accablant contre un gérant : « Je fais seulement ce que l'on me dit de faire ». Le respect extrait les meilleures astuces des gens. Le manque de respect extrait le pire.

Image positive et action positive

Comment exactement le respect extrait-il le meilleur des individus ? En leur permettant de voir avec précision leur potentiel. Vos yeux sont le miroir que les gens utilisent pour se voir. Que vos perceptions des autres soient fausses ou justes, elles les définissent. Si John regarde dans vos yeux et voit le rejet et le mépris, une image d'inutilité est reflétée vers lui. Si, toutefois, il voit le respect, l'honneur, et la croyance, une image de valeur est reflétée.

Le respect – regarder à nouveau pour voir une lueur du vrai potentiel d'une personne – vous donne une image positive de cette personne. Lorsqu'elle vous regarde dans les yeux et voit cette image positive, ceci créera de l'action positive en elle.

Dans son essai *Positive Image, Positive Action : The Affirmative Basis of Organization*, David Cooperrider, professeur de comportement organisationnel, dit :

> Chacun d'entre nous est fait et imaginé dans les yeux d'un autre. Il y a une inséparabilité absolue de l'individu du contexte social et l'histoire du processus projectif. Et, l'imagerie positive interpersonnelle, les études d'aujourd'hui le montrent, accomplit son travail de manière très concrète. Comme la réponse au placebo ... il semble que l'image positive plante une graine qui redirige l'esprit de l'observateur à penser et à voir l'autre personne avec des yeux affirmatifs.

Vous avez le choix si vous regardez à nouveau de reconnaître le vrai potentiel des personnes. Vous avez le choix de l'image qu'ils voient lorsqu'ils vous regardent dans les yeux. En ce sens, vous avez également l'option quant à extraire le meilleur ou le pire en elles.

S'ils ne le ressentent pas, ce n'est pas là

Mais il ne suffit pas de respecter quelqu'un ; ils doivent se *sentir* respectés par vous. Malheureusement, l'habileté de refermer la boucle sentiment pour s'assurer que les gens se sentent respectés est souvent omise par ceux qui ont un QI élevé, mais un QE (quotient émotionnel) sous-développé.

Jerry est un nouvel employé et il parle à son patron, Raj. Jerry est en train d'absorber les points A, B, et C. Raj en est déjà au K – il a une compréhension claire de la procédure et sait où Jerry va finir. Il commence à dire à Jerry, « Je l'ai. Je *l'ai*. Vous n'avez pas à m'en dire plus ».

Le problème est que Jerry sent qu'il a besoin d'absorber les points D, E, F, G, H, I, J, et K pour se sentir parfaitement clair dans sa compréhension. Maintenant il ressent un manque de respect à son égard.

Daniel Goleman, dans le livre *Working With Emotional Intelligence*, évoque les preuves scientifiques concernant les effets physiques sur les individus lorsqu'ils sont non respectés ou au contraire respectés. Lorsque nous ressentons du stress – par exemple, lorsque nous sommes en train de nous faire psychologiquement « effacés » ou tout simplement ignorés par d'autres – nos corps libèrent du cortisol, parfois appelé l'hormone du stress. Entre autres, le cortisol est intimement lié au fonctionnement du système immunitaire, ce qui explique pourquoi les situations de stress ont un effet direct sur notre bien-être physique.

Goleman affirme qu'en revanche, lorsque nous sommes engagés de façon positive, « notre cerveau se fait tremper dans un bain de catécholamines et d'autres substances déclenchées par le système des surrénales. Ces produits chimiques signalent au cerveau de rester attentif et intéressé, fasciné même, et énergétique pour un effort soutenu ».

Goleman décrit la forme d'écoute qui extrait du génie simplement comme « étant présente ». Lorsque les gens sont présents pour nous, cela déclenche ces réactions positives dans notre être même. Il est facile de voir pourquoi le génie est beaucoup plus susceptible d'être en vue lorsque les gens reçoivent un regard positif.

Le Respect et la réflexion

La réflexion est l'un des meilleurs moyens d'assurer que les gens se sentent respectés. Il leur démontre que vous appréciez ce qu'ils *disent* et comprenez ce qu'ils *veulent dire*.

Lorsque la lumière frappe un miroir, la lumière rayonne en retour de manière uniforme, montrant une image. En fait, *refléter* veut dire exactement cela, *se courber en retour*. Votre image frappe le miroir et est courbée en retour afin d'être reçue par vos yeux.

Lorsqu'une personne parle, assurez-vous que vous avez compris leur réalité. Ensuite, agissez comme un miroir pour elle, leur recourbant leur message de façon si précise et si convaincante qu'elles reconnaissent instantanément leur essence dans votre réflexion d'eux. Il s'agit d'une excellente forme d'honneur, comme l'histoire écrite par Kerry L. Johnson dans son livre *Sales Magic*, l'illustre.

Il semble qu'un ami de Johnson a eu la chance d'avoir eu I.M. Pei, un architecte de renom, comme voisin de siège lors d'un vol domestique. Cet ami était originaire de Boston et avait toujours admiré le John Hancock Building de Pei, à Copley Square. Le bâtiment de Pei se trouve entre deux merveilles du dix-neuvième siècle, l'église Trinity et la Boston Public Library. L'ami de Johnson en a profité pour poser une question à l'architecte.

> « Vous savez », a-t-il dit, « je me suis toujours demandé pourquoi, flanqué de ces deux édifices de pierre et de granit magnifiques, vous avez recouvert le John Hancock Building avec du verre ? »
>
> « Oui. Eh bien, lorsque vous regardez dans ce verre, que voyez-vous ? »
>
> « Ben heu, je-je-vois les deux magnifiques bâtiments ! »
>
> « Exactement ».

Une *Pull Conversation* crée une connexion avec la réalité d'une autre personne en la reflétant en retour de façon précise. L'art de refléter en retour fait de vous une personne en qui les gens ont confiance que vous les *re-présentez* aux autres. Refléter est au cœur de ce que l'on appelle l'écoute active ou empathique. Votre but est simplement de refléter en retour l'essence du message de l'orateur en vos propres mots. Ne rien rajoutez, enlevez ou évaluez du message. Il vous suffit de retourner l'essence de celui-ci avec tant de précision que l'orateur dira : « Je n'aurais pas pu le dire mieux moi-même ».

Lorsque vous arrivez à faire ça, vous conférez à l'orateur une immense quantité de respect.

La réflexion permet non seulement aux autres de se sentir valorisés et respectés, mais elle leur permet également d'atteindre un état de clarté et de perspective de leur propre point de vue. Et ce, à son tour, leur permet de vous fournir plus de génie. Vous souvenez-vous de mon histoire d'Adrian qui avait décidé de continuer la musique ? Lorsque je suis entré dans son monde, que j'ai ressenti sa réalité, et la lui avait reflété en retour, cela a libéré son génie. Il a pu rapidement prendre une décision excellente qui a donné des résultats durables tout au long de la dernière décennie.

Comment refléter

Comme nous l'avons vu dans le chapitre 4, une réflexion est constituée de trois composants de base, de préférence encadrés dans vos propres mots :

- Une *déclaration tentative* : « On dirait que ... »
- *L'essence du sentiment* : « vous êtes es en colère ... »
- La *situation qui a provoqué la sensation* : « parce que j'ai oublié d'appeler ... »

Voici plusieurs phrases d'enchainement à utiliser lorsque que vous commencez à pratiquer la technique de réflexion. Vous trouverez bientôt celles qui semblent plus naturelles pour vous.

1 « Permettez-moi de vous refléter en retour ce que je vous entends dire ... »

2 « Donc ce que vous semblez dire, c'est ... »

3 « Si je vous comprends bien ... »

4 « Donc ce que je vous ai entendu dire jusqu'à présent est ... »

5 « Permettez-moi de voir si je vous comprends ... »

6 « Je crois être sur la même longueur d'onde que vous. Voyons voir si j'ai compris ... »

7 « Permettez-moi de vous le répéter ... »

8 « Est-ce que j'ai bien compris ...? »

9 « Donc votre point principal est ...? »

10 « Puis-je vérifier pour voir si j'ai bien compris ...? »

Le Coté difficile du respect

Le respect n'est pas doux et flou. Permettre aux personnes de faire moins que ce qu'elles sont capables de faire **est contraire** de cette qualité. Le respect ressemble à l'entraîneur qui vous affronte et qui n'acceptera que votre meilleur. Cela ressemble à la patronne qui vous pousse et qui ne vous laisse jamais tranquille, car elle voit ce dont vous êtes capable.

Le Respect et les meilleurs efforts des gens

Lors des années durant lesquelles je travaillais chez Eagle's Flight, nous avons développé un exercice pour montrer aux participants exactement ce qui est retenu d'une personne qui ne respecte pas les autres. Il montre aussi *pourquoi* les gens retiennent le respect. Suivant nos sondages auprès de milliers de participants du monde entier, nous étions confiants que les données issues de cet exercice étaient très précises.

Lors de ces séances, j'ai demandé aux participants de penser au meilleur auditeur qu'ils n'aient jamais connu, quelqu'un qui leur a fait se sentir compris et respecté. J'ai demandé, « Quelles sont les choses que cette personne fait, en tant qu'auditeur, qui vous fait sentir respecté et compris ? »

En générale, ils ont répondu que cette personne :

- me regarde dans les yeux.
- me donne toute son attention.
- est authentique.
- me donne de la rétroaction honnête.
- ne m'interrompt pas.
- défit positivement ma façon de penser d'une manière appropriée.
- n'est pas facilement distraite.
- respecte mon temps.
- reconnaît ce que je dis avec des hochements de la tête et des expressions faciales.
- ne porte pas de jugement.
- se met à ma place.
- me pose des questions lorsque quelque chose n'est pas clair.
- reflète en retour ce que je dis pour être sûr qu'elle a compris.

Puis je leur ai donné un tas de cartes représentant l'ensemble des ressources de valeur qu'ils possèdent, des choses telles la vision, des innovations, de la rétroaction constructive, et des techniques qui ont fait leurs preuves. J'ai demandé, « Laquelle de ces choses offriez-vous à votre meilleur auditeur, la personne qui vous fait vous sentir respecté et compris ? »

« Toutes », a été leur réponse.

« Maintenant, pensez à votre pire auditeur, quelqu'un qui ne vous fait pas sentir compris et respecté. Quel genre de choses font-ils ? »

Leur liste indiquait que cette personne :

- m'interrompt.
- porte des jugements et saute aux conclusions.
- ne donne pas un bon contact visuel.
- monopolise la conversation.
- fait semblant d'être à l'écoute.
- est trop facilement distraite.
- ne respecte pas mon temps.

- répond à des appels téléphoniques lorsque je suis en train de parler.
- ne reconnaît pas ce que je dis.
- n'est pas empathique.
- me pose des questions sur des sujets dont j'ai déjà parlé.
- termine mes phrases à ma place.

Ma prochaine question : « Qu'offririez-vous librement à une personne de ce genre et que leur n'offririez-vous pas ? »

Leurs réponses se répartissaient en quatre catégories de base :

- des informations de base.
- des instructions précises.
- des avertissements.
- des techniques éprouvées et validées.

La majorité des participants ont dit qu'ils retiendraient la totalité de leurs autres ressources. Cela signifie que les personnes qui ne font pas sentir aux autres qu'ils sont respectés et compris perdent des ressources aussi essentielles que la vision, les innovations, les doutes, la rétroaction constructive, le respect, l'empathie, l'enthousiasme, l'encouragement et la loyauté.

« Maintenant, pensons à quelqu'un qui vous fait vous sentir modérément respecté et compris. Que lui offririez-vous ? »

À ce stade, les participants ont indiqué qu'ils offraient leurs innovations, leurs techniques éprouvées et validées, de la rétroaction constructive, les doutes, et l'encouragement.

« Quelles sont les ressources qui manquent encore à cette personne ? »

« Elle ne reçoit pas notre vision, notre respect, notre loyauté, notre empathie, ou notre enthousiasme. Elle ne reçoit pas ces choses-là jusqu'à ce qu'elle nous fasse nous sentir *entièrement* respectés et compris ».

Est-ce que vous passez à côté du meilleur des gens ?

Êtes-vous coupable de l'un ou de l'autre délit de la Liste des Pires Auditeurs ? Êtes-vous insensible aux idiosyncrasies que vous exhibez ? Si c'est le cas, il est bien possible que les personnes ne se sentent que partiellement respectées et comprises par vous. Notre recherche montre que si c'est le cas, vous perdez vraisemblablement leur vision, respect, loyauté, empathie, et enthousiasme.

Réfléchissez aux implications de ceci. Si elles ne vous offrent pas ces ressources, croyez-vous qu'elles vous offrent leur confiance ? Probablement pas. Réfléchissez aux autres implications. Regardez de près les ressources qu'elles retiennent. Constatez-vous quelque chose à leur sujet ? Ils représentent la partie la plus profonde de la personne, la partie qui les « *juice* » et les dynamise dans leur travail. Si vous ne faites de sorte que les personnes se sentent totalement respectées, vous vous entourez de collègues de travail « dé-*juicés* » et « dé-dynamisés ».

La tragédie dans tout cela est que la plupart des gens *veulent* vous offrir le meilleur d'eux même. Il y en a relativement peu qui retiennent de façon vindicative leurs idées ou leur loyauté. Le manque de respect et l'incompréhension ont un impact sur la volonté des personnes, mais, plus important encore, ils ont un impact sur leur capacité à vous offrir le meilleur d'eux-même.

Comment faire preuve de respect

Si vous voulez vraiment voir le potentiel des gens, il est bien possible que vous devriez apprendre à *respecter*, ou à *regarder à nouveau*. Voici vingt-et-un comportements que vous pouvez démontrer afin d'aider les individus à se sentir respectés et compris.

1 Apprenez quel genre de contact visuel les met à l'aise en votre présence.

2 Utilisez un langage corporel qui les fait s'ouvrir.

3 Donnez-leur votre entière attention, et veiller à protéger la conversation d'éventuelles distractions.

4 Ne sautez pas aux conclusions ou cédez à la tentation de juger.

5 Ne pas finir leurs phrases à leur place. Laissez des pauses généreuses.

6 Les reconnaître avec votre corps et votre voix.

7 Reflétez en retour l'essence de leur message pour démontrer que vous comprenez leur point de vue.

8 Ne pas rejeter leurs idées, mais « regarder à nouveau » jusqu'à ce que vous trouviez leur validité.

9 Éliminez tout ton condescendant.

10 Défiez leur façon de penser de façons respectueuses.

11 Faire preuve de patience lorsqu'ils absorbent.

12 Soyez curieux quant à ce qui est important pour eux.

13 Souvenez-vous et citez des choses qu'ils ont dit lors de conversations auparavant.

14 Écoutez attentivement afin de découvrir ce qui se passe sous la surface de la conversation.

15 Utilisez un suivi approprié comme point d'exclamation pour montrer que vous comprenez et respectez ce qu'ils ont dit.

16 Demandez la contribution des gens authentiquement – au cas où vous êtes ouvert à être changer par ce qu'ils offrent.

17 Entrez dans leur monde et voyez la question de la façon dont eux la voient.

18 Recherchez le potentiel en eux que d'autres n'ont pas reconnu.

19 Démontrez que vous croyez en leur capacité à vous comprendre.

20 Comprenez leur point de vue avant d'essayer de leur faire comprendre le vôtre.

21 Entendez non seulement ce qu'ils disent mais ce qu'ils essayent de dire.

Mise en garde

Le respect véritable ne peut être fabriqué. D'autres savent s'il est là ou pas. Lorsque vous respectez quelqu'un, il vous quitte en ayant reçu quelque chose de merveilleux. Si vous ne respectez pas les gens, interrogez-vous et posez-vous la question, « Pourquoi le respect ne fait pas partie intégrante de moi ? »

> **Pour faire en sorte que les gens se sentent respectés, maîtrisez ces Huit Distractions Fatales :**
>
> *1* Préparez votre scripte en même temps d'écouter « Hmmm. Qu'est-ce que je veux dire maintenant ? »
>
> *2* Inquiétude des soucis futurs : « Je ferais mieux de m'assurer de ne pas oublier de chercher les enfants ».
>
> *3* Inquiétude de regrets quant au passé : « Je n'aurais pas dû crié après le PDG ce matin ».
>
> *4* Inquiétude actuelle : « Oh non, j'ai besoin de voir cette proposition ».
>
> *5* Inquiétude spirituelle : « Je suis vraiment décentrée aujourd'hui ».
>
> *6* Interruptions : Les appels téléphoniques, les messages BlackBerry, les gens qui rentrent, les gens qui sortent.
>
> *7* Besoin biologique : La fatigue, la faim, la chaleur, le froid, la vessie pleine.
>
> *8* Bruit ambiant : La télévision, la musique, les machines, les enfants.

Peut-être que vous avez grandi avec un papa ou une maman qui, s'éloignant d'une interaction avec quelqu'un, vous disait, « Quel sot. Les gens sont idiots ». Si vous avez été codé par de fausses croyances de ce genre, il est temps pour vous de remettre en question vos hypothèses fondamentales. Je vous conseille de faire ce que j'ai fait : Trouvez-vous un conseiller ou thérapeute habile. Tout le monde peut bénéficier de quelques bonnes séances de counseling ou de thérapie.

Que sommes-nous vraiment en train de dire ici ?

- L'essence du respect est de *regarder à nouveau afin de reconnaître le potentiel véritable d'une personne et de la traiter en conséquence.*
- Si, au fil du temps, vous avez commencé à apprécier les gens seulement pour ce qu'ils peuvent faire pour vous, alors vous

avez perdu votre capacité à les voir comme des personnes et les voyez comme des objets.

- Vous pouvez vous entourer de gens brillants ; assurez-vous juste que vous leur accordez le respect qui libère leur génie.
- Votre respect ne sert pas à grand-chose à une personne à moins que la personne ne le ressente.
- Une des meilleures façons de montrer à quelqu'un que vous le respectez est de refléter en retour l'essence de ce qu'il dit.
- Le respect n'est pas chaleureux et flou. Lorsque vous respectez quelqu'un, vous exigez à ce qu'il soit à la hauteur de son véritable potentiel.
- Les gens retiennent leurs ressources intérieures les plus riches de ceux qui ne les font pas se sentir totalement respectés.
- Le respect ne peut être fabriqué. C'est quelque chose qui doit venir naturellement.

Voulez-vous le faire ?

- Pensez à une personne que vous avez exclue.
- Réservez du temps pour « regarder à nouveau » pour voir s'il y a une étincelle de leur potentiel que vous avez peut-être manquée.
- Pour comprendre leur potentiel, extrayez leurs pensées et leurs objectifs et découvrez ce qui a le plus d'importance à leurs yeux.
- Partagez avec un ami ce que vous avez appris sur le potentiel de cette personne.

Juice à la maison

Ce qu'est vraiment l'écoute

Comme nous l'avons évoqué au début de ce chapitre, *le respect* veut dire *regarder à nouveau*. Brenda Ueland, dans son livre *Strength to Your Sword Arm*, illustre l'effet transformationnel que peut avoir cette action de regarder à nouveau dans un ami.

J'ai récemment vu un homme que je n'avais pas vu depuis vingt ans. C'était un homme extraordinairement fort de caractère et qui s'était fait beaucoup d'argent. Mais, il avait perdu sa capacité d'écouter. Il parlait rapidement et racontait de belles histoires qui étaient tout simplement fascinantes à écouter. Mais lorsque j'ai commencé à parler – agitation : « Juste passe-moi ce truc, tu veux ? ... Où se trouve ma pipe ? » ...

Je me suis dit : « Cela fait des années qu'il est sous une pression intense. Sa famille a appris à résister à son discours. Mais maintenant, en l'écoutant, je vais extraire tout de lui. Il doit parler librement et sans pause. Lorsqu'il aura été vraiment suffisamment écouté, il deviendra alors tranquille. Il commencera à vouloir m'entendre, moi ».

Et, ce fut le cas après quelques jours. Il a commencé à me poser des questions.

Et bientôt je disais, doucement, « Vous voyez, il est devenu difficile pour vous d'écouter ».

Il s'arrêta net et me regarda. Et, c'est parce que je l'avais écouté avec une sympathie si totale, non critique, absorbée, sans aucune démonstration d'ennui ou d'impatience que maintenant il me croyait et me faisait confiance, bien qu'il ne le savait pas.

« Maintenant, parlez », a-t-il dit. « Dites-moi davantage à ce sujet. Dites-moi tout à propos de ça » ... Si vous n'écoutez pas, les personnes se renferment en votre présence ; elles deviennent à peu près un tiers d'elles-mêmes. Si vous n'écoutez pas, vous ne pouvez connaître personne. Oh, vous apprendrez des faits et ce qui est dans les journaux et toute l'histoire, peut-être, mais vous ne connaîtrez pas une seule personne. Vous savez, je suis venu à croire qu'écouter, c'est l'amour, c'est ce que c'est vraiment.

« Juicez » vos environnements

Comprendre les cinq moteurs de l'engagement

*L*ES directeurs de votre organisation se trouvent devant un « carrefour de choix » plusieurs fois par jour : « J'ai soixante minutes pour lesquelles je n'ai rien de prévu. Devrais-je faire quelque chose qui va me rendre 10 % plus productif, ou devrais-je prendre dix minutes avec chacun de mes six employés et faire quelque chose qui rendra chacun d'eux 10 % plus productif ? » Faites le calcul.

La façon dont vos directeurs répondent à cette question détermine l'avenir de votre entreprise. Malheureusement, la plupart des directeurs optent pour la mauvaise réponse, estimant que leur rôle principal consiste à exécuter des tâches techniques plutôt que de libérer de l'énergie à leurs employés.

Il existe une activité simple, mais brillante, pratiquée par les directeurs formidables qui leur permet de savoir exactement ce dont ils ont besoin pour dynamiser un employé : ***Ils demandent***. « Vous et moi voulons tous les deux la même chose. Nous voulons tous les deux que vous vous sentiez totalement énergisé au travail.

Puis-je vous demander ce dont vous avez besoin pour vous sentir complètement énergisé ? »

La plupart des directeurs croient qu'ils ne pourraient jamais avoir cette conversation avec leurs employés. « Cela ne créerait-il pas un ensemble d'attentes qui ne pourraient pas être remplies ? » disent-ils. « Ne serions-nous pas en train d'établir une situation où l'employé finira par être déçu et où nous nous finirons par l'échec ? »

Ce chapitre enseigne une conversation simple et systématique que vous pouvez avoir avec vos employés pour découvrir les facteurs qui les énergisent et les engagent au travail.

L'Écoute intelligente

Kathy Bardswick (son vrai nom) a un credo taillé dans la pierre : « Il ne s'agit pas seulement des résultats ; c'est la façon dont vous obtenez les résultats ». Construire des relations et faire avancer les choses pour les employés est un élément important pour obtenir des résultats solides allant au-delà des bénéfices nets. Elle a une obsession charmante de la culture organisationnelle.

Se connecter avec les employés

Lorsque Kathy a pris le rôle de PDG au sein du Cooperators Group, en 2002, les résultats de la plus importante compagnie d'assurance canadienne étaient à la baisse.

Kathy s'est donc mise au travail, démontrant une de ses capacités les plus frappantes : son habileté à se connecter profondément et rapidement avec les employés. D'autres leaders de Cooperators m'ont fait la remarque, « Elle monte dans l'ascenseur avec quelqu'un au sixième étage et le temps qu'ils soient arrivés au rez-de-chaussée, la personne est en train de lui parler des défis de sa fille à l'école ou de ce qui se passe au travail ».

Il y a une raison pour laquelle les gens s'ouvrent rapidement et entièrement à elle.

Lorsque Kathy vous parle, elle vous engage pleinement. Elle vous donne son attention totale, se souvient de votre nom et écoute attentivement ce qui est important pour vous.

La façon dont Kathy écoute répond à un de nos besoins profonds.

Mais, elle va bien au-delà de la simple écoute. Lors du premier trimestre dans son rôle à la tête de Cooperators, Kathy a mené des réunions informelles intimes à travers le Canada, demandant franchement aux employés ce qui fonctionnait et ce qui ne fonctionnait pas. Grâce à son influence, l'une après l'autre des suggestions étaient proposées par les directeurs, ce qui était une indication claire pour le personnel qu'elle était à leur écoute et qu'elle valorisait ce qu'ils disaient. Tout récemment, un directeur m'a dit, « Nous n'arrivions pas à croire la longue liste de choses qui avaient été mises en œuvre à la suite de ces réunions informelles ! » Le niveau d'énergie organisationnelle commençait à augmenter lorsque les employés commençaient à se sentir soutenus, valorisés et inspirés par les efforts de l'équipe de direction. Et, les réunions informelles continuaient à avoir lieu régulièrement à chaque niveau de la société.

Kathy a également mis en place un sondage pour tout le personnel au sujet de l'engagement, afin de mesurer ce que le personnel disait au sujet de la société, quel était leur niveau d'engagement quant à l'obtention de résultats, et leur probabilité de rester dans la société. Les domaines les plus faibles ont été revus et les résultats ont grimpé à un tel point que 75 % de la société se classifiait comme étant « engagé » et la société a été nommée l'une des 50 premières sociétés du Canada. Comme on pouvait le prévoir, la société bénéficie d'un taux de roulement volontaire de seulement 4-5 %.

Des leaders tels que Kathy créent une vague d'optimisme qui se répercute à travers le lieu de travail. Les employés ayant une attitude cynique d'« attendre et voir » commencent à voir que leur contribution est suivie par de l'action et du changement positif. Lorsque les employés estiment que leurs besoins affectifs sont satisfaits, quelque chose d'incroyable se produit. Le cynisme et la suspicion sont remplacés par l'espoir et la confiance. Des hauts niveaux de performance en sont le résultat naturel.

Chacun joue un rôle dans la création d'un environnement rempli d'énergie, mais « les leaders dirigent le climat », explique Daniel Goleman dans *Primal Leadership*. Il ajoute que « 50-70 % de la façon dont les employés perçoivent le climat de leur organisation peuvent être attribués aux actions d'une seule personne : le leader ».

J'ai été témoin de ce phénomène puissant avec des leaders comme le défunt Skip LeFauve (son vrai nom) de chez Saturn et Arthur Labbatt (son vrai nom) de chez Trimark.

Skip a toujours mis un point d'honneur à s'asseoir avec ses employés dans la cafétéria, en leur demandant leurs opinions et leurs suggestions, pour ensuite prendre les mesures appropriées là où il le pouvait. Il a apporté un beau mélange d'enquête et de franchise à la table. Les employés de Saturn citaient fréquemment ce mélange de compétences douces et dures de Skip comme l'une des principales sources de l'environnement chargé d'énergie qui régnait dans cette entreprise.

Arthur Labbatt demandait aux employés de Trimark des nouvelles de leurs familles, se souvenant, lorsqu'il les rencontrait quelques semaines plus tard, des noms de leurs enfants et vérifiant l'état des situations que les employés avaient décrit.

Qu'est-ce qui crée un employé fortement engagé ? Towers Perrin a interrogé 41 000 employés dans des moyennes et grandes entreprises des États-Unis et du Canada pour le savoir. La raison numéro un était : « Mes leaders s'intéressent à moi en tant que personne ».

Les cinq moteurs de l'engagement

Pendant des années j'ai été en quête de découvrir quels sont les besoins émotionnels de base les plus critiques pour les personnes dans le milieu du travail. Je voulais une liste simple à se rappeler mais qui couvrirait les besoins engageants les plus émotionnels. M'appuyant sur les recherches de quelques-uns des pionniers de la pensée de la dernière décennie, j'ai identifié cinq moteurs fondamentaux qui importent le plus aux employés. Ces cinq moteurs de l'engagement produisent les niveaux les plus élevés d'énergie organisationnelle et débloquent la capacité des employés à offrir ce qu'ils veulent offrir dans leur travail – le meilleure d'eux-mêmes – leur effort discrétionnaire. Les voici, présentés en forme de déclarations que chaque employé aimerait pouvoir dire à la fin de chaque journée de travail :

1 Je corresponds.

2 Je suis clair.

3 J'ai du soutien.

4 Je suis valorisé.

5 Je suis inspiré.

Pouvez-vous imaginer comment ce serait pour les employés de pouvoir prononcer de telles déclarations lorsqu'ils roulent en direction de chez eux après une journée de travail ? « Je suis vraiment bien dans mon rôle. Je suis très clair quant à ce qu'on attend de moi ». Imaginez un employé se tourner vers la personne à côté de lui sur le trajet du retour et dire, « Je me sens complètement soutenu par mon directeur ». Ou entendre votre employé dire à ses amis lors du dîner, « Les personnes avec qui je travaille m'apprécient vraiment », ou « Mon environnement de travail m'inspire ».

Lorsque les employés commencent à faire des déclarations comme celles-ci, l'engagement et les résultats suivent de façon naturelle. Voici quelques-unes des déclarations que les leaders nous ont fournies après s'être concentrés pendant six mois sur les cinq moteurs :

« Nous avons réduit de moitié nos crédits et nos retours ». « Pour la première fois depuis je ne sais pas combien de temps, j'ai des employés sur la ligne de production en train de chanter ». « Il y avait plusieurs personnes qui avaient mis à jour leur curriculum vitae. Maintenant aucune d'entre elles ne cherche ailleurs ».

Examinons les éléments spécifiques des cinq moteurs qui peuvent générer de l'engagement et des résultats pour votre organisation :

Je corresponds

Mon rôle correspond à mes talents. Mon rôle correspond à mes intérêts. Je suis bien dans mon équipe. Je sens que j'ai ma place ici. Je me sens en sécurité dans mon rôle actuel, tant émotionnellement que physiquement.

Je suis clair

Je suis très clair quant aux résultats et objectifs que l'on attend de moi. Je suis clair quant à la situation dans son ensemble et comment j'y contribue. Je suis clair quant à ce que mon directeur pense de mes progrès. Je me sens compris par ceux qui m'entourent. Je ne ressens aucune friction inutile en raison de malentendus.

J'ai du soutien

Je me sens équipé de toutes les ressources dont j'ai besoin pour réussir : du temps, de la formation, des outils et des systèmes. Mon directeur « me couvre », me soutenant et se mettant à ma défense lorsque j'en ai besoin. J'ai la liberté et l'autorité de faire ce dont je suis responsable. Je reçois les opportunités de croissance et les défis qui sont importants pour moi.

Je suis valorisé

Je me sens valorisé en tant que personne, et non en tant qu'outil ou avoir. Je me sens reconnu et apprécié pour ma contribution. Je sens que je suis traité équitablement. Mes dirigeants m'écoutent d'une manière qui me fait sentir entièrement compris.

Je suis inspiré

Je vois clairement le lien entre mes activités au jour le jour et le but plus large de mon organisation. Je suis tenu responsable de l'obtention de grands résultats. Mes collègues et dirigeants font ce qu'ils disent. La passion de mes collègues m'inspire à des objectifs plus agressifs.

Si vous avez une employée qui ...
- Fait ce dont elle est compétente et motivée à faire ...
- Est clair sur ce qu'on attend d'elle et comprend comment sa contribution rentre dans l'objectif global ...
- A toutes les ressources et le soutien dont elle a besoin pour réussir ...
- Se sent reconnue, valorisée et appréciée ...
- Fait un travail significatif et sent qu'elle réussit bien ... alors vous avez une personne qui est fortement énergisée, très engagée et hautement productive.

Les cinq moteurs propulsent les employés vers les états d'être désirés

Mais vous pourriez bien demander, « Pourquoi les cinq moteurs sont aussi vitaux pour les employés ? Ne sont-ils pas simplement que cinq désirs et besoins ordinaires ? » Chacun de ces moteurs représente un état d'être désiré bien plus profond qui est crucial à la libération de l'énergie interne des employés. Un état d'être est bien plus qu'un simple sentiment – c'est une condition émotion-nelle omniprésente qui affecte une personne de tout son être. Par exemple, « Mon directeur a reconnu ma contribution » est un sen-timent, tandis que « Je suis importante ici » est un état d'être. « On m'a donné l'autorité pour faire mon travail » est un sentiment, tandis que « J'ai de la liberté ici » est un état d'être.

Il y a cinq principaux états d'être dans lesquels les gens aiment et ont besoin de « résider » :

- Un état de **But**.
- Un état de **Liberté**.
- Un état d'**Importance**.
- Un état d'**Appartenance**.
- Un état de **Sécurité**.

Si ces états d'être sont refusés aux employées, leur énergie s'épuisera. Ils trouveront de plus en plus difficile d'offrir leur engagement et leur effort discrétionnaire.

Les cinq moteurs de l'engagement permettent aux individus d'atteindre ces cinq états d'être cruciaux.

Les cinq moteurs et états d'être desquels sont propulsés les individus	
Moteurs	**États d'être**
Je Corresponds	– Appartenance.
Je suis Clair	– Sécurité.
J'ai du Soutien	– Liberté.
Je suis Valorisé	– Importance.
Je suis Inspiré	– But.

Pourquoi les besoins émotionnels comptent

Jim Letwin (son vrai nom), le PDG de Jan Kelley Marketing, tient en l'air un paquet de chewing-gum Excel et demande à son auditoire, « Pourquoi les gens paient-ils un dollar pour acheter ce paquet d'Excel ? Qu'est-ce qu'ils achètent ? De la gomme ? De l'huile de soja ? De l'aspartame ? »

Les personnes secouent la tête.

« Qu'est-ce qu'ils achètent, alors ? » demande Jim.

Un homme de l'auditoire, sûr de lui, crie, « une haleine fraîche ».

« Non », répond Jim. « Ce qu'ils achètent en réalité est *l'acceptation sociale* ».

Jim a bien raison. Les gens prennent leurs décisions d'achat sur la base de la *récompense émotionnelle* que l'achat leur fournira. Nous allons vers des émotions agréables et nous éloignons des désagréables. De cette façon, les émotions sont ce qui nous fait passer à l'action. En fait, c'est ce que signifie le mot *émotion* : *de sortir.*

- Lorsque Ian achète une police d'assurance, il ne s'achète pas une politique, il s'achète la tranquillité d'esprit.
- Lorsque Valérie achète une Volvo, elle ne s'achète pas une automobile, elle s'achète un sentiment de sécurité.
- Lorsque Henry achète une Harley, il ne s'achète pas une moto, il s'achète un sentiment de respect. (Après tout, il n'y a aucune autre moto au monde qui permettra à un expert-comptable de cinquante-cinq ans habillé d'un ensemble de cuirs noirs et avec une fausse queue de cheval de traverser la ville et faire tourner les têtes. Il n'obtient pas cela lorsqu'il se promène le long des couloirs au bureau.)

Une des leçons principales ici est que de nombreux directeurs traitent avec leurs employés sur le niveau de « l'haleine fraîche » (besoin superficiel) alors que ce qui motive réellement le comportement de l'employé est l'acceptation sociale (besoin affectif fondamental). Une de mes amies, Pauline Curtis (son vrai nom), demande à des groupes de directeurs, « Quelles sortes de choses faites-vous pour reconnaître vos employés ? » Les directeurs produisent une liste qui ressemble à ceci : Commander des pizzas, les inscrire à une formation, leur donner des billets de cinéma, leur donner un bon pour un séjour d'un week-end ». Ensuite, elle demande aux employés, « Comment aimeriez-vous que votre directeur vous montre sa reconnaissance ? » Les employés produisent alors une liste qui ressemble à ceci : Passer du temps avec moi, me donner un mot personnel de remerciement, m'écrire une note personnelle me disant en termes précis la façon dont ma contribution a été bénéfique à la société, dire que je suis bon devant mes collègues.

L'objectif de Pauline ? Nous supposons que les employés se sentiront reconnus si nous leur donnons des choses, malgré le fait que ce qui nous fait sentir le plus reconnu *nous-mêmes* est une interaction significative avec notre patron qui répond à nos besoins affectifs fondamentaux.

Qu'est le plus important pour les employés ?

De nombreuses recherches récentes ont révélé des découvertes cruciales. Nous avons appris ce qui crée l'organisation *la plus fortement engagée* de Towers Perrin, BlessingWhite, et Hewitt. Nous avons appris ce qui crée les leaders les *plus productifs* de l'Organisation Gallup. Nous avons appris ce qui crée les leaders les *plus efficaces* de Daniel Goleman et d'autres chercheurs en intelligence émotionnelle. Nous avons appris ce qui crée les employés les plus *fortement adaptatifs au changement* de John Kotter. Et enfin, nous avons appris ce qui crée les employés les *plus hautement performants* du Corporate Leadership Council.

Les résultats de chacune de ces études sont passionnants, mais si vous les consultez ensemble et que vous reliez les points, vous constaterez ceci : Ce qui importe aux employés plus que toute autre chose au travail est les sentiments. Nous les appelons les moteurs d'émotions fondamentales. Considérez les cinq exemples suivants.

Les Sentiments créent des employés hautement engagés

Relier les points

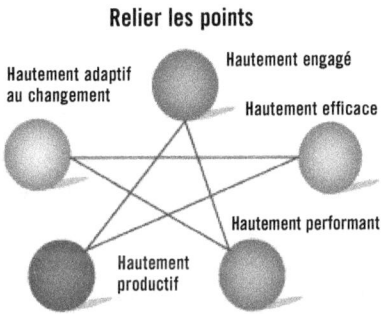

Hautement adaptif au changement

Hautement engagé

Hautement efficace

Hautement performant

Hautement productif

Suivant des sondages auprès de plus de 40 000 employés dans de moyennes et grandes organisations aux États-Unis et au Canada, Towers Perrin a découvert ce qui attire, retient, et engage les employés. De manière générale, les employés sont attirés par les salaires et les avantages sociaux, retenus par des possibilités de développement, et engagés par la façon dont ils se sentent au travail. Il est intéressant de noter que chacun des dix premiers moteurs d'engagement des employés contribue à produire des sentiments à l'intérieur des employés. À côté de chacun des dix premiers de Towers Perrin, nous avons indiqué entre parenthèses le sentiment qui est produit.

1 La direction est sincèrement intéressée quant au bien-être des employés. (**Je suis valorisé**)

2 La société confie du travail stimulant. (**Je suis inspiré**)

3 Les employés ont un pouvoir de prise de décision approprié. (**J'ai du soutien**)

4 La société se soucie beaucoup de la satisfaction du client. (**Je suis inspiré**)

5 Les employés ont d'excellentes opportunités de carrière. (**Je corresponds, je suis valorisé et j'ai du soutien**)

6 La société a une réputation de bon employeur. (**Je suis inspiré**)

7 Les employés travaillent bien en équipe. (**Je corresponds et je suis inspiré**)

8 Les employés ont les ressources nécessaires pour effectuer des travaux de haute qualité. (**J'ai du soutien**)

9 Les employés peuvent contribuer de façon appropriée à la prise de décisions. (**Je suis valorisé**)

10 La direction communique une vision claire pour le succès à long terme. (**Je suis clair et je suis inspiré**)

Les Sentiments créent des employés hautement productifs

Suivant des sondages auprès de deux millions de salariés, l'Organisation Gallup a découvert les douze éléments nécessaires pour qu'une organisation soit hautement productive en termes de revenus, rentabilité, fidélisation de la clientèle, et rétention des employés. Chacun des éléments produit un sentiment spécifique chez les employés. Nous avons mis chacun d'eux entre parenthèses à côté de ceux du Gallup Q12.

1 Je sais ce qu'on attend de moi au travail. (**Je suis clair**)

2 Je dispose du matériel et de l'équipement dont j'ai besoin pour faire mon travail. (**J'ai du soutien**)

3 Au travail, j'ai l'opportunité chaque jour de faire ce que je fais le mieux. (**Je corresponds**)

4 Au cours des sept derniers jours, j'ai reçu de la reconnaissance ou des compliments pour avoir fait du bon travail. (**Je suis valorisé**)

5 Mon superviseur ou un collègue de travail semble se soucier de moi en tant que personne. (**Je suis valorisé**)

6 Il y a quelqu'un au travail qui encourage mon développement. (**J'ai du soutien**)

7 Au travail, mes opinions semblent compter. (**Je suis valorisé**)

8 La mission/but de mon entreprise me donne l'impression que mon travail est important. (**Je suis inspiré**)

9 Mes associés (collègues de travail) se sont engagés à faire un travail de qualité. (**Je suis inspiré**)

10 J'ai un meilleur ami au travail. (**Je corresponds**)

11 Dans les six derniers mois, quelqu'un au travail m'a parlé au sujet de mes progrès. (**Je suis clair et j'ai du soutien**)

12 Cette dernière année, j'ai eu l'occasion au travail d'apprendre et de grandir. (**Je suis valorisé, j'ai du soutien, je suis inspiré**)

L'étude de Gallup montre de manière concluante que la façon dont les employés se sentent affecte les revenus de l'entreprise. Les directeurs qui créent un environnement où ces douze éléments (et, par extension, les cinq sentiments) sont présents sont *plus* susceptibles à *50 % d'obtenir de la fidélité clientèle* et *plus susceptibles à 44 %* de produire *une rentabilité supérieure à la moyenne.*

Les Sentiments créent des employés hautement adaptatifs au changement

Comme évoqué précédemment dans ce livre, l'expert en changement John Kotter de l'Université d'Harvard reconnaît le rôle essentiel joué par les sentiments pour permettre aux employés d'accepter le changement. Kotter a découvert que d'essayer d'amener les gens à accepter du changement en faisant appel à leur réflexion est improductif. L'approche typique auparavant était, « Donnez-leur suffisamment d'analyse et ils penseront autrement. S'ils pensent autrement, ils s'engageront dans ce changement ». La recherche de Kotter a démontré, toutefois, que l'approche la plus efficace n'est pas d'analyser, de réfléchir et de changer, mais de voir, de ressentir et de changer. Lorsque les personnes voient quelque chose démontré de façon forte, cela évoque en elles un sentiment qui leur permet d'accepter le changement facilement. En bref, aidez les personnes à se sentir bien, et elles peuvent changer.

Les Leaders hautement efficaces créent des sentiments

Les experts en intelligence émotionnelle, Goleman, Boyatzis et McKee, l'expriment ainsi, dans leur livre *Primal Leadership* : « La tâche fondamentale des leaders, selon nous, est d'inciter des sentiments agréables dans ceux qu'ils dirigent. A sa racine, donc, le travail primaire du leadership est émotionnel. Un leadership excellent fonctionne à travers les émotions ».

En outre, c'est l'intelligence émotionnelle (IE), la capacité d'identifier et de gérer vos propres sentiments et les sentiments de ceux avec qui vous travaillez, qui a le plus grand impact à rendre les dirigeants hautement efficaces avec leurs employés.

Les Sentiments forts créent des employés hautement performants

Dans sa *Best Practices Research 2002*, le Corporate Leadership Council a étudié 19 000 employés à travers plus de sept industries dans vingt-neuf pays. Leur mission était de découvrir les facteurs qui produisaient les plus hauts niveaux de performance dans les organisations. Une fois de plus, chacun des moteurs est responsable de la création de certains sentiments dans les employés. Nous les avons placés entre parenthèses à côté de chacun des moteurs du CLC.

- Travailler sur les choses que vous faites le mieux peut augmenter la performance jusqu'à 28 %. (**Je corresponds**)
- La compréhension par les employés de leurs niveaux de rendement peut augmenter la performance jusqu'à 36 %. (**Je suis clair**)
- Une culture avec une bonne communication interne peut augmenter la performance jusqu'à 34 %. (**Je suis clair**)
- L'engagement dans des opportunités de développement sur le lieu de travail peut augmenter la performance jusqu'à 28 %. (**J'ai du soutien**)
- Un environnement de prise de risque peut augmenter la performance jusqu'à 38 %. (**J'ai du soutien et je suis inspiré**)
- Souligner les points forts de la performance d'un employé peut augmenter la performance jusqu'à 36 %. (**Je suis valorisé**)
- La croyance qu'un directeur est bien informé de la performance d'un employé peut augmenter la performance jusqu'à 30 %. (**Je suis valorisé**)

Nous ressentons en premier et réfléchissons ensuite

Mais, pourquoi *les sentiments* sont-ils si importants pour engager les individus ? Pourquoi pas des pensées, des faits, des chiffres, ou des matières premières physiques ? Des chercheurs du cerveau ont découvert que toutes les données entrant dans le cortex préfrontal (le centre de prise de décision et logique du cerveau) sont d'abord filtrées par le biais de l'amygdale (le centre émotionnel du cerveau). En bref, nous, les humains, ressentons d'abord, *ensuite* nous réfléchissons. Cela veut dire que la première réponse que les individus vous donnent est la réponse émotionnelle. Lorsqu'ils interagissent avec vous, ils sont en train d'évaluer intérieurement, « Est-ce que je me sens rabaissé ? Respecté ? Écouté ? Traité de façon condescendante ? »

De plus, nous avons appris que lorsque les personnes repensent à leurs interactions avec vous, ils se rappellent tout d'abord comment vous les avez fait se sentir et seulement après ça, ils se rappellent des pensées et des commodités qui ont pu être échangées entre vous.

Les Sentiments « doux » produisent des résultats forts

Les besoins affectifs des gens dirigent leurs décisions. En fait, *leurs comportements peut être mieux compris comme une tentative de faire atteindre leurs besoins émotionnels.* Si cela est vrai, alors la chose la plus importante que vous pouvez faire en tant que leader est de créer un environnement où les besoins affectifs fondamentaux de chacun de vos employés soient satisfaits.

Marcus Buckingham et Curt Coffman évoquent une suggestion solide dans leur livre, *First, Break All the Rules* : « Il serait [plus] efficace d'identifier les quelques émotions que vous voulez que vos employés ressentent puis de tenir responsables les directeurs pour créer ces émotions ». Les émotions deviennent les résultats dont le directeur est primairement responsable.

Engagement rationnel	Engagement émotionnel
Engager les esprits de vos employés.	Engager le cœur de vos employés.
« Je comprends la stratégie de l'organisation et comment j'y contribue ».	*« L'excellence de mes collègues m'inspire à m'efforcer à atteindre des d'objectifs plus ambitieux ».*
L'habileté à faire plus.	Des sentiments de but, de fierté, de signification, d'inspiration, et de loyauté.
La compréhension de la vue d'ensemble, la clarté sur les attentes, la connexion à des récompenses financières, développementales ou professionnelles.	

Pourquoi la création d'engagement émotionnel est-elle la chose la plus importante qu'un directeur puisse faire ? Parce que « l'engagement émotionnel a quatre fois plus de valeur que l'engagement rationnel pour dynamiser les efforts des employés », dit le Corporate Leadership Council dans leur sondage 2004 sur l'Engagement dans Emploi. Voici une comparaison de l'engagement émotionnel et rationnel.

Comment savoir quoi faire pour engager un employé émotion-nellement ? Comme je l'ai dit précédemment, vous demandez. Vous vous asseyez avec eux et vous dites : « Vous et moi voulons la même chose : que vous soyez complètement énergisé dans votre travail. Puis-je vous poser quelques questions afin de savoir ce qui vous rend complètement énergisé au travail ? »

Poser la question, puis, faire ce que vous pouvez pour offrir à vos employés les sentiments de correspondre, de clarté, de soutien, de valeur et d'inspiration. La beauté de ces cinq moteurs tout simples est qu'ils produisent à la fois l'engagement rationnel *et* émotionnel. Lorsque cela se produit, vous et votre entreprise profiterez de gains importants

Les Besoins satisfaits paient de gros dividendes

Canadian Tire Financial Services (CTFS) a évolué pour devenir une vraie locomotive. L'entreprise a commencé, en 1961, sous le nom de Midland Shoppers Credit Limited. En 1968, Midland est dev-enue une filiale de Canadian Tire et a été rebaptisée Canadian Tire Acceptance Limited. En 2002, le nom de la société a été changé en Canadian Tire Financial Services. Lors de ses premières années, l'entreprise était petite et avait une participation relativement faible dans le secteur financier.

En 2004, CTFS avait devancé la concurrence pour prendre 5 % de parts du marché des cartes bancaires, le plus grand détaillant de tout le Canada. Quel a été le facteur clé permettant a CTFS d'atteindre ce niveau de succès ? Leur capacité d'ancrer systématiquement et profondément la croyance au sein de leur équipe de leadership que, lorsque les employés se sentent d'une certaine manière, ils obtien-dront des résultats significatifs.

L'Histoire

En 1995, lorsque Tom Gauld (son vrai nom) a été promu de vice-président à président de CTFS, il était en concurrence contre trois joueurs-clés, Eaton's, Sears, et Hudson's Bay Company – tous les trois de grands détaillants et entreprises de services financiers cana-diens avec des cartes exclusives de magasins. Canadian Tire et Eaton's étaient les plus petites des quatre. Chaque joueur faisait face au même marché et avait la même possibilité de choisir ses stratégies, y compris la possibilité d'émettre des cartes MasterCard. Les stratégies de chacune de ces entreprises publiques étaient accessibles au public. En 1995, CTFS est devenue la première institution financière non-preneur de dépôt au monde à lancer une carte MasterCard.

En 2004, Eaton's avait quitté le jeu, ayant vendu leur société de carte de crédit. Depuis 1995, la Bay avait enregistré une croissance de 20-30 % des créances ; Sears 20-30 % ; CTFS plus de 200 %. Voici une liste des autres résultats impressionnants obtenus suite à l'instauration d'une culture remplie d'énergie.

Des Résultats durables

- CTFS est devenu le deuxième plus important émetteur de MasterCard au Canada, après la Banque de Montréal.
- En 2004, CTFS a été élu meilleur centre d'appels en Amérique du Nord pour la troisième fois en cinq ans par le Service Quality Measurement Group (SQM), sur la base d'une étude comparative de 203 centres de contacts en Amérique du Nord.
- L'attrition de la clientèle s'est améliorée de 18 % en 2000 à 12 % en 2004.
- L'attrition du personnel du centre de contact n'était que de 11 % par rapport au repère d'SQM en 2004 de 24 %.
- Aucun des vingt-cinq administrateurs de CTFS n'a quitté volontairement son poste au cours d'une période de quatre ans.
- CTFS a également été reconnu par SQM pour la « plus grande satisfaction des employés en Amérique du Nord » en 2004 pour la quatrième fois en cinq ans.

La Création d'employés très engagés

Tom Gauld et son équipe de leadership ont créé un groupe d'employés hautement engagés.

Les résultats en satisfaction des employés chez CTFS ont montré un haut niveau d'engagement des employés. Les résultats du récent sondage 2004 sur les employés ont révélé un lien émotionnel fort qui, selon le leadership de CTFS, dirige le reste des scores. Dans la zone de l'étude « Identifier avec la société », CTFS a obtenu une moyenne de 3,6 sur 4 par rapport à une norme de 3,0 sur 3,3. Dans la partie « La confiance dans le leadership», CTFS a obtenu 3,5 sur 4, comparé à une norme de 2,7 sur 3,0. Dans l'ensemble, CTFS a obtenu des résultats de 16 % supérieurs aux normes.

Comment les cinq moteurs apparaissent-ils chez CTFS ? Considérez :

- *Une Culture fondée sur les valeurs* : CTFS a créé une culture où les individus mangent, dorment et respirent leurs valeurs (l'honnêteté, l'intégrité, le respect et la dignité). Les employés utilisent l'énoncé de valeurs pour déterminer comment gérer les situations et se tenir mutuellement responsables. Cela crée un sentiment de *je suis inspiré* chez les employés.
- *Un Leadership exceptionnel* : CTFS est fier de son équipe de leaders exceptionnels, les renforçant par une formation importante en leadership, des attentes de leadership clairement définies et intégrées, et de la rétroaction 360° systématique. Cela crée un sentiment de *je suis inspiré.*
- *Une Culture de performance* : « Nous sommes motivés par le succès – créer une culture de performance tout en favorisant l'épanouissement personnel est au cœur de ce que nous faisons tous les jours ». Cela crée les sentiments de *je suis valorisé* et *je suis inspiré.*
- *Équiper les employés qui donnent des résultats de qualité* : CTFS a investi dans les meilleurs systèmes et procédés afin d'équiper les employés de la clarté et des outils dont ils ont besoin pour atteindre leurs objectifs. Cela crée un sentiment de *je suis clair* et *j'ai du soutien.*
- *Une Culture fondée sur les individus* : Beaucoup de soin et d'attention ont été investis au sein de CTFS afin de maintenir un environnement dans lequel les membres de l'équipe sont traités en tant que personnes plutôt qu'en tant que mobilier d'entreprise. J'ai parlé à plusieurs de leurs employés, et ils me disent qu'il est bon de venir travailler à CTFS. Cela crée un sentiment de *je suis valorisé.*

- **Structure organisationnelle simple** : Tom Gauld est resté fidèle à sa détermination d'assurer que l'organisation évite l'instauration de niveaux organisationnels inutiles. Entre le PDG et l'employé il n'y aura toujours que trois niveaux de gestion. Cela crée des sentiments de *je suis clair* et *j'ai du soutien*.
- **Des Clients satisfaits** : CTFS est restée avec ses programmes excellents de fidélisation de la clientèle au lieu de les changer continuellement comme c'est le cas pour certains de leurs concurrents. La philosophie « Clients pour la vie » est profondément ancrée dans toute une société qui est centrée sur l'excellence du service clientèle. Aussi, CTFS reconnaît clairement que des employés commis et satisfaits donnent des clients satisfaits. Une consolidation de cette philosophie est le prix « Clients pour la vie », qui est présenté chaque mois à l'employé de CTFS qui a redoublé d'efforts pour un client ; les lauréats sont honorés par le président et bénéficie d'une journée supplémentaire de vacances. Cela crée les sentiments de *je suis valorisé* et *je suis inspiré*.

Le Bilan en bref

CTFS a obtenu une réussite impressionnante basée sur une fondation uniquement mélangée d'un environnement culturel hautement efficace et de processus d'affaires et de structures soutenues. La société a réussi à « coder en dur » leur environnement de performance d'employés très motivés et habilités dans leur système d'exploitation de l'entreprise. Ils ont systématiquement et profondément ancré la conviction que, lorsque les employés se sentent d'une certaine manière, ils obtiendront des résultats. Cette focalisation sur les résultats d'affaires combinée avec « le cœur » (soit « les sentiments avec un but ») a suscité des résultats durables année après année.

Aucune solution globale

Disons que vous avez une équipe de personnes relevant de votre autorité, et que vous voulez réaliser les mêmes sortes de résultats que ceux atteints par CTFS. Arriveriez-vous a essayer de créer chacune des cinq émotions dans chacune de ces personnes ? La réponse est non. Pourquoi pas ?

Chaque personne a son propre ensemble de besoins émotifs. Par exemple, lorsque je me sens *apprécié* et *inspiré*, cela produit en moi de grandes quantités de *juice*. J'ai l'énergie nécessaire pour continuer pendant des centaines de kilomètres à travers toutes sortes d'obstacles. Mais si mon réservoir se vide de ces deux choses, alors je n'ai pas de *juice* pour faire quoi que ce soit d'important, même si vous me remplissez à ras bord de sentiments de clarté et de soutien.

Le diagnostic suivant vous donne la possibilité de découvrir quels sont vos deux premiers moteurs.

Qu'est-ce qui vous « juice » ?

Cochez les onze énoncés que vous aimeriez le plus sentir dans votre environnement de travail idéal.

❑ Je me sens efficace – mon rôle correspond parfaitement à mes talents.
❑ Je me sens aligné – je fais ce que j'aime faire.
❑ J'ai un sentiment d'appartenance ici – je suis bien dans mon équipe.
❑ Je me sens sûr – je suis en sécurité physiquement, émotionnellement et spirituellement.
❑ Je sais exactement quels sont les résultats que mon directeur attend de moi.
❑ Je comprends la situation dans son ensemble et comment j'y contribue.
❑ Je suis clair sur les sentiments de mon directeur au sujet de mes progrès.
❑ Je comprends et je me sens compris par ceux qui m'entourent.
❑ Je suis équipé – j'ai tous les outils, les systèmes et la formation dont j'ai besoin pour réussir.
❑ Je me sens appuyé – mon directeur prend ma défense lorsque j'en ai besoin.
❑ Je sens que j'ai la liberté et l'autorité de faire ce dont je suis responsable.
❑ Je sens que de grands défis et d'opportunités de croissance sont créés pour moi.
❑ Je sens que les gens s'intéressent à moi comme une personne – non comme un outil ou un atout.
❑ Je me sens reconnu et apprécié pour la contribution que je fais.
❑ Je sens que je suis traité équitablement.
❑ Je sens que mes leaders m'écoutent d'une manière qui me fait me sentir compris.
❑ Mon travail a un objectif – notre organisation fait une différence.
❑ Je sens un sentiment d'accomplissement – je suis tenu responsable pour obtenir d'excellents résultats.
❑ Mon directeur et mes leaders sont authentiques – ils font constamment ce qu'ils disent.
❑ Je suis entouré par des gens de passion et d'excellence.

Une fois que vous avez coché les onze sentiments que vous aimeriez le plus ressentir dans votre environnement de travail idéal, identifiez les deux sections qui sont le plus cochées. Ce sont vos deux premiers moteurs – les émotions de base qui doivent être satisfaites pour que vous vous sentiez énergisé dans votre travail.

Tout comme différents types de moteurs ont besoin d'un carburant particulier, différents types de personnes ont besoin de sentiments particuliers pour les énergiser. Il est possible de verser du kérosène dans votre tondeuse à gazon, mais après une courte période d'accélération poussée, le moteur explosera. Ne présumez pas que le fait de verser des sentiments sur les gens sans distinction va les énergiser. Ci-dessous nous évoquerons la façon d'identifier le mélange unique d'énergie de chaque personne. Faire cela vous permettra de les stimuler et les aider à offrir leur effort discrétionnaire. Comme l'histoire suivante l'illustre, ne pas apprendre à ce faire peut provoquer une erreur coûteuse.

Dans leur livre, *First, Break All the Rules*, Buckingham et Coffman racontent l'histoire de John F., un gestionnaire d'agents d'assurance qui a commit une grosse erreur en ne reconnaissant pas ce qui « *juice* » un de ses meilleurs employés, Mark D., un gagnant à plusieurs reprises du prix d'Agent de l'Année. Mark avait fait savoir qu'il haïssait les plaques banales qui décoraient le prix. Il avait montré très clairement qu'il préférerait être reconnu par autre chose qu'une plaque.

> Au banquet de remise des prix, John a annoncé Mark comme étant le gagnant encore une fois, l'a fait monté sur la scène, et lui a présenté fièrement sa plaque. Mark l'a regardé vite fait, s'est tourné vers le public, a fait un geste obscène et a quitté brusquement la scène, jurant de quitter la société. Le banquet fut une catastrophe.

L'histoire continue, évoquant les tentatives désespérées de John essayant de se racheter et de convaincre Mark de ne pas quitter l'entreprise. John a appris par des collègues de Mark que chaque fois que Mark parlait de sa vie en dehors du travail, tout ce dont il voulait parler était ses deux filles et ses expériences avec elles.

Lui et sa femme avaient cru qu'ils ne pourraient jamais avoir d'enfants, donc ces deux petites filles étaient toute sa vie.

John a appelé la femme de Mark et a expliqué son dilemme.

L'idée inspirée de sa femme était de prendre une photo des filles et de la mettre dans un cadre portant l'inscription de la plaque de Mark. Selon les auteurs :

> Deux semaines plus tard, John a organisé un déjeuner. Devant tous ses agents et invités d'honneur, la femme de Mark et ses deux filles, John a dévoilé le portrait et l'a présenté à Mark. La même prima donna qui avait offensé le public commençait maintenant à pleurer. Le déclenchement de Mark était ses deux filles.

Le mélange énergétique de Mark était, *je suis valorisé* et *je suis inspiré*, mais il voulait être valorisé et reconnu avant tout comme un papa formidable : obtenir des résultats dans le domaine de la paternité était ce qui l'inspirait plus que toute autre chose. Tout leader de Mark pourrait libérer de grands niveaux d'énergie intelligente en lui en se concentrant sur son succès en tant que papa et s'assurant que rien n'y faisait obstacle.

Cinq conversations cruciales

Il y a cinq conversations simples mais cruciales dans lesquelles vos directeurs ont besoin d'exceller si vous voulez libérer de l'énergie intelligente dans votre entreprise :

1 Trouvez ce qui **Correspond.**
2 Créez de la **Clarté.**
3 Vers la réussite **Soutien.**
4 Faites en sorte à ce que les individus se sentent **Valorisés.**
5 Faites en sorte à ce que les individus se sentent **Inspirés.**

Nous fournissons aux directeurs et aux leaders un outil pour les aider à mener à bien ces conversations d'une façon simple et systématique. C'est ce que l'on appelle le *Juice Check.*

Juice Check

Comme nous l'avons dit précédemment, l'unique chose que les directeurs et les leaders excellents font pour déterminer les moteurs des émotions fondamentales de leurs employés est qu'*ils demandent*. Avec un peu de pratique, vous pourriez vous sentir à l'aise en utilisant l'outil de la page 180. Prenez vingt à trente minutes avec un employé et encadrer la conversation comme suit :

« En tant que directeur, il y a une chose qui est très importante pour moi – que vous vous sentiez énergisé par votre travail. Lorsque c'est le cas, c'est bon pour vous, bon pour moi, et bon pour la société. Si ça va avec vous, j'aimerais découvrir les choses à propos de votre environnement de travail qui vous font sentir énergisé et les choses qui épuisent votre énergie. Est-ce que cela vous irait ? »

S'ils disent oui, vous pouvez continuer.

« Ceci s'appelle un *Juice Check*. J'aimerais que vous cochiez la case verte, jaune ou rouge à côté de chaque question. Cochez la verte si vous vous sentez prêt et pleinement énergisé par cet aspect – par exemple, si les composants de votre travail correspondent parfaitement à vos talents. Cochez la jaune si vous sentez que votre énergie est drainée par cet aspect. Cochez la rouge si cet aspect vous fait sentir complètement à bout d'énergie.

« Partout où vous avez une coche jaune ou rouge, j'aimerais déterminer s'il existe un moyen pour moi ou le reste de l'équipe de faire quelque chose qui vous ferait progresser vers la verte ».

Une fois que la personne a rempli sa *Juice Check*, posez-lui la question, « Pouvez-vous partager avec moi ce que vous avez coché pour chaque question ? Si vous êtes vert, j'aimerais savoir pourquoi vous êtes vert, et si vous êtes jaune ou rouge j'aimerais savoir ce qu'il faudrait pour vous faire déplacer vers le vert. Je ne vous promets pas que je pourrais vous déplacez dans le vert, mais je veux comprendre ce que cela nécessiterait. Est-ce que cela vous va si je prends des notes afin de m'aider à me souvenir d'éventuelles actions que je dois prendre ? "

(Pour une explication de comment mener une *Juice Check*, visitez notre site web à www.juiceinc.com/juicecheck.)

Juice Check	JUICÉS S'ÉCOULE ÉPUISÉ	Action nécessaire
« Mon objectif est de vous aider à vous sentir énergisé par votre travail ».		
Énergisé par le fait de correspondre		
Les composants de votre travail correspondent-ils à vos talents ?		
Les composants de votre travail correspondent-ils à vos intérêts ?		
Ressentez-vous un sentiment d'appartenance sociale et d'inclusion dans votre équipe ?		
Vous sentez-vous en sécurité dans votre rôle actuel – psychologiquement et émotionnellement ?		
Énergisé par la clarté		
Vous sentez-vous clair sur ce que j'attends de vous ?		
Vous sentez-vous clair sur la vue d'ensemble et comment vous y contribuer ?		
Êtes-vous clair sur ce que votre directeur pense de vos progrès ?		
Est-ce que vous et vos collègues vous comprenez mutuellement ?		
Énergisé par le soutien		
Êtes-vous équipé de toutes les ressources dont vous avez besoin pour réussir ?		
Est-ce que vous sentez que votre directeur « vous couvre » et qu'il prend votre défense lorsque vous en avez besoin ?		
Avez-vous la liberté et le pouvoir de faire ce dont vous êtes responsable ?		
Avez-vous des opportunités de croissance et des défis importants pour vous ?		
Énergisé par la valeur		
Vous sentez-vous appréciée en tant que personne - pas comme un outil ou un atout ?		
Vous sentez-vous reconnu et apprécié pour votre contribution ?		
Est-ce que vous sentez que vous êtes traité de façon équitable ?		
Est-ce que vos leaders vous écoutent d'une manière qui vous fait sentir totalement compris ?		
Énergisé par l'inspiration		
Vous sentez-vous inspiré par le but de votre organisation ?		
Obtenez-vous les résultats que vous voulez atteindre ?		
Sentez-vous que vos collègues et vos leaders font ce qu'ils disent ?		
Est-ce que la passion de vos collègues vous inspire à atteindre des objectifs plus agressifs ?		

Juice Check en équipe

Nous avons vu des résultats significatifs en apprenant aux organisations de mener une *Juice Check* dans un format d'équipe. La *Juice Check* en équipe est très semblable à la *Juice Check* individuelle, mais est menée dans le format d'une réunion d'équipe. Pour le faire efficacement, cependant, il vous faudra fournir un contexte et un cadrage attentif à votre équipe sur ce dont il s'agit, et non pas sur ce dont il ne s'agit pas. Si vous êtes intéressé à utiliser la *Juice Check en équipe*, appelez-nous au 1-888-822-5479.

L'engagement est une charge partagée

Même si nous sommes en train de dire que c'est le rôle du directeur de s'assurer que les besoins affectifs fondamentaux des employés soient remplis, il est important que les directeurs comprennent clairement qu'ils ne doivent pas essayer de répondre à ces besoins à lui seul. Certains besoins devraient être satisfaits par l'équipe (« Je me sens compris par les personnes autour de moi »), d'autres besoins devraient être satisfaits par le système organisationnel (« Je me sens équipé de toutes les ressources dont j'ai besoin pour réussir »), et d'autres besoins devraient être satisfaits par le directeur (« Mon manager me couvre »).

Découvrir le mélange énergétique des individus

Vous ne pourrez pas faire passer chaque personne avec qui vous travaillez à la *Juice Check*. Et très peu de personnes viendront vous dire, « J'ai besoin que vous me fassiez sentir valorisé là », ou, « Pourrais-je vous demander un peu d'inspiration, s'il vous plaît ? » Alors, comment faites-vous pour découvrir quels sentiments énergisent une autre personne si vous ne pouvez pas faire de *Juice Check* ? C'est ici que vous pouvez utiliser les *Pull Conversations* afin d'entrer dans le monde de vos employés et chercher les quatre indices qui vous mèneront à leurs moteurs émotionnels.

1 **Qu'est-ce qui énergise les non verbaux chez cette personne ?**
2 **Pour quelles raisons cette personne ferait-elle des sacrifices ?**

3 De quoi cette personne a-t-elle peur de perdre ou de ne pas obtenir ?

4 Quel est le carburant que cette personne verse en vous ?

1 Qu'est-ce qui énergise les non verbaux chez cette personne ?

Observez les choses qui rendent les individus animés dans leur langage corporel et posez-vous la question, « Quel est le sentiment qui a produit ça ? » J'ai appris qu'il y a plusieurs indices non verbaux que je peux chercher, qui me donne une indice quant à comment mon ami Crista se sent concernant le sens de son travail. Ses yeux s'illuminent, ses mains commencent à bouger plus rapidement lorsqu'elle parle, et ses mouvements du corps sont sûrs et confiants. Remarquer ce qui dynamise ses non verbaux m'aide à lire jusqu'à quel niveau son réservoir est rempli par l'inspiration, un de ses moteurs émotionnels principaux.

Cherchez un langage du corps alangui peut également être instructif. Terry commence à se frotter lentement le visage et le front lorsque sa situation commence à devenir floue. Vous pouvez presque voir un nuage s'installer au-dessus de sa tête. Lorsque je vois cela, je me rends compte qu'il a besoin de plus de *clarté* pour se sentir énergisé.

Avec de la pratique, vous commencerez à découvrir les indices non verbaux liés aux moteurs émotionnels des personnes avec qui vous vivez et travaillez. Une fois que vous identifiez ces indices, vous pouvez trouver des façons de leur donner les sentiments dont ils ont besoin.

2 Pour quelles choses cette personne ferait-elle des sacrifices ?

Observez ce que les individus *font en premier*. Remarquez les choses pour lesquelles ils *seront en retard*. Découvrez quelles sont les choses pour lesquelles ils paieront *plus d'argent*. Écoutez les choses auxquelles ils s'appliquent avec soin à *expliquer clairement aux autres*. Connecté à chacun de leurs sacrifices, vous trouverez un besoin en moteur affectif qui les alimente.

- Sacrifieront-ils du temps lors d'une réunion pour demander la clarté dont ils ont besoin ?

- Sacrifieront-ils leurs propres besoins personnels afin d'être appréciés et acceptés par leurs égaux ?
- Sacrifieront-ils la sécurité pour obtenir l'inspiration dont ils ont besoin ?
- Sacrifieront-ils la liberté afin d'obtenir le soutien dont ils ont besoin ?

Après avoir identifié les choses pour lesquelles une personne fera des sacrifices, trouvez des moyens pour les aider à remplir leurs besoins concernant les sentiments. Par exemple, si quelqu'un sacrifie ses propres besoins afin d'être apprécié et accepté par leurs égaux, leur réservoir n'est peut-être pas très rempli du sentiment de valorisation. Que pouvez-vous faire pour vous assurer à ce que leur contribution soit reconnue ? Y a-t-il quelque chose qui obscurcit leurs efforts, pour que ceux-ci ne soient pas remarqués ? Faites ce que vous pouvez pour vous assurer qu'ils obtiennent la reconnaissance qu'ils méritent.

3 De quoi cette personne a-t-elle peur de perdre ou de ne pas obtenir ?

Paul était livide lorsqu'il a découvert qu'il n'avait pas été consulté sur la façon dont ses employés devraient être récompensés au pique-nique de l'entreprise. Bien qu'il soit très bien avec l'ambiguïté, il a désespérément besoin de sentir que son avis est respecté et apprécié. Le fait qu'il n'avait pas été consulté a déclenché en lui la crainte de perdre de la valeur et du respect.

Remarquez ce qu'une personne protégera à tout prix. Qu'est-ce qui les déclenche, les faisant réagir plus violemment et plus rapidement ? Vous trouverez, relié à ces choses, un moteur émotionnel qui fait partie de leur « mélange énergie ».

Lorsque les émotions comme la peur et la colère se manifestent, traitez-les comme des cadrans importants du tableau de bord. Ces émotions s'enflamment afin de protéger ce que la personne a peur de perdre ou de ne pas obtenir. Si vous réagissez de la même manière et ne comprenez pas ces signaux, vous manquez *ce qui est important* pour cette personne : quels sont ses besoins émotifs fondamentaux. Vous vous priverez de ces données riches essentielles qui vous permettraient de créer de la valeur dans cette relation.

Le mot *émotion* signifie *sortir de*. Les émotions *sortent* nos états internes *de* l'extérieur vers les extrémités visibles de notre être, diffusant nos besoins internes par l'intermédiaire de nos visages, mains et corps. Rappelez-vous, les émotions fournissent un vocabulaire aux besoins intérieurs les plus pressants des individus.

Portez attention et écoutez les émotions qui sont en cours de diffusion. Chacune d'entre elles y a une ficelle attachée qui vous entraînera dans une réalité intérieure. Cette réalité intérieure vous dira ce qui est de plus important pour l'individu. Faire un bon travail pour comprendre les émotions que la personne exprime et vous découvrirez les besoins en sentiments qui la « *juicent* ».

4 Quel est le « carburant » que cette personne verse en vous ?

Les personnes ont tendance à supposer que ce qui leur importe le plus sera important pour les autres. J'adore cette tendance. Elle me montre en peu de temps quels sont les besoins en sentiments des autres. Si quelqu'un s'efforce à vous faire sentir inclus ou à vous aider, il est peut-être en train de signaler ses propres besoins de se sentir valorisé et soutenu.

Kim, par exemple, est un superviseur qui fait constamment tout son possible pour s'assurer que les gens se sentent inclus. Lorsque Sheila est embauchée et arrive pour son premier jour, Kim s'assure qu'une magnifique corbeille de fruits et une carte l'attendent sur son bureau. Elle prend le temps pour une longue visite d'introduction et établit un planning qui garantit que quelqu'un accompagnera Sheila au déjeuner chaque jour pendant sa première semaine.

Si vous gérez Kim, entrez dans son monde et portez une attention particulière à la façon dont elle verse le sentiment de *je corresponds* dans ses employés. Ce sera probablement une forte indication de l'effort que vous devrez appliquer afin de lui faire sentir qu'elle correspond avec ses collègues supérieurs.

Que sommes-nous vraiment en train de dire ici ?

- Les comportements des individus peuvent être mieux compris comme une tentative de s'assurer que leurs besoins affectifs fondamentaux soient satisfaits.

- Il y a Cinq Moteurs d'Engagement qui comptent plus aux employés que toute autre chose : « Je corresponds, je suis clair, j'ai du soutien, je suis valorisé, et je suis inspiré ».

Lorsque les employés ressentent ces émotions au travail, cela libère de l'énergie intelligente en eux et ils deviennent hautement engagés, hautement productifs, hautement efficaces, hautement adaptatif au changement et hautement performants. En bref, ils sont en mesure d'offrir le meilleur d'eux-mêmes.

Ceci facilite énormément votre travail de directeur.

Votre rôle principal, en tant que directeur ou leader, est de créer un environnement où les cinq besoins affectifs fondamentaux de vos employés puissent être satisfaits.

Les meilleurs directeurs demandent à leurs employés ce qu'il faudrait faire pour qu'ils se sentent complètement énergisés au travail.

Le *Juice Check* est un outil systématique simple qui permet aux directeurs d'obtenir une lecture rapide du niveau d'énergie d'un employé ou d'une équipe et d'identifier exactement ce qui doit être fait pour l'énergiser.

Voulez-vous le faire ?

- Réservez du temps pour chacun de vos employés et faites leur effectuer le *Juice Check*.
- Commencez à utiliser le *Juice Check* sur une base bimensuelle avec votre équipe.

Juice à la maison

Remplir les réservoirs émotionnels

Lorsque ma femme, Thérèse, et moi nous sommes mariés, quelqu'un nous a donné un cadeau qui a changé nos vies et l'avenir de nos (alors à naître) enfants. C'était un livre de Ross Campbell appelé *How to Really Love Your Child*. La prémisse simple de l'ouvrage était que chaque enfant possède un réservoir affectif. Lorsque leur réservoir est plein, ils ont tendance à se comporter bien. Lorsqu'il est vide, ils ont tendance à se comporter mal. Il a poursuivi en enseignant comment remplir le réservoir émotionnel de votre enfant en utilisant des compétences telles que le contact oculaire, le contact physique, une attention focalisée et une discipline appropriée.

Nous avons apprécié les résultats d'avoir rempli les réservoirs émotionnels de nos enfants pendant près de trente ans maintenant et avons vu et apprécié les fruits excellents que ceci a produits en eux. Comment les cinq principaux besoins affectifs s'appliquent-ils à vos enfants ?

Voici un *Juice Check* pour vous aider à comprendre ce qui est la chose la plus importante pour chacun de vos enfants. Lorsque vous procédez à travers ce diagnostic, utiliser la puissance de votre esprit à imaginer ce qu'ils ressentent au sujet de chacun des énoncés suivants. Si votre enfant est assez âgé, engagez-le dans une conversation informelle et lui demandez ce qu'il ressent sur ces choses. Encadrez chaque déclaration dans un langage approprié à votre enfant. Une fois que vous croyez comprendre où le réservoir de votre enfant doit être rempli, commencez intentionnellement et systématiquement à lui donner les sentiments dont il a besoin pour se sentir complètement énergisé. Note : pour plus de facilité et de clarté, tout au long de ce diagnostic nous utiliserons le sexe féminin.

Je corresponds – est-ce que votre enfant se sent :

Acceptée sans condition pour ce qu'elle est ?
Inconditionnellement aimée sans avoir à faire d'effort pour ?
Qu'elle ait sa place au sein de cette famille ? En sécurité – émotionnellement, spirituellement et physiquement ?

Je suis clair – est-ce que votre enfant se sent :

Clair sur ce que vous attendez d'elle ? Clair sur la façon dont fonctionne votre famille et le rôle qu'elle y occupe ? Clair sur ce que vous pensez de sa croissance et de ses progrès ? Comprise par sa famille (elle ne rencontre aucune friction inutile en raison de malentendus) ?

J'ai du soutien – est-ce que votre enfant se sent :

Equipée de toutes les ressources dont elle a besoin pour réussir ? Vous la couvrez et êtes là pour la soutenir lorsque les autres lui rendent la vie difficile ? Vous créez des opportunités de croissance pour elle, vous l'encouragez, et vous montrez que vous vous intéressez à ses activités ? Vous lui accordez suffisamment de liberté ?

Je suis valorisé – est-ce que votre enfant sent :

Que vous vous identifiez et intéressez à elle en tant que personne et pas seulement en tant qu'enfant ? Vous reconnaissez et complimentez ses réalisations de façon spécifique et pertinente ? Qu'elle est traitée équitablement par vous et par ses frères et sœurs ? Que vous l'écoutez d'une façon qui lui fait sentir que son point de vue est apprécié et compris ?

Je suis inspiré – est-ce que votre enfant sent :

Que sa vie a un but ? Que vous la tenez responsable d'atteindre son potentiel total ? Que vous faites ce que vous dites – modelez les choses que vous lui dites de faire ? Que votre excellence et l'excellence de ses frères et sœurs l'inspirent à faire de son mieux ?

« *Juicez* » vos relations

Réparer les liens brisés

*V*OUS avez vu comment mettre en œuvre les *Pull Conversations* dans les domaines de la libération d'énergie intelligente et comment extraire la Plus Grande Réalité. Mais que faire si vous avez une relation importante qui est sévèrement bloquée ? Examinons comment les *Pull Conversations* peuvent vous aider à transformer une relation brisée ou improductive.

Répondre aux besoins affectifs

Tanya est une superviseuse d'expédition que je connais qui travaille pour Blue Sky Distribution. Bien que les ventes de Blue Sky fussent bonnes, leurs bénéfices étaient à la baisse en raison d'un problème important de crédits et retours, une question qui découlait en grande partie de l'inexactitude dans le processus des caristes. La racine du problème d'inexactitude était une rivalité entre les départements de la réception et de l'expédition qui avait détruit la collaboration et la confiance.

Tanya était enthousiaste à l'idée d'avoir des *Pull Conversations* avec ses employés. Elle a décidé d'exercer ses nouvelles compétences pour voir ce qu'elle pourrait faire dans la zone la plus toxique de l'organisation, « le fumoir ». Le fumoir chez Blue Sky servait de zone de mécontentement où les employés se rencontraient et se plaignaient amèrement des superviseurs et des directeurs.

Tanya s'est rendue au fumoir et a commencé à demander aux personnes présentes s'il y avait des moyens pour que les expéditeurs et les récepteurs puissent s'entraider. Elle était une superviseuse bien respectée et les gens arrivaient à voir qu'elle faisait de son mieux pour comprendre leurs problèmes. Lorsqu'elle a commencé à extraire la réalité des employés, deux ou trois des récepteurs ont commencé à la confronter au sujet de quelque chose que ses employés faisaient qui les dérangeaient énormément.

« Vos caristes entrent dans le congélateur, déplacent les choses, trouvent ce dont ils ont besoin, et sortent sans nettoyer derrière eux. Nous finissons par devoir nous geler les fesses toute la première heure de notre tour d'équipe afin de nettoyer votre désordre ».

Tout à son crédit, Tanya ne s'est pas mise sur la défensive. À la place, elle s'est tournée vers ces récepteurs, est entrée dans leur monde, et a vu leur réalité. Puis, elle a commencé à refléter vers eux ce qu'elle entendait.

« Donc, vous devez aller dans le congélateur durant une heure entière pour nettoyer après nous ? » dit-elle. « Ce n'est pas surprenant que vous soyez en colère ! Si nous le gardions en ordre lorsque nous l'utilisions, personne ne serait obligé de s'y rendre pendant plus de cinq minutes à la fois ».

Les récepteurs ont commencé à se sentir plus compris et plus appréciés qu'ils ne l'avaient senti depuis longtemps. Ces sentiments ont libéré de l'énergie. Les employés ont commencé à s'engager et des idées ont commencé à couler. Ils ont commencé à se voir en tant que clients les uns des autres plutôt qu'en tant qu'opposants. Ils ont commencé à voir comment ils pourraient s'entraider d'une manière très simple.

« Écoutez », a déclaré Tanya, « Si je peux faire en sorte à ce que mes caristes nettoient derrière eux dans le congélateur, que seriez-vous prêt à faire pour nous ? »

« Nous nous assurons que vous avez le bon produit à portée de main lorsque vous en avez besoin ».

« Marché conclu ».

Tanya s'est retournée vers son équipe et les a aidé à comprendre l'importance que les récepteurs accordaient à ce que le congélateur soit en ordre et la façon dont les caristes auraient l'avantage d'avoir le produit à portée de main. Au cours des semaines suivantes, avec une certaine surveillance étroite et quelques encouragements, elle et son équipe ont tenu bon leur engagement.

Auparavant, les caristes devaient constamment demander aux récepteurs de venir avec un chariot élévateur afin de descendre des articles des étagères de haut, une étape qui aboutissait à beaucoup d'attente et de la frustration. Les récepteurs reprochaient le fait que les expéditeurs étaient constamment en train de les interrompre, parfois les laissant attendre un certain temps. Je me souviens encore d'une réunion après la conversation dans le fumoir lorsque Tanya s'est exclamée, « Nous n'avons pas été obligés de demander une seule fois cette semaine à ce que les récepteurs nous descendent des articles ! Ils ont mis tous les produits à portée de main ». Généralement parlant, le nombre de fois que les caristes devaient aller vers les récepteurs pour leur demander de descendre de la marchandise à chuté de plusieurs fois par commande à une fois toutes les deux ou trois commandes.

Les résultats de cette simple amélioration ont résonné à travers toute l'organisation lorsque les crédits et les retours ont diminué de moitié sur une période de six mois. Des économies de temps et d'argent ont été réalisées et les employés se sentaient plus heureux et plus respectés dans leur travail. Les *Pull Conversations* de Tanya dans le fumoir et son suivi ultérieur avaient rempli quelques besoins affectifs chez les récepteurs. Lorsqu'ils se sont sentis compris et appréciés, de l'énergie était libérée en eux. La Loi de la Psychologie Réciproque s'est mise en route et les récepteurs ont commencé à comprendre et à apprécier les besoins des expéditeurs.

Avec les expéditeurs et les récepteurs se tournant l'un vers l'autre et entrant dans le monde de l'autre, une Plus Grande Réalité a vu le jour : « Nous sommes une équipe et non deux, avec un but commun, et non deux buts différents ». Oui, cela semble auto-évident, mais lorsque deux groupes en guerre voient cette réalité pour la première fois, c'est une Plus Grande Réalité qui change leurs comportements de façon significative.

Les récepteurs ont vu que leur but ultime n'était pas de remplir les étagères de marchandise, mais il était plutôt de faire parvenir le bon produit au bon client au bon moment. Ils pourraient remplir cet objectif global en s'assurant que le produit se trouvait là où les expéditeurs en avaient besoin, au moment qu'ils en avaient besoin.

Les expéditeurs pouvaient atteindre cet objectif général en gardant le congélateur en ordre toute la journée, ce qui faisait sentir aux récepteurs qu'ils étaient valorisés et respectés. Les équipes ont commencé à répondre aux besoins émotionnels des uns et des autres, et ceci a transformé leur relation.

Pourquoi l'énergie intelligente est-elle libérée par les *Pull Conversations* ? Simple. Ces conversations ont pour effet de répondre aux besoins affectifs. Et lorsque les besoins émotionnels sont remplis, les relations deviennent beaucoup plus faciles à gérer.

Qu'est-ce qui rompt les relations ?

Les différences – ou, plus précisément, notre incapacité à concilier et à harmoniser nos différences – sont la cause typique de la rupture relationnelle. Mon bagage culturel me fait valoir des choses auxquelles vous n'attachez aucune valeur. Ma famille d'origine a enraciné des règles en moi qui n'ont tout simplement pas de sens pour vous. Mon sexe m'a incité à m'identifier de certaines façons que vous trouvez gênantes. Mon âge me fait valoir des choses auxquelles votre groupe d'âge n'attache aucune valeur. Et ma personnalité est exactement le type qui rentre en conflit avec la vôtre.

Enrico, un fringant jeune homme âgé vingt-cinq ans originaire du Brésil est un collègue de Janet, quarante-cinq ans, des États-Unis. Ils travaillent ensemble dans une équipe de vente dans une agence de publicité à Chicago.

Enrico a une vue très élastique du temps : le temps s'étend afin de l'accommoder. Là d'où il vient, personne ne s'attend à ce que vous vous présentiez à une réunion planifiée pour 08h00 avant 08h30. En fait, les personnes vous considèreraient quelque peu rigide si vous le faisiez.

Janet, par contre, a une vision très précise du temps. Elle a grandi dans une culture où la ponctualité égalait la performance. En plus de cela, son père a pris grand soin de lui faire comprendre qu'elle ne devrait jamais arriver en retard à une réunion. « C'est un signe de manque de respect », il disait toujours.

Enrico est flamboyant, charmant et drôle. Janet est réservée, organisée et correcte.

Vous voyez comment les choses prennent forme. Après leur premier « incident » avec un client, où Enrico est arrivé à l'entretien avec vingt minutes de retard, Janet l'a abordé assez brusquement.

« J'ai été absolument gênée par votre performance », a-t-elle dit. « J'ai besoin de pouvoir compter sur vous pour que cela ne se répète plus jamais ».

« Je ne comprends pas », a déclaré Enrico. « Ils m'ont adoré. N'avez-vous pas vu ces gars-là s'illuminer lorsque j'ai commencé à parler de notre nouveau concept ? J'ai sauvé cette réunion ».

« Je ne parle pas de cela. Je parle du fait que vous êtes arrivé en retard. Ce genre de chose n'est tout simplement pas acceptable, ni pour moi, ni pour le client ».

« Je crois que vous êtes un peu sur les nerfs. J'ai plaisanté un peu avec eux en disant que j'étais à l'heure brésilienne. Ils ont adoré ».

Vous pouvez voir où cela finira d'ici un mois. L'incapacité à concilier les différences de culture, de famille, d'origine, de sexe, d'âge et de personnalité va produire un effondrement relationnel total.

Nos différences provoquent immédiatement des tensions. Et l'énergie émergera toujours des tensions relationnelles. La question est, êtes-vous capable d'extraire de l'énergie *intelligente* de la tension ?

C'est votre capacité à devenir habiles aux *Pull Conversations* qui va déterminer le résultat. Quelles sont à votre avis les chances que vous obteniez l'assistance de l'autre personne pour la résolution de cette situation ?

Comment le fait de pousser rompt les relations

Pensez à une dizaine de personnes avec lesquelles vous avez des relations. Notre recherche démontre que lorsque vous vous reliez à ces dix personnes, six d'entre elles vont pousser, trois d'entre eux acquiesceront, et une seule va tirer.

Cela signifie que, dans chacune de vos relations, il y a 66 % de chances que l'autre personne adopte avec vous une approche de pousser. C'est six personnes sur dix. Et sauf si vous êtes un communicateur exceptionnel, il y a 66 % de chances que vous prenez avec les autres une approche de pousser.

Pousser peut être très problématique pour les relations, pour trois raisons principales.

1 Une approche de pousser ne parvient pas à harmoniser les différences.

2 Une approche de pousser vous fera mal interpréter les motivations des autres.

3 Une approche de pousser vous fera mal percevoir les mesures appropriées à prendre pour réparer la relation.

Ne pas parvenir à harmoniser les différences

Comme ce livre évoque, arriver à la Plus Grande Réalité nous permet d'aller bien au-delà que se tolérer les uns les autres. Cela nous permet d'harmoniser nos différences et de prospérer ensemble. Dans une situation bloquée, la Plus Grande Réalité qui libère souvent de l'énergie intelligente est, « Nous sommes un ».

Cependant, pousser nous enferme dans une position où vous êtes mon adversaire, mon ennemi, mon concurrent.

Mauvaise interprétation des motivations des autres

Si vous ne prenez pas le temps d'extraire le point de vue de l'autre personne, il ne vous restera que vos propres perceptions pour construire la réalité. Les individus coincés dans cette position ont tendance à percevoir les autres à travers leur propre système de valeurs motivationnel (la façon dont ils voient le monde).

Par exemple, lorsque je vois mon ami montrer sa colère, et que je n'arrive pas à extraire sa réalité, je crois qu'il est à 9,5 sur l'échelle de la colère. Après tout, c'est là que je devrais me trouver, moi, pour agir d'une telle façon. Puisque je crois qu'il est très en colère, je réponds en conséquence. Il y a un problème avec ce style de rapport : Les chances d'être précis lorsque vous interprétez les mots et les actions des autres à travers votre système de valeurs motivationnel sont très minces, à peu près aussi faibles que vos empreintes digitales ou vos rétines correspondent exactement. Pourquoi ?

Les autres personnes sont différentes de vous. Vous pouvez être plus ou moins sûr que vous allez vivre l'incompréhension, la suspicion et la méfiance jusqu'à ce que vous appreniez à interpréter les mots et les actions des autres à travers *leur* système de valeurs motivationnelle. Le plus souvent, leur style n'est pas bon ou mauvais, il est juste différent.

Transformer les relations est largement une question de concilier vos différents avec les autres en apprenant à entrer dans leur monde, extraire leur réalité, et interpréter leurs paroles et leurs actions par l'intermédiaire de leur système de valeurs motivationnelles. Lorsque vous apprenez à faire ça, vous pouvez éviter d'offenser les autres. Et s'il vous arrive d'offenser quelqu'un, vous pouvez nettoyer la blessure et l'incompréhension et faire avancer la relation.

Mal percevoir la mesure appropriée à prendre

Pensez à un moment où quelqu'un a dit ou fait quelque chose qui vous a profondément blessé. Plus tard, cette personne est venue vous voir et vous a offert un « Désolé » sommaire.

Ne voulant pas être amer, vous avez fait de votre mieux pour pardonner à la personne, mais la moindre provocation de sa part déclenchait encore une réaction en vous, indiquant que votre cœur était encore souffrant et non cicatrisé. Il semblait que peu importe comment vous essayiez de pardonner, il y avait une grande part dans votre cœur qui ne pouvait tout simplement pas être délogée.

Si vous avez de la chance, cette personne entrera dans votre monde et sentira la véritable étendue de votre douleur. Lorsqu'elle fera cela, elle se rendra compte que ses premières excuses étaient insignifiantes par rapport à la douleur qu'elle vous a infligée.

En voyant la façon dont elle vous a blessé, elle peut maintenant présenter des excuses avec de la compréhension et de l'empathie. « Je suis vraiment désolée de vous avoir fait mal. Maintenant, je vois les conséquences de mes actes et pourquoi mes paroles étaient si douloureuses pour vous. S'il vous plaît, pardonnez-moi ».

Ces excuses – en rapport avec l'intensité de la douleur – libèreront le vrai pardon à l'intérieur de vous et sortira la tranche d'amertume de votre cœur. Et le meilleur de tout, il n'y a rien pour provoquer les réactions.

Vous ne connaissez jamais vraiment les mesures appropriées à prendre pour réparer une relation jusqu'à ce que vous voyiez l'importance de la remarque offensante du point de vue de l'autre personne.

Réparer les relations

Réparer une relation menacée

Il y a environ dix ans, je vivais beaucoup de malentendus et de frictions dans ma relation avec mon patron, Bob. En dépit des nombreuses tentatives à en parler, notre relation s'était détériorée au point où nous ne voulions plus travailler ensemble. L'ironie tordue de la situation était que je formais les gens à se comprendre les uns les autres, mais j'étais plongée dans un malentendu apparemment insoluble moi-même.

Pour entrer dans le monde de Bob, je devais *aller au-delà de mon soi* : J'avais des craintes (« Je serais mal compris »), des hypothèses (« Il veut se débarrasser de moi »), une attitude défensive (« Je sais que j'ai raison à ce sujet et il doit le voir »), et des jugements (« Il est contre moi, pas avec moi »).

Afin d'aller au-delà de mon soi, j'étais arrivé au point où je croyais fermement que la récompense en vaudrait la douleur. Lorsque je suis arrivé à ce stade, je suis allé voir Bob. J'ai avoué que j'avais peur que je puisse être mal compris, mais que je voulais le laisser regarder à l'intérieur de certains de mes hypothèses. Je lui ai donné une feuille de papier intitulée « Les hypothèses que j'ai quant à la façon dont Bob me voit ». La liste contenait des choses telles que « Je suppose que Bob croit que je tente de lui prendre sa poste » et « Je suppose que Bob croit que je le critique derrière son dos ».

Ensuite, avec l'aide d'un ami afin de faciliter le dialogue, Bob et moi nous sommes embarqués sur un processus de découvrir lesquelles de nos hypothèses sur l'autre étaient complètement à côté de la plaque, et lesquelles étaient exactes. Afin d'enquêter en profondeur à l'intérieur du cadre de référence de Bob, je devais avoir vraiment envie de comprendre ses sentiments, ses croyances et ses jugements. Lorsqu'il décrivait des situations qu'il avait trouvé préjudiciables, *j'ai visualisé dans mon imagination comment c'était d'être lui dans cette situation.* Ensuite, j'ai clarifié les choses que j'avais entendues et j'ai *reflété* vers Bob ses sentiments. Le fait que je démontrais que j'avais compris ses véritables intentions l'a aidé à se sentir compris par moi.

Lui, à son tour, a travaillé dur afin de comprendre mon point de vue. En fin de compte, les besoins émotifs fondamentaux qui manquaient à chacun de nous ont été atteints à travers ce processus. Cela a énergisé la relation et a réparé le pont de confiance entre nous qui avait être détruit.

Dix ans plus tard, Bob et moi travaillons toujours ensemble de temps en temps et apprécions notre relation. J'ai découvert à un niveau profond ce qu'il était vraiment *pour* moi et il a découvert que je n'essayais pas de lui prendre quoi que ce soit. La chose étrange est qu'après avoir traversé chacun notre monde, nous qui étions complètement opposées, sommes devenus davantage comme l'autre, de façons qui nous ont fait gagner en maturité.

Il y a au moins deux choses que nous pouvons tirer de cette histoire. Tout d'abord, il peut y avoir un grand avantage de faire appel à un conciliateur neutre pour vous aider à arriver à une Plus Grande Réalité. Souvent, nous supposons que ce n'est pas bon d'impliquer les autres, mais il n'y a jamais eu de règle écrite à ce sujet. Deuxièmement, cela peut s'avérer très utile de vous assurer que vos hypothèses sont explicites, même en les écrivant pour que l'autre personne puisse les vérifier et les clarifier.

Bob et moi étions prêts à changer. Mais qu'arrive-t-il lorsqu'une personne a un ensemble d'habitudes toxiques profondément enracinées ? Une telle relation peut-elle être transformée ? Heureusement, même les habitudes les plus ancrées peuvent être modifiées. Toutefois, cela exige beaucoup de temps et d'engagement.

Réparer les relations toxiques

Il y a plusieurs années, on m'a demandé d'effectuer une formation et une intervention d'entrainement importante pour une organisation de fabrication. L'atelier de réparation était un environnement de court-circuit. De l'énergie négative faisait des étincelles partout. Ned, le gérant du magasin, était un ex-marine qui avait tendance à s'enrager. Lorsqu'il se mettait en colère, il jetait des bouts de métal à travers l'atelier. Les travailleurs étaient des hommes durs, mais Ned leur faisait peur à tous.

Dan, le chef d'atelier, avait également un problème de colère. Elle se manifestait par de vifs dénigrements en public. Dan avait été impliqué dans un incident avec un chariot élévateur, incident dans lequel un employé avait presque été tué. La peur régnait dans l'environnement. Les employés ne faisaient pas confiance et n'avaient pas de respect pour la direction en général, ils ne leur offraient rien au-delà du strict minimum d'informations et d'efforts.

Malgré le travail de précision qu'ils étaient censés faire pour produire des tiges d'acier de haute précision et de haute résistance, les travailleurs dans l'atelier savaient qu'ils *ne pouvaient pas* s'adresser à Ned ou à Dan s'il y avait un problème. Ils seraient ignorés, traités de manière condescendante ou traités d'idiots.

Il n'est pas surprenant que les travailleurs cachaient de la ferraille afin de dissimuler toute la preuve d'erreurs. Lorsque les ingénieurs ont commis des fautes dans leurs plans, les travailleurs, plutôt que de renvoyer les plans en arrière à travers le système pour correction, et ainsi risquer une scène, tentaient de trouver une façon de compenser l'erreur eux-mêmes, en apportant leurs propres modifications aux dessins. Non seulement les ingénieurs n'apprenaient pas de leurs erreurs, mais les machinistes gaspillaient du métal en essayant d'y remédier eux-mêmes.

Le directeur de l'usine n'était pas prêt à prendre des mesures quelconques, mais finalement le directeur de l'unité commerciale et le directeur des ressources humaines en ont eu assez. Ils étaient prêts à faire tout ce qu'il faudrait pour que les choses s'arrangent.

Bien sûr, ce n'était pas l'atelier qui devait changer. C'était les individus et leurs relations. Au cours d'une période de cinq mois, Ned, Dan et tous les employés de la société ont suivi un cours de formation/entrainement intensif – et parfois douloureux – pour apprendre comment dialoguer. Tout était axé sur la création d'une compréhension partagée d'une Plus Grande Réalité entre les gestionnaires et les travailleurs. Et chaque expérience de dialogue a commencé par l'établissement d'accords sur le respect.

Au fil du temps, lorsque Ned, Dan, et d'autres directeurs ont appris à entrer dans le monde de leurs employés, ils ont commencé à voir et sentir les réalités de toutes les angoisses, les peurs et la douleur avec lesquels ils vivaient. Ils ont été troublés par ce qu'ils ont entendu – et choqués qu'ils y fussent totalement sourds auparavant. Ned a commencé à montrer plus de respect pour ses hommes. En conséquence, leurs niveaux d'engagement ont augmenté, ce qui a commencé à avoir un impact sur les résultats de l'atelier.

Un an plus tard, pour savoir si Ned avait vraiment tourné la page, j'ai parlé à quelqu'un au magasin qui n'avait aucune affection pour cet homme. Il m'a dit, « Ned est un homme changé, sans aucun doute ». Je vois rarement un homme qui s'approche de la retraite apporter un changement durable, mais telle est la puissance de voir et de sentir la douleur que vous avez infligée aux autres. La séquence voir – ressentir – changer se manifestait avec puissance ici. Et le bonus, c'est que Dan a subi un changement semblable.

Deux ans plus tard, le directeur de l'unité commerciale m'a écrit, documentant les résultats de ce qui était devenu un environnement « *juicé* » :

- L'équipe a amené la division dans les bénéfices lors des deux dernières années et reste bien en avance sur d'autres unités commerciales avec qui ils sont en relation. « Nous sommes clairement le concurrent le plus rentable de notre industrie ».

- Même au milieu de quelques grands changements organisationnels et de la réforme de la société, l'unité « continue de répondre aux attentes élevées et se défie de faire plus ».
- Une enquête récemment menée auprès des clients a donné à l'unité des notes très élevées pour la qualité et pour l'appui fourni dans tous les domaines de la technologie et de service.
- Tous les records précédents en matière de sécurité ont été surpassés, et l'unité a passé plus de 550 jours sans accident avec perte de temps.

J'en viens à croire que la conversation peut changer n'importe quelle personne si l'on utilise suffisamment d'enquête et de franchise. Mais comme l'histoire suivante l'illustre, la nécessité pour l'enquête et la franchise devient encore plus critique lorsque des barrières linguistiques sont impliquées.

« Cochon capitaliste américain rentrez chez vous »

Tel est le message qui a accueilli Robert Widham (son vrai nom) lors de son arrivée en France avec le mandat de renverser la situation de la filiale française tempétueuse de la société Stanley Works. L'usine avait été reprise par des syndicats communistes. Tout ce qu'ils voulaient était de voir Widham se rebrousser chemin et rentrer, vaincu, vers les États-Unis.

Widham a abordé cette question de relation épineuse de la même façon qu'il avait abordé d'autres crises tout au long de sa carrière : en étant direct, en travaillant dur, et en entrant dans les mondes de ses adversaires.

Sa première étape a été, pour de nombreux dirigeants, une étape rare. Lorsque les représentants syndicaux sont arrivés, Widham a dit, « Écoutez, je ne comprends pas votre langue ou votre culture, pourriez-vous me donner un mois ? »

Heureusement, ils ont accepté. En plus de son horaire exigeant en tant que nouveau directeur d'une usine turbulente, Widham a commencé la tâche ardue de l'apprentissage d'une nouvelle langue.

« J'ai passé environ quatre heures tous les soirs à apprendre le français », dit-il, « et après deux semaines je ne laissais personne me parler en anglais. Et au bout de quatre semaines, j'ai pu avoir une connaissance pratique de la langue française ».

Pourquoi ne pas embaucher un interprète simultané ? Pourquoi ne pas demander à un membre de l'équipe bilingue de traduire pour lui ? Pourquoi perdre quatre heures par nuit et prendre le risque d'insulter les Français en tuant leur langue bien-aimée ? Pourquoi risquer des malentendus inutiles en entreprenant des conversations hautement chargées et complexes dans une langue étrangère ?

Parce qu'il croyait que l'empathie avait le pouvoir de débloquer même les situations les plus inextricables. Cette empathie voulait dire entrer dans leur monde en apprenant et en pouvant parler leur langue. Mais tout cela serait-il suffisant dans cette situation ?

Widham devait atteindre simultanément deux objectifs apparemment opposés : gagner la confiance des travailleurs et négocier une collision frontale avec les syndicats. Il a commencé à développer un lien fort avec ses travailleurs en organisant des réunions de communication en face à face (enquête) et en promouvant des journées sportives. Il a confronté les syndicats en les poursuivant en justice pour diffamation (franchise) après qu'ils aient collé des affiches les représentants, lui et ses gestionnaires, en tant que voleurs. En dernière analyse, les syndicats ont présenté des excuses et ont informé Widham qu'ils cesseraient d'attaquer ses directeurs, mais continueraient à l'attaquer lui – une proposition qui lui convenait parfaitement.

Au bout de quatre ans, l'usine était devenue l'une des plus performantes de Stanley, et Widham a été promue vers son bureau d'origine.

Le miracle de la paix

Molly et Arthur Rouner sont sur la mission de leurs vies : ils cherchent à construire la paix au Rwanda. Le génocide de masse d'il y a dix ans a donné un défi qui mettrait à rude épreuve la capacité de la conversation pour transformer les relations. Lorsque deux cultures s'affrontent dans des actes de haine et de violence tordues, les blessures chez les individus et à travers l'ensemble du pays sont profondes. Pourquoi un couple du Midwest américain veut-il passer ses années de retraite en se rendant dans ce pays plusieurs fois par an et affronter autant de douleur profonde ? Qui aurait pu imaginer qu'ils pourraient faire une différence dans une telle dévastation ?

Et pourtant, ils *font* une différence, petit groupe par petit groupe, lorsqu'ils organisent des réunions pour que les Hutus et les Tutsis se réunissent afin de parler de leurs expériences.

Selon les Rouner, « Les survivants d'un génocide portent de profondes blessures, souvent physiquement, émotionnellement et spirituellement ».

Ils soulignent que, bien que beaucoup d'étrangers sont venus au Rwanda et au Burundi pour aider au moyen de séminaires et d'ateliers, de conférences et d'enseignement sur la réconciliation, le message d'un grand nombre de gens qui ont participé à ces séminaires est, « Mais comment pouvons-nous faire ces choses qu'on nous a apprises lorsque nous avons encore autant de blessures et de douleurs à l'intérieur de nous ? »

L'approche des Rouner est différente : ils n'enseignent pas, ils « se rendent aux endroits qui ont vu le plus de tueries au Rwanda et au Burundi, afin de s'asseoir avec les gens, leur donner de l'amour et écouter leurs douleurs ... »

Les individus parlent et s'écoutent les uns les autres. C'est aussi simple et aussi profond que cela. Grâce à cet espace ouvert d'un vrai dialogue, des miracles se produisent. Les douleurs des gens commencent à guérir, ils commencent à voir des façons dont ils peuvent se réconcilier avec d'autres ; et ils commencent à avoir un rêve pour leur avenir et pour l'avenir du Rwanda.

Deux pasteurs, dont un Hutu et un Tutsi, ont assisté à une telle réunion et sont devenus amis. Ils se sont rendu comptes qu'ils pouvaient travailler ensemble – qu'ils avaient *besoin* de travailler ensemble – pour leur propre guérison et pour montrer aux Rwandais qu'il y a un espoir de réconciliation. Ils décrivent leur expérience dans la vidéo *Lasting Peace*, produite par le Pilgrim Center for Reconciliation.

Jean-Baptiste : *La plupart des Rwandais portent encore les marques du génocide. Je rencontre partout des gens qui ont les marques de la machette, et d'autres se rappellent comment ils se sont échappés par miracle, et les blessures sont encore fraîches.*

Philippe : *Et puis les personnes nous ont vus ensemble. Lorsque nous sommes allés quelque part où les individus ne pouvaient pas manger ensemble, travailler ensemble, dormir ensemble, nous avons partagé notre témoignage, et nous avons partagé le fait que nous nous aimons. Les gens se demandaient, et ils sont venus, et ils ont pleuré. Ils disaient, « Nous croyons que la réconciliation est possible, grâce à vous deux, un Hutu et un Tutsi, travaillant ensemble ».*

Jean-Baptiste: *Il y a un risque d'être haï par les miens, ma propre famille, parce que je pourrais paraître comme un traître si je voyais de bonnes choses en les Tutsis ... Mais lorsque je vois quelqu'un qui est totalement guéri, même un seul, je dis, « C'est un miracle et je veux me battre pour ceci jusqu'à ce que les Rwandais vivent ce processus de guérison ».*

Philippe : *En fait, c'est un processus que j'ai connu : vous faites des pas en avant jusqu'à ce que vous soyez guéri ... totalement. Je suis guéri totalement.*

Cette histoire amène la séquence voir – ressentir – changer à un tout autre niveau. Les spectateurs, qui ont vu ces deux hommes ensemble et ont ressenti l'impact de leur unité, ont été changés. Non seulement ils ont trouvé la paix, mais ils sont une image de la paix qui vit et qui se promène, qui transforment les personnes autour d'eux. 1 +1 = 5. Un miracle en effet !

Un mot sur le pardon

Il est pratiquement impossible de transformer les relations brisées sans la force réparatrice du pardon. Certains prétendraient, « Le pardon n'a pas sa place dans les affaires. C'est un mot religieux ». Mon opinion est que le pardon est un mot relationnel, et non un mot religieux, et il est essentiel pour éliminer les infiltrations toxiques de l'amertume et du ressentiment qui peuvent détruire la confiance et la collaboration dans l'environnement du travail. Si vous avez une relation à long terme qui vaut quelque chose, vous avez probablement eu à pratiquer la discipline du pardon pour la soutenir.

Le pardon est très simple à comprendre et très difficile à faire. Lorsque vous pardonnez à quelqu'un, vous choisissez de ne pas lui reprocher son comportement. Il est important, cependant, de noter que le pardon ne signifie *pas* que vous :

- Tolérez son action.
- Croyez que c'était acceptable qu'il vous fasse mal.
- Lui permettra de continuer à se moquer de vous.

Cela signifie simplement que vous choisissez de ne pas tenir ses mauvais comportements à son encontre. Ceci, bien sûr, nécessite une vraie maturité.

Mont Fleur : L'Énergie intelligente change un pays

L'Afrique est aussi le cadre de notre deuxième histoire de transformation relationnelle étendue. Celle-ci raconte les débuts de la transformation en Afrique du Sud.

Combien d'énergie pouvez-vous générer à travers des *Pull Conversations* authentiques ?

Au début des années 1990, l'Afrique du Sud était désespérément embourbée dans un dilemme social et politique insoluble. Malgré la libération miraculeuse de Nelson Mandela de la prison par F.W. de Klerk, le pays semblait incroyablement déchiré et irréparable.

En 1991, Adam Kahane, un Canadien travaillant chez Shell et vivant au Royaume-Uni, a été invité à faciliter un projet de scenario-planification/dialogue pour l'opposition de gauche noire et son groupe d'adversaires blanc. Il raconte l'histoire dans son livre *Solving Tough Problems*.

> L'essence du processus de Mont Fleur, j'ai vu, était un petit groupe de leaders profondément engagés, représentant une coupe transversale d'une société que le monde considérait comme étant irrémédiablement bloquée, qui s'étaient assis ensemble pour parler largement et profondément sur ce qui se passait et ce qu'il faudrait faire.

Les ateliers ont été menés au Mont Fleur centre de conférence à l'extérieur de Capetown. Kahane décrit son avis au début du processus :

> Je pouvais voir que cette réunion de scénario n'allait pas être comme celles auxquelles j'étais accoutumé avec Shell. Nous ne travaillions pas sur un problème ordinaire de la stratégie organisationnelle, mais sur une transformation extraordinaire nationale.

Kahane a travaillé avec ce groupe dévoué pendant plusieurs mois, créant des scénarios de ce que l'avenir de l'Afrique du Sud pourrait être. Quatre scénarios ont finalement été retenus, trois négatifs et un positif. Maintenant, il fallait que la conversation s'ouvre au public. Les scénarios ont été partagés, à l'étranger, à une échelle nationale. Un livret était inséré dans un journal national et les scénarios ont même été transformés en une vidéo de dessins animés.

> Plus important encore, ils ont organisé plus de 100 ateliers pour les groupes de direction de leur propre organisation ainsi que d'autres organisations influentes dans le monde de la politique, le secteur privé, et les affaires publique, où les quatre scénarios ont été présentés et débattus.

La « conversation nationale » déclenchée par les quatre scénarios et le dialogue dans les ateliers a commencé à évoquer un sentiment d'énergie collaborative entre les dirigeants de l'Afrique du Sud. Ceci est devenu l'ingrédient actif qui a dynamisé le succès de redressement du pays dans les années 1990.

Que sommes-nous vraiment en train de dire ici ?

- Les différences sont garanties dans les relations.
- Les différences créent des tensions.
- Votre capacité à harmoniser vos différences est la clé pour extraire de l'énergie intelligente des tensions.
- C'est l'énergie intelligente qui transforme la relation.
- La transformation des relations est un processus de *voir – ressentir – changer*. Vous pouvez aider quelqu'un à voir et à ressentir une réalité différente. Cela lui permet de changer.

- Vous ne connaissez jamais vraiment les mesures appropriées à prendre pour réparer une relation jusqu'à ce que vous ayez vu la taille du mauvais comportement du point de vue de l'autre personne.

Voulez-vous le faire ?

- Avez-vous une relation qui a besoin d'être conciliée, mais semble être sans espoir de réconciliation ? Si une relation Hutu-Tutsi peut être guérie, il y a de bonnes chances que votre relation le puisse aussi.
- Demandez à l'individu s'il serait disposé à travailler avec vous à la reconstruction de la relation. S'il est en faveur, lancez le processus en entrant dans son monde et en cherchant à comprendre quant à la façon dont vous l'avez blessé. Évitez la tentation de vous défendre, de justifier vos actions, de les psychanalyser, ni même d'être en accord avec lui. À ce stade, votre mission est simplement de voir et de ressentir sa réalité et de la lui refléter en retour pour qu'il se sente assuré que vous l'avez compris.
- Une fois que vous avez démontré votre compréhension, demandez-lui de faire pour vous ce que vous avez fait pour lui. Lorsque vous vous êtes compris mutuellement autant que possible, présentez-vous mutuellement des excuses qui sont en rapport avec le mal que vous avez causé. Puis pardonnez-vous l'un et l'autre – en choisissant de ne pas tenir le grief contre l'autre lorsque vous avancez dans la relation.
- Cela vous ouvre la voie pour découvrir une Plus Grande Réalité qui permettra à la relation d'aller de l'avant.

Juice à la maison

Perdu dans un supermarché

Le film *Ma meilleure ennemie* est la belle histoire d'une relation transformée.

Jackie est une maman qui est en train de mourir d'un cancer. Elle est séparée de son ex-mari, Luke. Isabel est la nouvelle petite amie très jolie qui a volé le cœur de Luke.

Isabel commet une grosse erreur au début du film, lorsqu'elle perd le fils de cinq ans de Jackie, Ben, dans une foule. Jackie ne la laisse jamais l'oublier.

Mais au fil du temps, Jackie commence à « piger » qu'Isabel aime vraiment ses enfants et veut prendre soin d'eux à long terme. Elle invite Isabel dans un restaurant où elle avoue qu'elle avait également perdu Ben une fois, dans un supermarché.

« C'est impossible », dit Isabel. « Vous ne laissez jamais cet enfant seul une seconde ».

Isabel continue et avoue qu'elle n'avait jamais voulu être une maman. « Eh bien, le partager avec vous est une chose – le porter seule le reste de ma vie ... toujours être comparée à vous. Vous êtes parfaite. Ils vous adorent ».

« Qu'ai-je que vous, vous n'avez pas ? » Jackie lui demande.

« Vous savez chaque histoire, chaque blessure, chaque mémoire. Le bonheur de toute leur vie est enveloppé ... en ... vous ... Visualisez le futur, le jour de son mariage. Je suis dans une chambre ... seule avec elle ... lui montant son voile ... arrangeant sa robe ... lui disant qu'aucune femme n'a jamais été aussi ravissante. Et ma peur est qu'elle sera en train de penser, 'J'aimerais tant que ma maman soit là' ».

Ce à quoi Jackie répond, « Mais la vérité est ... qu'elle n'a pas à choisir. Elle peut nous avoir les deux ... nous aimer toutes les deux. Et, elle sera une meilleure personne grâce à moi et grâce à vous. Moi j'ai leur passé et vous, vous pouvez avoir leur avenir ».

La fin du film montre Jackie en train d'inclure Isabel dans la photo de famille de Noël – un signe clair qu'elle l'accepte comme la mère des enfants qu'elle est sur le point de laisser derrière elle.

« *Les Architectes culturels au travail !* »

Seize façons de produire du Juice

Architectes culturels

DANS son livre *The Unstoppable Force*, Erwin McManus évoque les leaders en tant qu'architectes culturels. C'est un terme approprié. Si vous êtes un leader ou un directeur, vous avez une capacité unique de façonner la culture au sein de votre sphère d'influence. Comme nous concluons ce livre, réfléchissons aux leaders que vous avez rencontrés dans ce livre et déballez les attitudes et les actions qui leur ont permis de libérer l'énergie intelligente de leur entreprise. Choisissez les suggestions pragmatiques qui vous aideront le plus pour devenir l'architecte d'un environnement rempli de *juice*.

1 Créez une salle rouge

Les dirigeants du géant des télécommunications australien ont mandaté Amanda afin de lancer le processus de dialogue au sein de leur organisation, donnant une opportunité à leurs employés de converser simplement dans un environnement sûr, amusant et créatif. À travers le processus ils ont appris que la conversation libère de l'énergie. L'unité B a doublé ses revenus en six mois et a créé une culture de joie au travail. Comment pouvez-vous mettre en œuvre le concept de la salle rouge dans votre organisation ?

2 Travailler la chaine de montage

Dino, le superviseur de la chaine de montage d'hommes qui chantaient a créé un lien de rapport fort avec ses hommes lorsqu'il tissait à travers la ligne. Dino avait instinctivement compris que *l'énergie était la capacité à travailler*, alors il a passé du temps à énergiser ses employés à travers des conversations en face à face courtes et personnelles, pour déterminer ce qui se passait dans leurs vies. Alors que d'autres superviseurs ont dû faire face à l'absentéisme, et se précipitaient à prendre des intérimaires, les hommes de Dino se présentaient régulièrement et ont négocié une montagne impressionnante de travail tous les soirs. Comment allez-vous utiliser une vérification courte et personnelle afin de libérer l'énergie de vos employés ?

3 Sortèz de votre monde

David a créé un revirement culturel lorsqu'il a fait le travail dur de sortir de son monde, lâchant son attitude défensive et entrant dans le monde de son équipe de leadership. Lorsque la Plus Grande Réalité a été découverte, de l'énergie intelligente a été libérée et l'équipe a commencé à anticiper les besoins les uns des autres et à exploiter les efforts de chacun. Son équipe a commencé à obtenir des résultats sans précédent, doublant leur croissance sur une période de douze mois.

Il est tentant de dire, « Je n'ai pas le temps pour cette histoire de *Pull Conversation*. C'est plus rapide juste de pousser ! » Mais attention : en tirant, *David a pu réaliser en deux courtes journées ce qu'il avait été incapable d'accomplir en l'espace de deux ans à pousser avec ténacité.*

Identifiez les domaines où vous avez été en train de pousser votre réalité sur votre équipe. Réserver une période de temps suffisante pour sortir de votre monde et entrer dans le leur. Découvrez les besoins émotionnels non satisfaits qui créent de la résistance.

Découvrez comment répondre à ces besoins à travers des *Pull Conversations*.

4 Créez un relais de conversation

Les dirigeants de la société de scooters ont créé un environnement de conversations relais de quinze minutes. En l'espace d'une heure, les priorités et les préoccupations étaient clarifiées, soutenues, et communiquées par les gestionnaires, les directeurs, et les vice-présidents, jusqu'au bureau du PDG.

Rappelez-vous, *plus vous avez de puissance et autorité, plus il est difficile de mettre la main sur la réalité.* Comment pourriez-vous créer ce type de relais dans votre organisation ?

5 Extraire les préoccupations

Steve a appris que les solutions technologiques sont vouées à l'échec si elles ne sont pas ancrées dans de la conversation en face à face. Ses opérateurs sont restés fermes et ont refusé de mettre en œuvre le nouveau système. À son crédit, Steve a changé l'environnement de pousser à celui de tirer, a commencé à comprendre les préoccupations de ses employés, et a pu remettre la mise en œuvre sur la bonne voie. Dans le processus, il a appris que « *les gens ne changent quasi jamais sans se sentir compris d'abord* ».

Quelle mise en œuvre ou projet « coincé » avez-vous besoin de faire bouger ? Faites le travail d'extraire les préoccupations cachées, les doutes et les craintes qui sont responsables de la résistance. Trouver un moyen de répondre à ces préoccupations à la satisfaction des employés.

6 Trouver la langue qui fonctionne pour eux

Bill, l'ingénieur nucléaire, est passé d'une orientation de pousser à une orientation de tirer dans sa relation avec la Commission de l'énergie atomique. Il a extrait leur réalité, a découvert un moyen de les tirer dans sa réalité, et a découvert une Plus Grande Réalité – une solution qui a fonctionné pour les deux. En les comprenant d'abord, il a gagné leur confiance et a pu faire des économies d'une somme étonnante de 1,2 million de dollars pour l'entreprise.

Choisissez le seul domaine dans lequel il est essentiel pour vous d'influencer les gens à changer. Trouver une façon d'encadrer votre message de sorte qu'il soit facile pour eux de comprendre et d'accepter.

7 Découvrez les petites victoires

Fred deVries a créé un environnement avec ses clients qui les a fait sentir « *juicés* ». Bien que Fred croyait fermement qu'il avait la bonne solution pour ce grand hôpital, il s'est abstenu de pousser son point de vue sur les décideurs. Peut-être qu'il savait instinctivement que *les gens toléreraient ses conclusions ... et agiraient sur les leurs*. Il est entré dans le monde de ses clients, a compris ce qui était le plus important pour eux, et a obtenu un contrat de 7,8 millions de dollars – la vente du siècle.

Dans le monde de quel avez-vous besoin d'entrer le plus profondément ? Découvrez ce que sont les petites victoires pour eux et commencez à les réaliser.

8 Posez des questions « Qu'est-ce le plus important ? »

Rob LeBlanc pose des questions qui extraient *ce qui est important* pour chaque acheteur prospectif de voiture. Bientôt, il comprend leur réalité : leur définition particulière de la valeur – de la performance, de l'apparence, de la sécurité, de la maintenance ou de la protection contre le vol. Lorsqu'il emmène ses clients faire un essai routier, il peut attirer leur attention sur les aspects spécifiques de la voiture qui seront les plus intéressants pour eux. Le client commence à se sentir énergisé à propos de l'achat de ce véhicule. Investir du temps dans la phase de compréhension réduit de moitié le temps que Rob passe dans la négociation. Il obtient souvent des paiements comptants, la totalité du prix de vente du véhicule étant étalée sur son bureau. *Confiance = Vitesse.*

Posez les questions qui vous mèneront à une compréhension claire de ce qui est le plus important pour vos clients.

9 Soyez direct pour gagner le respect

Brian a assumé la responsabilité d'un département d'entretien à faible rendement et a dû faire face au défi intimidant d'une mutinerie d'équipe. Il a utilisé la franchise des *Pull Conversations* pour rester ferme et énoncer en termes simples la nouvelle réalité à laquelle son équipe pouvait s'attendre. En étant constant, tenace et équitable, Brian a élargi son influence de leadership et a libéré de l'énergie intelligente dans son département.

Y a-t'il quelqu'un qui ne vous montre pas de respect ? Exprimez votre vérité avec productivité, de manière ferme, cohérente, et respectueuse.

10 Investir le temps d'écouter

Catherine a fait preuve de respect. Au lieu de radier la grincheuse et incorrigible Myrna, elle a décidé de *regarder à nouveau*. En conséquence, elle a découvert que Myrna réagissait bien lorsque quelqu'un prenait simplement un intérêt en elle. Catherine a obtenu des résultats surprenants. Elle a reçu son travail de la part de Myrna, à l'heure, sans erreur et avec en plus des innovations créatives.

Qui est votre Myrna ? Faites preuve de respect pour cette personne. Passez la voir au bureau et démontrer un intérêt authentique dans ce qui est important pour elle. Extrayez ses meilleurs atouts.

11 Tenez des réunions informelles orientées action

Kathy Bardswick a utilisé le biais de la réunion informelle pour rencontrer ses employés à travers le pays, afin d'entendre de vive voix ce qui se passait bien et ce qu'il fallait changer. Puis, elle s'est assurée que l'action était prise aussi rapidement que possible et a recontacté les personnes afin qu'elles voient et ressentent la mise en œuvre de leurs suggestions. Kathy et son équipe de leadership ont répondu aux besoins affectifs fondamentaux des gens de se sentir soutenus, valorisés, et inspirés.

Sortez-vous parfois du siège social ? Je veux dire d'une manière significative ? L'effet domino que vous créerez dans votre organisation, si vous investissez le temps de faire ce que Kathy a fait sera étonnant. Mais d'abord, assurez-vous que vous et votre équipe de leadership avez la volonté en tant qu'entreprise soit d'agir sur ce que vos employés ont à dire ou de les aider à comprendre pourquoi vous ne pouvez pas agir. Chose intéressante, les employés seront généralement d'accord avec peu importe quelle décision vous prenez *s'ils savent* que vous comprenez leurs préoccupations et que vous appréciez authentiquement leur contribution.

12 Rendez-vous au fumoir

Tanya s'est rendu dans le fumoir, a extrait les préoccupations de l'équipe de récepteurs, les a tirés dans sa réalité, et une Plus Grande Réalité a émergé : les récepteurs et les expéditeurs n'était qu'une seule équipe, et pas deux, avec un but commun, et non deux objectifs différents. Lorsque les gens ont commencé à voir et à ressentir cette réalité, cela a changé leurs comportements. La précision a augmenté dans la zone des caristes, et les crédits et remboursements ont diminué de moitié sur une période de six mois.

Quel est le fumoir dans votre organisation, le lieu dans lequel s'échangent toutes les plaintes des employés ? Y aventurez-vous pour découvrir quelles sont les vraies préoccupations des employés. Découvrez ce que vous pouvez faire pour répondre aux besoins affectifs fondamentaux des gens.

13 Intégrer un état d'esprit de « les émotions génèrent des résultats »

Tom Gauld du Canadian Tire Financial Services a systématiquement enraciné une conviction au sein de son équipe de direction que lorsque les employés se sentent d'une certaine manière, ils obtiendront des résultats significatifs. Cette croyance a payé copieusement en termes de mesures à la fois dures et douces.

Votre équipe de leadership estime-t-elle que sa tâche fondamentale en tant que leaders est de créer un environnement où les besoins affectifs fondamentaux de vos employés sont satisfaits ? Que ferez-vous pour créer un processus voir – ressentir – changer qui leur permettra d'accepter cette croyance et se comporter en conséquence ?

14 Aider l'auteur du mauvais comportement à voir le mal des autres

Il a été dit que la plupart de nos problèmes sont causés par de vieux hommes blancs aux cheveux blancs. Avez-vous un homme âgé entre cinquante et soixante ans qui est inconscient du fait qu'il est temps de changer ? Personne ne croyait que Ned était capable de changer. Personne ne croyait qu'un jour il respecterait ses hommes. Le pouvoir des *Pull Conversations* nous a tous agréablement choqués.

Mettez votre Ned dans une situation où il est obligé de voir et de ressentir les conséquences en aval de ses actions dans la vie des autres. L'une de deux bonnes choses pourrait en sortir :

- Ned va voir et ressentir et changer.
- Il choisira de ne pas voir et ressentir et changer ; et vous pourriez lui offrir un « carrefour de choix » sur son avenir dans l'organisation.

15 Faciliter la réconciliation

Les Rouner utilisent leurs compétences en conversation pour aider des parties blessées à se réconcilier. Êtes-vous bloqué entre deux personnes qui ne peuvent ou ne veulent pas se mettre d'accord ? En tant que médiateur neutre, mais concerné, introduisez les *Pull Conversations* et guidez-les à travers le processus.

16 Demandez

Les meilleurs directeurs demandent à leurs employés ce qu'il faudrait pour qu'ils se sentent totalement énergisés au travail. Utilisez le *Juice Check* comme un mécanisme pour mener des conversations brèves et significatives avec vos employés afin de découvrir ce que vous, l'équipe ou l'organisation pouvez faire pour répondre à leurs besoins affectifs fondamentaux pour libérer leur engagement.

Conclusion

Qu'avons-nous dit vraiment dans ce livre ?

- Les conversations libèrent de l'énergie.
- Les *Pull Conversations* libèrent de l'énergie intelligente.
- Les *Pull Conversations* sont le système d'exploitation qui énergise et dirige toutes les applications de votre organisation.
- La qualité de votre organisation est aussi bonne que la qualité des conversations de vos employés.
- Tirer permet aux autres de vous comprendre plus rapidement et plus profondément.
- Tirer vous donne le contexte, la capacité de voir dans son ensemble ce que d'autres voient comme des éléments détachés.
- Lorsque vous tirez quelqu'un dans votre monde et l'aidez à voir et à ressentir votre réalité, vous lui permettez de changer.
- Lorsque vous extrayez la Plus Grande Réalité, les décisions

les plus judicieuses deviennent apparentes et de l'énergie intelligente est libérée.

- L'énergie intelligente génère des comportements hautement performants.
- Les comportements hautement performants produisent des résultats durables.
- Les *Pull Conversations* sont donc la façon la plus rapide d'obtenir des résultats durables.
- Faire preuve de respect libère le génie des individus – leurs meilleurs atouts.
- Lorsque les besoins affectifs fondamentaux des personnes sont atteints, elles sont énergisées à offrir leurs efforts discrétionnaires.
- Les conversations sont capables de créer des transformations relationnelles radicales.
- Les dirigeants sont des architectes culturels qui ont la capacité de créer des environnements où il fait bon travailler et où il est plus facile d'obtenir des résultats.
- Les leaders parviennent à ceci en engageant les gens dans des *Pull Conversations*.

Annexe

*P*EUT-ÊTRE avez-vous rencontré la règle 7 % – 38 % – 55 %. Un formateur vous dit que « la recherche a montré » que les gens extraient 7 % de leur compréhension sur la base de vos paroles, 38 % sur la base de votre ton de voix, et 55 % par rapport à votre langage corporel. Si cela était vrai, cela signifierait qu'un énorme 93 % des messages des personnes est communiqué à travers des non verbaux.

Il y a deux problèmes avec cette règle. D'abord, elle n'est tout simplement pas en ligne avec notre expérience. Deuxièmement, elle a été mal appliquée pour devenir une grande généralisation de la façon dont fonctionne la communication interpersonnelle, alors qu'en fait elle est basée que sur une petite partie de la recherche visant à démontrer un point particulier.

La recherche a été menée avec des lycéens dans les années 1960 par un professeur de l'UCLA nommé Albert Mehrabian. Pour vous aider à comprendre cette situation, nous allons vous transporter dans le temps et faire de vous un participant de la recherche de Mehrabian.

Dans la première expérience, vous écoutez des paroles enregistrées et votre mission est de discerner si la personne qui parle vous aime, ne vous aime pas, ou est neutre envers vous. Il y a neuf mots au total.

« Chéri », « mon cher » et « merci » sont utilisés pour indiquer qu'on aime. « Brute », « ne ... pas » et « terrible » sont utilisés pour indiquer qu'on n'aime pas. « Peut-être », « vraiment », et « oh » sont utilisés pour indiquer de la neutralité.

L'orateur est formé à modifier le ton de sa voix à trois reprises lorsqu'il dit chaque série de trois mots. Par exemple, il dit « chéri » sur un ton de voix méchant, il dit « cher » sur un ton de voix neutre, et il dit « merci » d'un ton de voix doux.

Vous ne serez vraisemblablement pas surpris de découvrir que c'est le ton de la voix de l'orateur qui l'emporte. Dans ce contexte particulier, le ton est beaucoup plus influent que la signification des mots eux-mêmes dans la détermination de votre évaluation des vrais sentiments de l'orateur.

Maintenant, un autre aspect est rajouté à l'étude. Vous écoutez les neuf paroles, de tons de voix différents, mais cette fois-ci on vous montre aussi des photos avec diverses expressions faciales en même temps que vous écoutez chaque mot. Votre tâche est de deviner les vrais sentiments de l'orateur sur la base des expressions faciales, le ton de la voix, et les paroles.

Une fois de plus, vous ne serez pas trop surpris de découvrir que cette fois ce sont les expressions faciales qui l'emportent.

Les chercheurs ont synthétisé les résultats statistiques et sont arrivés à la règle désormais célèbre qui stipule que l'évaluation de l'auditeur des sentiments d'un locuteur est basée sur les paroles elles-mêmes seulement 7 % du temps, sur le ton de la voix 38 % du temps, et sur les non verbaux un énorme 55 % du temps.

Comment ce mythe est-il devenu accepté aussi mondialement ? Je me souviens d'avoir partagé ces conclusions avec des publics tout au début des années 1990. Les personnes étaient étonnées lorsque je leur dévoilais la découverte que 93 % de leurs communications étaient livrées par l'intermédiaire de non verbaux.

Je crois que l'importance des non verbaux a été une révélation pour les individus parce que nous les avions sommairement ignorés auparavant. Cela a créé un appétit qui a fait en sorte que ces statistiques difficiles à avaler deviennent plus acceptables. Et, je ne suis pas convaincu que le fait de croire le mythe des 7 % – 38 % – 55 % a créé beaucoup de dégâts dans l'environnement de travail. Il est sain de se faire rappeler le rôle puissant des non verbaux dans la communication. Mon point est simplement que je ne voudrais que rien ne puisse faire perdre de vue aux gens l'importance immense de leurs mots pour communiquer le sens de leur message à leurs auditeurs.

Un glossaire « Juice »

ANALYSER. Desserrer partout, relâcher. (*ana* – partout + *lyein* – desserrer)

ARROGANCE. Dominateur ou hautain. (à partir de *arrogantia*, le titre dans le droit romain par lequel une personne possédait un esclave)

ASSUMER. Prendre pour acquis. (*ad* – à + *sumere* – prendre)

COGNITION. Savoir ensemble. (*co* – ensemble + *noscere* – savoir)

COHÉRENCE. Se coller ensemble. (*co* – ensemble + *haerere* – coller)

COMMUNICATION. L'acte de devenir un avec ou un ensemble. (*com* – ensemble + *uni* – un + *cation* – l'action de)

COMPRENDRE. Se tenir dessous. *(co – ensemble + pendere – se tenir)* Visualiser deux amis dans une foule il y a plusieurs siècles. La Reine va traverser la ville et il est impossible pour un ou l'autre ami de voir par-dessus la foule. Un ami permet à l'autre de monter sur ses épaules et lui demande de décrire ce qui se passe. Lorsqu'il comprend (*se tient sous*) son ami, il voit les événements à travers les yeux de son ami. Voir et ressentir la réalité d'un autre est la compréhension.

COMPROMIS. Promettre ensemble. (*com* – ensemble + *promittere* – promettre)

CONNAISSANCE. Être né ensemble. (*co* – ensemble + *nasci* – naître)

CONTEXTE. Tisser ensemble. (*con* – ensemble + *texere* – tisser)

CONVERSATION. Tourner ensemble. (*con* – ensemble + *vertere* – tourner)

DÉBAT. Abattre afin de résoudre. (*de* – à + *batre* – battre)

DIALOGUE. Sens ou réalité coulant à travers. (*dia* – à travers + *logos* – réalité)

DICHOTOMIE. Couper en deux. (*dicho* – en deux + *temnein* – couper).

DISCUTER. Séparer quelque chose en secouant. (*dis* – séparer + *quatere* – secouer)

ÉMOTION. Bouger de. (*e* - de + *movere* – bouger)

EXTRAIRE. Appuyer ou pousser vers l'extérieur. (*ex* – extérieur + *pressare* – appuyer)

INFORMATION. Ce qui donne une forme.

INFORMER. Former à l'intérieur. (*informare* – donner une forme à)

NÉCESSAIRE. Ce qui ne peut pas être mis de côté. (*necesse* – ne pas donner).

RECONNAÎTRE. Connaitre de nouveau. (*re* – de nouveau + *cognoscere* – connaitre)

REFLETER. Recourber le sens. (*re* – retour + *flectere* – courber)

RESPECTER. Regarder à nouveau. (*re* – nouveau + *specere* – regarder)

SUSPENDRE. Pendre ou accrocher sous. (*sub* – sous + *pendere* – accrocher)

UNIFIER. Joindre ensemble de manière à former un tout, à en faire un, d'être fusionnés en un seul, en tirant ce qui est fragmenté ensemble. (*unus* – un + *facere* – faire)

VUE INTÉRIEURE. Voir dedans.

Bibliographie

Articles, Rapports

Aldag, Ray et Wayne Reschke. « *Employee Value Added : Measuring Discretionary Effort and Its Value to the Organization* ». Center for Organizational Effectiveness, 1997.

Blessing White. *Employee Engagement Report 2005.*

Conger, Jay A. « *The Necessary Art of Persuasion* ». *Harvard Business Review*, mai 1998.

Cooperrider, David L. « *Positive Image, Positive Action : The Affirmative Basis of Organizations* ». In Srivasta, Suresh and David L. Cooperrider.

Appreciative Management and Leadership : The Power of Positive Thought and Action in Organizations (éd. rév.) San Francisco : Jossey-Bass, 1990.

Corporate Leadership Council. Driving Performance and Retention Through Employee Engagement. Washington : Conseil de direction générale, 2004.

Corporate Leadership Council. 2002 Performance Management Survey. Washington : Conseil d'administration générale, 2002.

Davey, Liane, Nancy Gore, Owen Parker. « *Reaching Productive Engagement : The Four Pillar Approach to Managing Investment in Human Capital* ». *Ivey Business Journal*, juillet-août 2003.

Hallowell, Edward M. « *The Human Moment at Work* ». *Harvard Business Review*, 1 jan., 1999.

Hoover, Gretchen. « *Maintaining Employee Engagement When Communicating Difficult Issues* ». *Communication World*, nov.–déc. 2005.

Kandath, Krishna, John Oetzel, Everett Rogers, Ann Mayer-Guell. « *Conflict in Virtual Communication* ». San Francisco: International Association of Business Communicators, 2005.

Kegan, Robert et Lisa Laskow Lahey. « *The Real Reason People Won't Change* ». *Harvard Business Review*, nov. 2001.

Kinni, Theodore. « *Is One-Dimensional Communication Limiting Your Leadership ?* » *Harvard Business Review*, mai 2003.

Kofman, Fred et Peter M. Senge. « *Communities of Commitment: The Heart of Learning Organizations* ». In Chawla, Sarita et John Renesch (eds.). *Learning Organizations : Developing Cultures for Tomorrow's Workplace.* Portland: Productivity Press, 1995.

Mehrabian, Albert et Susan R. Ferris. « *Inference of Attitudes from Non-verbal Communication in Two Channels* ». *Journal of Consulting Psychology* 31 (3), 1967.

Mehrabian, Albert et Morton Wiener. « *Decoding of Inconsistent Communications* ». *Journal of Personality and Social Psychology* 6 (1), 1967.

Melcrum. *Employee Engagement : How to Build a High-Performance Workforce.* Melcrum Publishing, 2005.

Riggio, R.E. et S.J. Taylor. « *Personality and Communication Skills in Predictions of Hospice Nurse Performance* ». *Journal of Business and Psychology*, déc. 2000.

Rogen International. « *Balancing E-mail and Face to Face in Workplace Communication* ». mars-avril 2001.

Rogers, Carl R. « *A Theory of Therapy, Personality, and Interpersonal Relationships, as Developed in the Client-Centered Framework* ». In S. Koch (ed.). *Psychology : A Study of Science* (vol. 3). New York: McGraw-Hill, 1959.

Shaw, Kieron. « *An Engagement Strategy Process for Communicators* ». *Strategic Communication Management*, avril-mai 2005.

Standish Group. *Chaos Report*. Publié annuellement.

Towers Perrin. *Reconnecting With Employees : Quantifying the Value of Engaging Your Workforce*. 2005.

Towers Perrin. Ten *Steps to Creating an Engaged Workforce : Key European Findings*. Towers Perrin. *Global Workforce Study*, 2005.

Towers Perrin. *Working Today: Exploring Employees' Emotional Connections to Their Jobs*. Towers Perrin/Gang & Gang, 2003.

Towers Perrin. *Working Today : Understanding What Drives Employee Engagement*. Towers Perrin/Gang & Gang, 2003.

Tucker, Elissa, Tina Kao, Nidhi Verma. *Next-Generation Talent Management : Insights on How Workforce Trends Are Changing the Face of Talent Management*. Hewitt Associates, 2005.

Watson Wyatt Worldwide. *Canadian Organizations Must Work Harder to Productively Engage Employees*. Watson Wyatt's WorkCanada, Sondage 2004–2005.

Withers, Pam. « *Retention Strategies That Respond to Worker Values* ». *Workforce Management*, juillet 2001.

Woodall, Katherine et Charlie Watts. « *What 25 000 Employees Globally Say About Communication Effectiveness* ». *Communication World Bulletin*, janvier 2005.

Livres

Adams, Marilee G. *Change Your Questions, Change Your Life : 7 Powerful Rules for Life and Work*. San Francisco : Berrett-Koehler, 2004.

Bachrach, Bill et Karen Risch (eds.) *Values-Based Selling : The Art of Building High-Trust Client Relationships*. Bachrach & Associates, 1996.

Baker, Dan. *What Happy People Know : How the New Science of Happiness Can Change Your Life for the Better*. New York: St. Martin's Griffin, 2003.

Bohm, David. *On Dialogue*. Londres et New York: Routledge, 1996.

Bridges, William. *The Way of Transition : Embracing Life's Most Difficult Moments*. Cambridge : Perseus, 2001.

Buckingham, Marcus et Curt Coffman. *First, Break All the Rules : What the World's Greatest Managers Do Differently*. New York : Simon & Schuster, 1999.

Campbell, Ross. *How to Really Love Your Child*. Wheaton : Victor Books, 1977.

Cialdini, Robert. *Influence : The Psychology of Persuasion*. New York : Quill, 1994.

Clarke, Boyd et Ron Crossland. *The Leader's Voice : How Your Communication Can Inspire Action and Get Results!* SelectBooks, 2002.

Clemmer, Jim. *The Leader's Digest : Timeless Principles for Team and Organization Success*. Canada: TCG Press, 2003.

Collins, Jim et Jerry I. Porras. *Built to Last : Successful Habits of Visionary Companies*. New York : HarperBusiness, 1997.

Collins, Jim. *Good to Great : Why Some Companies Make the Leap ... And Others Don't*. New York : HarperCollins, 2001.

Covey, Stephen R. *The Seven Habits of Highly Effective People : Powerful Lessons in Personal Change*. New York : Simon & Schuster, 1989.

Crabb, Larry. *Connecting*. Nashville : Word, 1997.

Csikszentmihalyi, Mihaly. *Flow : The Psychology of Optimal Experience*. New York: HarperPerennial, 1990.

Curran, Charles A. *Understanding : A Necessary Ingredient in Human Belonging*. Chicago : Apple River Press, 1978.

Denning, Stephen. *The Springboard : How Storytelling Ignites Action in Knowledge-Era Organizations*. Butterworth-Heinemann, 2000.

Faber, Adele et Elaine Mazlish. *How to Talk So Kids Will Listen and Listen So Kids Will Talk*. New York : Avon Books, 1980.

Fisher, Roger, William Ury, et Bruce Patton. *Getting to Yes : Negotiating Agreement Without Giving In*. New York : Penguin, 1991.

Frost, Peter J. *Toxic Emotions at Work : How Compassionate Managers Handle Pain and Conflict*. Boston : Harvard Business School Press, 2003.

Fuchs, Nancy. *Our Share of Night, Our Share of Morning : Parenting as a Spiritual Journey*. HarperSanFrancisco, 1996.

Gallwey, W. Timothy. *The Inner Game of Work : Focus, Learning, Pleasure, and Mobility in the Workplace*. New York : Random House, 2000.

Garfield, Charles. *Peak Performers : The New Heroes of American Business*. New York : Avon Books, 1987.

Gladwell, Malcolm. *Blink : The Power of Thinking Without Thinking*. New York : Little, Brown, 2005.

Goleman, Daniel. *Working with Emotional Intelligence.* New York : Bantam Books, 1998.

Goleman, Daniel, Richard Boyatzis, Annie McKee. *Primal Leadership : Realizing the Power of Emotional Intelligence.* Boston : Harvard Business School Press, 2002.

Hendricks, Gay et Kathleen Hendricks. *Conscious Loving : The Journey to Co-Commitment.* New York : Bantam, 1990.

Isaacs, William. *Dialogue and the Art of Thinking Together : A Pioneering Approach to Communicating in Business and in Life.* New York : Doubleday, 1999.

Johnson, Kerry L. *Sales Magic.* Simon & Schuster livre audio, 1997.

Kahane, Adam. *Solving Tough Problems : An Open Way of Talking, Listening and Creating New Realities.* San Francisco : Berrett-Koehler, 2004.

Katzenbach, Jon R. et Douglas K. Smith. *The Wisdom of Teams : Creating the High-Performance Organization.* New York : McKinsey & Company, 2003.

Kaye, Beverly et Sharon Jordan-Evans. *Love 'Em or Lose 'Em : Getting Good People to Stay.* San Fransisco : Berrett-Koehler, 2005.

Kotter, John P. et Dan S. Cohen. *The Heart of Change : Real Life Stories of How People Change Their Organizations.* Boston : Harvard Business School Press, 2002.

Loehr, Jim et Tony Schwartz. *The Power of Full Engagement : Managing Energy, Not Time, Is the Key to High Performance and Personal Renewal.* New York : Free Press, 2003.

McManus, Erwin Raphael. *An Unstoppable Force : Daring to Become the Church God Had in Mind.* Loveland : Group Publishing, 2001.

Malandro, Loretta. *Say It Right the First Time : The Power of 100 % Accountability.* New York : McGraw-Hill, 2003.

Martin, Roger. *The Responsibility Virus : How Control Freaks, Shrinking Violets – and the Rest of Us – Can Harness the Power of True Partnership.* New York : Basic Books, 2002.

Michalko, Michael. *Thinkertoys : A Handbook of Business Creativity.* Berkeley : Ten Speed Press, 1991.

Parrott, Les et Leslie Parrott, *Saving Your Marriage Before It Starts.* Grand Rapids : Zondervan, 1995.

Senge, Peter M., C. Otto Scharmer, Joseph Jaworski, Betty Sue Flowers. *Presence : An Exploration of Profound Change in People, Organizations, and Society*. New York : Doubleday, 2004.

Senge, Peter M. *The Fifth Discipline : The Art and Practice of the Learning Organization*. New York : Doubleday, 1990.

Senge, Peter M., Art Kleiner (editor), Charlotte Roberts, Richard Ross, George Roth, Bryan Smith. *The Dance of Change : The Challenges to Sustaining Momentum in Learning Organizations*. New York : Doubleday, 1999.

Senge, Peter M., Art Kleiner, Charlotte Roberts, Richard Ross, Bryan Smith. *The Fifth Discipline Fieldbook : Strategies and Tools for Building a Learning Organization*. New York : Doubleday, 1994.

Shaw, Edward. *The Six Pillars of Reality-Based Training : A Practical Guide to Designing and Delivering Training That Works*. Minneapolis : Lakewood, 1997.

Smalley, Gary et John Trent. *The Language of Love : How to Quickly Communicate Your Feelings and Needs*. Pomona : Focus on the Family Publishing, 1988.

Stone, Douglas, Bruce Patton, Sheila Heen. *Difficult Conversations : How to Discuss What Matters Most*. New York : Viking, 1999.

Tournier, Paul. *To Understand Each Other*. Westminster : John Knox Press, 2000.

Ueland, Brenda. *Strength to Your Sword Arm: Selected Writings*. Minnesota : Holy Cow! Press, 1993.

Vella, Jane. *Learning to Listen, Learning to Teach : The Power of Dialogue in Educating Adults*. San Francisco : Jossey-Bass, 1994.

Wheatley, Margaret J. *Leadership and the New Science : Learning About Organization from an Orderly Universe*. San Francisco : Berrett-Koehler, 1999.

Wheatley, Margaret J. *Turning to One Another : Simple Conversations to Restore Hope to the Future*. San Francisco : Berrett-Koehler, 2002.

Index

motifs
  compréhension, 17, 38
  trouver, 142–144

opinions, 69, 133, 155, 157, 159, 160, 183, 190

pardon, 224–225
Plus Grande Réalité
  découvrir, 18, 41, 46, 52, 90, 129, 135, 137, 139, 141, 153, 230, 231
  énergie intelligente libérée, 14, 18–19, 20–21, 41, 52, 130, 160, 163, 215
  et de l'enquête et la franchise, 48, 52, 110
  exprimer votre verité, 115
  l'extraire, 19, 20–22, 127–138, 152, 160, 210, 237
  obscurcie par des assomptions, 48, 52, 110
  la résumer, 141–142
  trouver un terrain d'entente, 17–18, 20, 131, 136, 138, 139, 160
  et voir la réalité des autres, 29, 220

pousser
  coûts de, 39–41, 215
  culture « pousser », 35–36
  les dix raisons pour lesquelles nous poussons en premier, 42
Pull Conversations, 20, 45–47
  entrer dans le monde d'un autre, 19, 60–62, 72, 85, 217
  extraire des hypothèses, 21, 143
  inviter d'autres dans votre monde, 21, 88–91, 95
  dans un monde virtuel, 100–102
  quitter votre monde, 60–62, 64, 65, 70, 85
  vérifier la compréhension de l'autre, 101, 121, 172, 218
  Voir aussi sous énergie intelligente

questions
  pour entrer dans le monde d'un autre, 14, 58–59, 73
  questions « d'apprenant » et questions « juger », 68–69

réflexion
  dix déclarations tentatives à utiliser comme introduction à la réflexion, 172
  d'implication, 83
  et respect, 170–172
respect, 71–72, 166, 168

Le Pouvoir de la
conversation

BRADY G. WILSON

- Utilisez ce livre comme outil professionnel de développement personnel à travers votre organisation. Profitez d'importantes réductions lorsque vous achetez plusieurs exemplaires. Visitez notre site web à www.juiceinc.com ou appelez-nous au 1-888-822-5479 pour plus de détails.

- Visitez le *Juice Resource Centre* à www.juiceinc.com pour des informations sur les prochains ateliers, conférences, articles et extraits, et d'autres ressources *Juice*, y compris *The Juice Check*™ – un outil conçu pour vous aider à mesurer combien d'« énergie intelligente » est libérée dans votre milieu de travail.

- Brady Wilson est disponible pour des discours-programmes, de la formation et des services de consultation. C'est un présentateur de talent sur les thèmes de la Communication, l'Engagement des Employés, et l'Intelligence Émotionnelle au Travail.

Pour plus d'informations sur Brady Wilson ou Juice Inc. :
téléphone : 1-888-822-5479 e-mail :   info@juiceinc.com
site web : www.juiceinc.com

www.ingramcontent.com/pod-product-compliance
Lightning Source LLC
Chambersburg PA
CBHW070306200326
41518CB00010B/1909